팬데믹 시대의 교육을 다시 묻다

학교는
없어도 돼?

팬데믹 시대의 교육을 다시 묻다

학교는
없어도 돼?

초판 1쇄 인쇄 2022년 1월 22일
초판 1쇄 발행 2022년 1월 31일

지은이 이영철·신범철·하승천
펴낸이 김승희
펴낸곳 도서출판 살림터

기획 정광일
편집 송승호, 조현주
북디자인 꼬리별

인쇄·제본 (주)신화프린팅
종이 (주)명동지류

주소 서울시 양천구 목동동로 293, 2215-1호
전화 02-3141-6553
팩스 02-3141-6555
출판등록 2008년 3월 18일 제313-1990-12호
이메일 gwang80@hanmail.net
블로그 http://blog.naver.com/dkffk1020

ISBN 979-11-5930-213-8 03370

팬데믹 시대의 교육을 다시 묻다

학교는
없어도 돼?

이영철·신범철·하승천 지음

살림터

성찰과 실천, 그리고 성장

유성상_서울대학교 교육학과 교수

　한국, 아니 전 세계 "모든" 국가가 아직까지 코로나바이러스 감염증 문제 해결에 애를 먹고 있다. 우리는 코로나바이러스 감염증을 2019년 말 중국에서 일어난 사건 정도로 여겨 중국의 "이상한" 식문화와 생활방식을 비판하기에 급급했다. 그러다 몇 달이 채 지나지 않은 2020년 3월 세계보건기구WHO 사무총장의 '전 지구적 감염사태(팬데믹)' 선언을 기점으로 지구상의 구석구석에서 예외 없이 코로나바이러스 감염자와 사망자, 사회 각 영역의 대응 방식 및 확산 방지를 위한 모습을 전달하기에 바쁘다. 사람으로 붐비던 시장의 활기는 잦아들었고, 잔칫집 같던 대중문화 공연장은 썰렁한 채 비어 있으며, 수많은 팬들 속에서 인간의 재능과 기술을 뽐내던 스포츠 경기는 화면으로만 볼 수 있게 되었다. 집단 감염을 의식해 종교의례도 멈췄고, 해외여행사 및 항공사들의 도산이 이어지고 있으며, 4년마다 돌아오는 올림픽 경기장의 대중 관람을 막았다. 오죽했으면 명절 기간 친족 간의 왕래도, 서로 다른 집에 사는 직계가족 간의 만남도 가능하면 하지 말라고 권했겠는가?

눈에 보이지도 않는 코로나바이러스는 사람들 간의 만남, 아니 복잡하게 얽혀 있는 삶을 본질로 하는 공동체의 연결에 대해 뼈아픈 성찰의 계기를 제공해 주고 있다. 마스크를 쓰고 전하는 목소리를 통해서 말이다. 바이러스를 전파하고 바이러스에 감염되는 주체와 대상이 구분되지 않는 상황에서 말이다. 늘 자신의 존재를 '정상' 범위의 체온과 QR 코드로 인증받는 환경에서 말이다. 이 시끌벅적대는 코로나 팬데믹 사태가 잦아들고 나면 우리 삶은 어떤 모습으로 변해 있을까? 아니 이 코로나 팬데믹이라는 것이 우리 주변에서 사라지기는 할까? 만약 위험천만한 바이러스들과 함께 살아야 한다면 우리 삶은 도대체 어떤 모습으로 새로운 정상성을 유지하게 될까?

학교 공동체 또한 이 비상 상황의 한복판에서 새로운 모습으로 변화를 경험하고 있다. 학교라는 공간도, 배움이 이어지는 과정과 시간도, 그 속에 참여하는 학생, 교사, 학부모의 삶도 '정상적인 가르침과 배움'이 어떤 것이었는지 낯설어질 만큼 새로운 정상적 배움의 관계를 만들어 가고 있다. 이렇게 물리적 '거리두기'가 생활화되다 보니 사회·문화적 거리두기가 생겨나고, 어쩔 수 없이 '교육적' 거리두기가 일상화된 배움의 공간에 점점 익숙해져 간다. 그러다 보니 당연하게 여겨 왔던 이전의 '정상적' 가르침과 배움이 과연 '정상적'이었던 것이 맞는지, 당연하게 받아들였던 학교라는 공간의 구조, 학교 구성원들 간의 관계, 학교에서 이루어지는 활동의 목적과 목표가 타당한 것이었는지, 수없이 제기되었던 학교에 대한 사회적 기대와 교육적 문제, 그리고 그 해결책들이 과연 적절했었는지조차 확신하기 어렵다. 당장은 학교에 학생들을 등교시켜야 하는지를 둘러싸고 옥신각신하지만, 코로나가 불러온 삶과 주변의 위기는 지금 당장 학교 문을 여느냐 마느냐를 넘어선 또 다른 차원의 교육 위기를 대면하게 한다.

이런 저간의 상황을 가슴에 담으며 『학교는 없어도 돼?』가 주는 메시지에 귀를 기울이게 된다. 학교현장에서 참다운 삶을 키워 내는 선생님들이 각자의 경험과 성찰, 실천을 바탕으로 엮은 이 책은 코로나 팬데믹이라는 오늘날의 특수한 상황을 들여다보는 하나의 렌즈뿐만 아니라, 학교라는 시간과 공간, 그 속의 복잡다단한 구성원들의 관계를 새롭게 사유토록 하는 또 다른 렌즈를 제공한다. 무엇보다 내가 이 책에서 가장 중요한 발견으로 여기는 것은, 교육 실천가로서의 교사가 교육적 경험이란 조각난 사례들을 잇고 붙여 '교육다운 교육'을 사유해 내려는 가열한 시도를 해내고 있고, 이런 자신들의 사유와 사유의 결과를 서로 대화로 이어 간다는 점이다. 즉, 코로나 팬데믹이 우리에게 교육적 공간으로서의 학교의 역할과 그 공간 속 주체들의 관계를 비판적으로 들여다보도록 하는 매개였다면, 이 책의 저자들은 우리에게 학교라는 시공간에서 교사의 성찰적 여정이 어떠하고, 각자의 교육과 삶에 대한 성찰이 어떻게 대화로 이어지는지 주요한 사례를 제공해 준다. 따라서 경험-성찰-실천의 순서로 자신들의 경험을 새롭게 구조화하고, 이 속에서 새로운 교육에 대한 사유가 곧 자신들의 삶으로서의 교육에 다시 전유되도록 하는 과정은 교육학을 연구하고 또 교육적 삶을 희구하는 교육자인 내게 큰 가르침의 메시지가 된다.

성찰과 실천을 보여 주는 저자들의 글은 내게 '성찰'의 의미를 다시 되새기게 해 준다. 성찰은 생각을 다듬는 과정이다. 생각을 가능하게 하는 불쏘시개는 이때까지 한 개인의 삶을 채워 온 경험과 더불어 그 경험을 내용으로 사유한 것들이다. 성찰은 단순한 생각의 되새김이 아니다. 성찰은 자기 삶에 대한 혹독한 비판이다. 좋았고, 나빴고, 슬펐고, 행복했던 순간을 되새김하는 것을 두고 성찰이라고 하지 않는 이유는, 이런 기억과 경험이 내 삶의 다음 사유를 위한 토대로 작동하기 어렵기 때문이다. 사유가 사유로 그쳐서는 안 된다고 할 때, 내 삶의 총체적 모습을 돌아보고 또 새롭게 하기 위한 이어지는 생각들, 그 변증법적 사유 과정을 성찰이라고 할 수 있다. 성찰은 새로운 내 사유의 외연을 넓히고 새로운 경험으로 이어지게 하는 감정을 동반시킨다. 성찰의 과정을 거쳐야 내 삶의 지평과 내가 하는 일의 의미를 더 깊이 파고들게 된다. 이 책은 바로 '성찰'의 의미를 제대로 보여 주고, 가르치는 이들의 '배움'이 어떻게 깊어지는지 보여 준다. 교사 또한 배우는 사람들이다. 교사가 배움의 과정에서 즐거움, 어려움, 도전과 극복, 자기비판과 새로운 성장을 경험하면, 이런 교사들과의 배움에 참여하는 아이들 또한 배움의 즐거움을, 배움을 통한 자기 성장을 경험하게 된다. 이 책은 교사들의 배움이 현장의 아픈 곳을 찌르는 내용에 핵심을 두기보다, 그런 과정을 통해 저자로 참여한 교사들의 고민과 성장이 어떻게 연결되는지 약간의 거리를 두고 살펴보기를 권한다. 놀라운 '성찰적 삶'의 진면목을 발견하게 되리라.

다시 한번 이 책을 통해 자기 삶의 갈등을 드러내고 성찰적 삶을 살아내는 귀한 글 나눔에 고개 숙여 감사를 표한다. 그리고 교육자로서의 자기 삶이 더 성장하도록 늘 성찰하는 이들의 실천을 응원한다. 각자의 실천이 성찰을 통해 자기 삶의 이론을 만들고, 다시 좀더 교육적인 실천으로 이어지는 자기 대화적 성장을 이어 가기 손모아 응원한다.

차례

ⅠⅠⅠⅠⅠⅠⅠ 1장 코로나19 시대 우리 학교 들여다보기

ⅠⅠⅠⅠⅠⅠⅠ 2장 가까이서 멀리서

들어가며

　코로나19 전염병의 창궐은 세상을 바꿔 놓았다. 교육계 역시 예외는 아니었다. 변화와 변혁에는 항상 양가성이 존재하기 마련이다. 표준국어대사전은 양가성을 "동일 대상에 대한 상반된 태도가 동시에 존재하는 성질"이라고 정의하고 있다. 그렇다. 코로나19 창궐이라는 거대 담론적 구조의 변화가 일어났고, 이는 우리 사회에 훗날 역사적 변곡점이라 불리기에 충분한 영향을 총체적으로 미쳤다. 따라서 팬데믹 시대에 학교에서 벌어지는 사건과 현상들의 양가성을 내밀하게 살펴보려면 반드시 그 현장으로 들어가야 한다. 그리고 그 치열한 현장에서 누군가는 진술하고 덤덤하게 기록을 남겨야 할 사명이 있다.

　코로나19가 교육계에 불러일으킨 변화는 단순히 어느 한 영역에만 국한되지 않고 교육계 전반에 영향을 미쳤다. 이는 '교육혁명'이라 불러도 될 정도이다. 한 예로 '미래교육의 이상향'쯤으로 여겨지던 미네르바 스쿨 같은 곳에서나 할 수 있다고 믿었던 원격 화상수업이 이제 유치원생에게조차 생소하지 않은 교육방법으로 자리 잡았다. 한편으로는 '어깨동무'를 가르치던 학교가 '거리두기'를 가르치는 학교로 바뀌었으며, 마스크는 연필과 지우개보다 중요한 등교 필수 학용품이 되기도 했다. 지금도 여전히 같은 반 친구의 얼굴을 온전히 본 적이 없으며, 가림막을 통해 선생님을 바라보고 있다.

이러한 환경적·실제적 변화들 속에는 반드시 교육적 의미가 내재되었으리라는 믿음이, 앞서 밝힌 사명감과 더해져 이 책을 쓰는 계기가 되었다. 무엇보다 이 책을 통해 코로나19 전염병 창궐로 드러난 우리 교육의 민낯과 이면, 그리고 그 속에 감추어져 왔던 현상과 본질의 복잡계를 현장 중심에서 탐구하고 해석하며 두텁게 기록하고 싶었다.

이 책은 4장으로 구성되었다. 1장 '코로나19 시대 우리 학교 들여다보기'는 팬데믹 시대 학교현장에서 일어나는 사례를 중심으로 구성된다. 학교현장에서 발생하는 불안과 공포, 마스크 교육, 교직사회 내에서의 갈등 등 학교교육에서의 갈등과 변화, 불안을 다룬다. 2장 '가까이서 멀리서'는 학교현장에서 발생한 현상을 학교조직, 교육행정, 리더십의 측면에서 고찰한다. 팬데믹 시대에 변화하는 조직론, 갈등론에 따른 교육자치의 문제, 행정상 취해야 하는 숫자의 상징성 등을 교육학 이론으로 접근한다. 3장 '성찰'은 더 확대된 시각으로 현상을 고찰한다. 팬데믹 시대의 인간성, 교육의 의미, 미래교육, 교육열 등 기존의 교육을 지탱하고 있는 교육 철학 및 관념에 도전하는 방식으로 글이 전개된다. 팬데믹 시대에 좌절하거나 근본적인 공포에 따른 인간성을 통해 시민성을 고찰하며, 그 속에서 배려와 협력의 교육으로의 전환점을 찾는다. 또한 교육열을 주제로 과거 및 현재의 교육에 내재된 폭력성을 드러내고, 팬데믹 시대에 기존의 것들이 확대 재생산된다는 점을 비판한다. 4장 '실천'에서는 팬데믹 시대의 교육을 통해 고찰된 교육의 의미 중 회복해야 할 과제를 선정한 후, 그 대안으로서의 교육적 관점을 제시한다. 이에 따라 시민성 교육, 회복교육, 예술교육, 비판적 역량 신장, 세계시민교육에 이르기까지 기존 교육이 간과하거나 미처 다루지 못한 부분을 제시한다. 결과적으로 4개의 장을 통해 미시적으로는 학교조직, 거시적으로는 시민사회에 이르기까지 다양한 영역으로 논의를 확장하고 있다.

이 책의 저자들은 교육학을 전공한 중간계 지식인이며, 동시에 현장 교사로 근무하고 있다. 각자의 학문 분야에서 학문적 진리 탐구를 위해 꽤 많은 시간을 천착하였으며, 동시에 교육의 말초 조직 단위이자 최전선인 학교현장에서 교육자로서 소임을 다하고 있다. 저자들은 코로나로 인한 교육 패러다임의 격변을 몸소 겪으며, 치열하게 이론과 실제를 고민하였다. 이제 이 책을 통해 독자들과 함께 그 고민을 확장해 나가고자 한다.

이 순간에도 코로나는 여전히 확산되고 있다. 교육현장 역시 지속적인 변화 요구와 압력을 받고 있으며, 이러한 요구에 따라 변해 가고 있다. 위기는 기회라고 했던가? 코로나로 인해 발발한 팬데믹이 어쩌면 우리 사회 구성원 모두가 교육을 진솔하게 고민하는 시점이 되길 바란다. 또한 이 책이 그러한 고민에 작은 실마리라도 제공할 수 있기를 바란다.

1장

코로나19 시대
우리 학교 들여다보기

1.
'불안과 공포'에 휩싸인 학교

"선생님, 어떡하나요?" 최근 학교현장에서 동료 선생님이나 학부모, 심지어 학생에게 가장 많이 듣는 말이다. 그동안 교직생활을 하면서 겪어 보지 못한 상황과 매일 맞닥뜨리다 보니, "매뉴얼에 따라서 하세요." "글쎄요…"라고 대답할 뿐이다. 이러한 상황이 반복될수록 '불안과 공포'의 감정이 느껴진다. 다급하고, 근심 어린 질문들은 어떡해서든 도와 달라는 응급신호처럼 들린다. 무엇이 이토록 불안과 공포에 떨게 하나? 왜 이들은 학교에서 안절부절못한 채 살아가고 있나? 한동안 이런 생각이 머릿속을 떠나지 않았다. '결국, 코로나19가 감정까지 감염시켰구나!' 하는 위기감이 들었다.

학교에 들이닥친 공포의 사사화私事化 현상

우리는 지금 새롭게 등장한 페스트로 인해 마치 중세 시대 흑사병이 만연하던 광경을 눈앞에서 보는 듯한 경험을 하고 있다. 코로나 19를 처음 대했을 때 우리 사회는 확신에 가득 찬 어조로 새로운 녀석의 종말을 예고했다. 우리는 지금까지 쌓아 온 과학과 의학 기술을 믿고 또한 기대했다. 즉, 과학과 의학의 발달로 무장된 우리 사회에 '무한한 신뢰'를 보냈던 것이다. 하지만 지금 세상은 혼돈으로 가득 차 보인다. 지금까지 기대하고 의지했던 경험과 인간의 지혜가 무너지고 있다. 우주까지 넘보던 인간이 작은 미생물로 인해 순식간에 다시 원시의 세계로 돌아간 느낌이다. 한없이 작아진 인간, 어디에도 기댈 곳 없는 인간으로서 이 혼돈의 세상을 살아가고 있다.

불확실성의 상황에서 주로 감지될 수 있는 감정이 바로 '불안과 공포'이다. 이러한 감정에 대한 논의는 일찍이 '위험'을 다룬 여러 학자들[1]에 의해 활발하게 진행되었다. 이들에 따르면, 현 사회의 위험 요소는 산업이 분화하고 발전될수록, 세계화가 진척될수록, 그 위험 요소의 발생 원인과 여파에 대해서 누구도 예측할 수 없는 불확실성을 내포한다. 근대 사회는 산업의 발달 및 세계와의 연결로 인해 복잡성이 증대되었으며, 공간적 범위도 전 지구적으로 확장됨에 따라 위험들이 통제 불가능한 미궁으로 빠져 버릴 가능성이 매우 높아졌다. 이때 발생하는 감정이 바로 불안과 공포다.

이러한 불안과 공포는 과거와는 성격이 다르다. 기든스Giddens는 '존재론적 안전' 의식의 확보라는 용어로 과거와 현재의 불안과 공포 감정을 다루었다.[2] 좀 더 살펴보면, 전통 사회에서의 공포는 우리의 통제 밖에 있다고 생각되는 자연적인 힘과 인간의 무지에서 오는 것들이 대부분이었다고 한다. 전통 사회의 사람들은 미래에 대한 전망을 초자연적인 존재 또는 종교적인 행위에 전적으로 의존하는 삶을 살아오면서, 위험사회의 불안과 공포를 극복하기 위해서는 오직 망각함으로써 자신의 안전감을 확보했다고 한다. 하지만 현대 사회는 과거와는 양상이 다르다. 공포로부터 안전감을 획득하기 위해 사람들은 국가의 역할을 강조하기 시작했다. 더 나은 경제적 성과 추구, 민주주의, 복지국가의 실현, 이 모두가 안전을 추구하는 욕구에서 발동한 것이다. 이러한 신뢰 체계의 구축을 통해 공포를 적극적으로 극복하고자 하는 데 모든 역량을 쏟았다. 그러나 완벽한 사회가 있었던가? 자본주의 체제의 모순으로 인한 경제 불황, 역행하는 민주주의, 복지국가 실현에 따른 의견 대립, 막대한 예산 투입과 같은 현상들이 발생하면서 사회의 양극화, 복지의 축소, 환경문제, 대규모 실업 사태 등은 사회 다방면으로 불안과 공포를 자극하는 사회가 되고 말았다.

사회가 충분히 생존과 안전을 보장해 주지 못하면 나타나는 현상이 있다. 바로 '공포의 사사화私事化'이다.[3] 국가나 사회가 안전과 생존을 보장해 주지 못하면 그 책임을 개인에게 전가한다. 간단히 말하면, 국가나 사회가 우리의 안전과 생존을 책임지지 못하니 우리 스스로 안전과 생명을 지켜야 한다는 것이다. 국가는 사회의 낙오자를 개인의 문제로 치부하면서 자신의 안전과 생명을 지키지 못한 것은 결국 개인의 나태함과 준비 부족 탓이라고 각인시키고, 국가나 사회는 그 역할을 충분히 했다고 어필하는 통치술을 펼치고 있다.

개인은 자신의 안전과 생명을 확보하기 위해 불안과 공포를 벗어나고자 더 발버둥을 칠 수밖에 없는 것이다. 이럴수록 개인이 전문가에 의존하는 현상(상담, 의학적 치료, 개인 역량 개발 학원, 주식 컨설팅 회사 등)이 자주 나타나고, 개인의 불안을 스스로 헤쳐 나가고자 다방면으로 노력한다. 그러나 불안과 공포는 줄어들지 않고 공포의 사사화 현상은 더욱 강하게 형성된다.

이 개념을 학교현장으로 가져와 보자. 코로나19 사태가 발생하고 나서 어느 지역 교육청은 다음과 같은 공문을 발송했다. 그것은 '학교에서 코로나가 발생하면 그 책임을 교사 및 해당 학교에 묻겠다'는 내용이다. 이 공문이 발송되면서 교사 온라인 커뮤니티며 교육 관련 신문에서는 비판의 목소리가 들끓었다. 사회적으로 모든 역량을 집중해도 못 막는 질병을 어떻게 교사 개인 및 단위학교가 막을 수 있을 것인가? 이를 개인에게 책임을 돌린다는 생각 또한 기발하다. 그런데 공포의 사사화 과정을 이해하고서 보면, 국가나 책임 당국에서는 책임을 개인에게 전가하는 메커니즘이 발동하게 되고, 이제 전적으로 교사 개인 및 단위학교가 모든 책임을 감당해야만 한다. 코로나19가 학교에 침투하면 단위학교 또는 담당 교사의 역량 부족으로 이해할 수밖에 없는 구조의 틀 속에서 사고가 규정된다.

학교현장에서 교사들은 개인의 책임 문제로 감당해야 할 일들이 비일비재하다. 해당 학급에서 학생이 37.5도 이상의 열이 나는 경우, 학생이 가정에서 몸에 이상이 있어서 이 학생을 관리하고 학습 보완까지 책임져야 하는 경우, 학급에서 코로나로 인해 발생하는 예측 불가능한 상황까지도 모두 교사 개인의 책임으로 전가되고 있는 현실이다. 이때 발동하는 것이 바로 '불안과 공포' 감정이다.

주체의 자율성, 어떻게 지켜야 할까

학생들이 코로나 사태 이후 처음 등교하던 날을 잊을 수가 없다. 등교 준비를 하면서 약간 긴장했지만 만반의 준비를 했다는 생각이 들었다. 동학년 선생님의 학급도 챙겨 주면서 서로 격려했다. 드디어 5교시 수업이 끝나고 다행히 하루를 넘겼다고 생각하고 있을 때, 교무부장의 긴급 메시지가 눈에 들어왔다. '몸에 이상 증세가 있는 학생이 발생하였습니다.' 몇 학년인지는 밝히지 않은 메시지였다. 학년부장인 나에게 동학년에서 아무런 연락이 없었으므로 '우리 학년은 아니겠지' 하며 안도의 한숨을 내쉬었다. 급식 시간이 되어 학생들과 함께 급식실로 내려갔는데, 이제 정년이 몇 년 남지 않은 동학년 선생님의 얼굴이 하얗게 질려 있었다. "선생님, 수업하느라 힘드셨죠?" 가벼운 인사를 건네는데 선배님의 얼굴에는 불안과 공포가 가득했다. "부장님, 우리 반 학생이에요. 근데 너무 정신이 없네요. 매뉴얼대로 했는지 모르겠어요. 지금 생각해 보니 매뉴얼대로 하지 않았고, 다른 학부모한테 민원이 들어올까 봐 걱정이에요." 이 모든 상황을 어떻게 교사 개인이 감당해야 한단 말인가?

이렇게 공포에 움츠러든 개인들은 체제에 더욱 적극적으로 순응함으로써 자신의 생존을 도모한다.[4] 박형신·정수남[2015]의 용어를 빌리자면 '안정 에토스'가 작동한다고 볼 수 있다. '안정 에토스'는 공포를 자신 자신에게 투사하면서 외적으로 주어진 상황에 저항하기보다는 회피와 예속의 형태를 보이면서 안정을 추구하고자 하는 몸부림이다. 이때 개인(주체)은 변혁보다는 체제 순응적인 삶을 살아가게 됨으로써 주체의 자율성을 제약하는 효과를 불러일으킨다. 교사나 단위학교가 교육청이나 교육부에 지속적으로 요구하는 '모든 상황의 매뉴얼화'를 직간접적으로 요구하는 실태가 바로 이러한 현상이라고 이해할 수 있다. 학교와 교사의 자율성을 요구하면서도 매뉴얼이 있어야 하고, 또 그에 맞게 따라야만 안정감을 느낄 수 있는 현상 모두가 안정 에토스에서 비롯된다.

불안과 공포에서 비롯된 안정 에토스는 학생들에게서도 관찰된다. 가정과 학교에서도 학생들에게 요구되는 원칙은 단 하나, '규칙 엄수'이다. 주어진 규칙을 벗어나면 큰일이 날 것처럼 불안과 공포의 정동情動이 학교와 가정을 휩싸고 있다. 이러니 학생들이 그야말로 규율을 지키기 위해 학교에 다니는 것처럼 느껴진다. 등교수업을 실시한다고 교육부에서 발표했을 때, 모든 학교 구성원이 걱정했던 것이 초등학교 저학년이 과연 학교 규칙을 잘 지키면서 생활할 수 있겠느냐였다. 초등학교 1, 2학년 학생 간의 거리를 어떻게 1미터 이상 유지할 수 있을까, 마스크는 잘 쓰고 있을 수 있을까, 복도에서 줄을 맞춰서 걸을 수 있을까, 급식실에서 밥을 받을 때 서로 겹치지 않고 질서를 유지할 수 있을까, 무수한 고민거리가 쏟아졌다. 그런데 1, 2학년이 등교하던 첫날, 이 모든 걱정이 사라졌다. 학생들은 정말 그림처럼 앉아서 독서하고, 1미터 거리를 유지하는 것은 물론이고, 마치 군대처럼 일사불란하게 움직였다. 가정에서 또는 학교에서 알게 모르게 주입됐던 '내가 잘해야 한다', '이 규칙에서 벗어나면 큰일 난다', '질병에 오염되면 안 된다' 등 무수히 많은 규율적 요구가 학생 개인을 축소된 주체로 만들었던 것이다. 안정 에토스에서 발생하는 또 다른 통치술이 이제는 학생들을 체제에 적극적으로 순응하게 만들고 학생 개인의 자유를 축소하는 형태로 묶어 두고 있다. 이러한 상황이 장기간 지속될 때, 우리 아이들이 자라서 어떠한 세대가 될지 가슴이 먹먹하다.

또 다른 불안과 공포의 메커니즘은 코로나19 상황에서 '왕따'가 되지 않는 것이다. 최근 학교에서 단순 의심 증상이 나타나 하교를 한 학생이 있었다. 매뉴얼에 따라 해당 학생과 학부모에게 선별진료소 방문을 안내했고, 그들은 선별진료소를 방문했다. 하지만 그 후 문제가 발생했다. 학부모 온라인 커뮤니티에 해당 학생의 개인정보가 돌아다녔고, 마치 그 학생이 코로나19에 감염된 것처럼 와전되면서 학교에 민원 전화가 빗발쳤다. '해당 학년이 몇 학년이냐', '학교는 등교수업을 중지해 달라', '학생의 안전을 어떻게 담보할 수 있느냐'면서 은연중에 해당 학생에 대한 비난과 동시에 학교에 책임을 묻는 등 학부모의 불안과 공포를 확인할 수 있었다. 학부모 입장에서는 불안전한 상황에 학생을 지키는 것이 보통 학부모의 역할로 규정되고 있으니, '이 모든 것을 내가 잘해야지'라는 생각이 동시에 작용하면서 공포의 사사화가 진행되고 있다. '내 자식이 아니길 다행'이라는 안도

와 함께 곧 책임을 전가할 대상을 찾게 되는데, 그것이 바로 코로나
19를 검사받았던 학생과 학교이다.

교육공동체의 협력과 연대로 불안과 공포를 이겨 내야

불안과 공포의 감정이 동시다발적으로 교사, 학부모, 학생에게 발
생한다는 점을 주목할 필요가 있다. 불안과 공포의 감정은 학부모가
동시다발적으로 민원을 제기한 것에서 볼 수 있듯이, 개인의 감정이
공동의 감정으로 전환되고 있다. 바바렛Barbalet에 따르면 현시점은
'감정적 분위기'가 작동하고 있는 것으로 보인다.[5] 감정적 분위기는
"그것에 빠져 있는 모든 사람이 동일한 감정을 요구하지 않으며 서로
다른 사람들이 집단 속에서 서로 다른 지위를 차지하여 서로 다른
역할을 수행하고 서로 다를 가능성이 크다". 그럼에도 불구하고 개인
은 집단의 소속감을 느끼게 되면, 특정 집단원으로서의 공유된 감정
에 기여하고 또한 그러한 감정적 분위기를 형성하는 데도 기여한다.
즉, 학부모들은 코로나19라는 상황에서 학생들을 보호한다는 책임
감으로 자신도 모르게 새로운 집단을 형성하거나 포섭된다. 이는 주
로 온라인에서 활성화된다. 여기에서 발생하는 감정 형성에 기여하면
서 동시다발적인 감정을 쏟아내게 된다. 이 감정이 바로 불안과 공포
이며, 이는 공유된 감정이자 시간이 지나면서 더욱 견고해지는 감정
이기도 하다. 학부모들은 서로 다른 개인에서 출발했지만 이제는 공

동의 감정에 의해 지배된다.

공동의 감정은 차별과 혐오를 낳는다. 불안과 공포는 안전을 추구하는 데 그 목적이 있기 때문에 공동의 감정은 안전을 방해하는 요소는 과감하게 배척하고 또한 책임을 전가한다. 그런데 안타깝게도 다른 누군가였던 차별과 혐오의 대상이 언젠가는 본인이 될 수도 있다는 사실이다. 이를 잘 알고 있기에 불안과 공포는 더욱 증대된다.

학교현장은 교사, 학부모, 학생 할 것 없이 모두 공동의 감정에 지배되고 있는 듯하다. 게다가 불안과 공포의 감정만이 존재하지는 않는다는 것도 사실이다. 물론 어려운 환경에서도 더 나은 교육과 학생들의 안전을 위해 모두가 노력하는 가운데서 우리는 희망을 보기도 한다. 하지만 학교현장에서는 교사에 대한 무한한 책임감 부여, 학교 공동체의 과민반응, 학생들의 주눅 듦이 자주 목격된다. 불안과 공포의 감정이 안전 에토스 추구로 이어지는 과정에서 이전에는 볼 수 없었던 새로운 학교의 풍경이 우려스럽다.

이러한 상황을 극복하려면 어떻게 해야 할까? 여기에 대해서는 정책적 제안을 하기보다는 다시 '공포' 메커니즘을 들여다보면서 해결의 단서를 확인하는 것으로 만족하고자 한다. '공포' 메커니즘은 '불안과 공포'의 감정으로 인해 '공포의 사사화'로 이어진다. 즉, 개인이 위험에 대한 대처 및 공포 관리에 대해 무한한 책임을 질 수밖에 없는 구조이다. 이때 사회적 연대가 끊어지는 현상이 발생한다는 점에 주목한다. 개인의 자유 확대, 개인의 역량에 따른 위험에 대한 대처, 전문성과 전문화에 기대는 것은 모두 개인의 상황과 여건에 달려 있다. 함께 협력하여 공동의 문제에 대처하지 않고 개인의 안위와 안전이 가장 중요한 요소로 간주된다. 이때 개인이 연대를 하는 경우도 생기는데, 이러한 연대는 앞에서도 언급한 것처럼 개인의 이익이 공동의 목적이 될 때 형성된 집단이다. 이 집단은 공동의 이익을 대변하는 것처럼 보이지만, 결국 개인의 안전과 이익이 최우선시된다. 이는 진정한 의미의 협력과 연대라고 볼 수 없을 것이다.

학교 내에서 '불안과 공포' 에토스를 줄이려면 학교 구성원 및 학생, 학부모와의 연대와 협력이 필수적이다. 불안과 공포로 인해 낮아진 서로 간의 신뢰를 높이고 존중하는 문화 형성이 무엇보다 중요하다. 신뢰를 바탕으로 한 협력과 연대만이 이 난국을 타개할 수 있을 것이다. 이를 위해 교사에게는 주어진 책임을 교육공동체가 함께 나누어 지는 것, 학부모에게는 안전한 학교라는 신뢰를 제공하는 것, 학생에게는 규율보다 자유로운 미소를 선사하기 위해 노력해야 할 것이다. 학교에서의 불안과 공포는 학교만의 현상이 아니므로, 사회가 먼저 이 감정을 외면해선 안 된다.

2.
적절한 거리

 마스크를 쓰고 등교하기 시작하면서 학생들은 정부의 거리두기 지침을 따르고 있다. 사회적 거리두기로 '사람과 사람 사이, 두 팔 간격 건강 거리두기로 띄우세요'라는 슬로건이 생겼다. 코로나19 관련 활동 유의사항 중에도 "교사와 학생은 2미터 이상 거리를 유지하며 꼭 필요한 대화 외에는 가능한 한 이야기하지 말아야 한다"가 있다.[6] 이에 따라 교실에서는 책상마다 일정 거리를 띄우고, 복도에서도 일정 거리를 두고 이동하게 한다. 특히 1학년 학생들에게서는 친구들과 어깨동무하거나 손을 잡으며 서로의 온기를 느끼는 'Ice-Break' 활동을 찾아볼 수 없다. 코로나 시기에 입학한 1학년 학생들이 학교에 친밀감을 느끼고 애착을 갖기 어려운 상황이다. 일정 거리를 띄우며 배우는 교육이 고착화되면 앞으로도 접촉 없는 교육이 지속될까 봐 우려스럽다.

2미터의 심리적 거리 속 접촉 없는 교육

인간의 성장에서 신체적인 접촉은 매우 중요한 요소이다. 아이는 신체적인 접촉을 통해 양육자와 교감하며 '애착' 관계를 형성한다. '애착'을 표현하는 세 종류의 영어 단어인 "애착된attached", "연결된connected", "관계 맺어진bonded"은 모두 신체적인 접촉touch을 포함하고 있다.[7] 애착실험으로 1950년대 미국 심리학자인 해리 할로우의 '헝겊 엄마 철사 엄마'가 있다. 이 실험에서 아기 원숭이들은 젖을 주는 차가운 엄마보다 젖은 나오지 않지만 부드럽고 따뜻한 엄마 곁에 더 오래 머물렀고, 그러한 아기 원숭이들은 인지능력 및 사회성 등에서 더 높은 발달 수준을 보였다. 이는 어머니-자녀 사이의 애착 형성에 신체 접촉의 경험이 중요한 역할을 함을 의미한다. 또한 학생들은 게임, 표현, 운동 등의 신체 접촉 행위를 통해 움직임 욕구와 심미적 감성을 충족하고 의사소통의 질을 높여 원활한 인간관계를 형성할 수 있다.

그렇다면 물리적 접촉 거리가 아닌 2미터의 심리적 거리란 무엇일까? 심리적 거리psychological distance는 어떤 대상으로부터 떨어진 정도에 대한 주관적 경험이다.[8] 리버만Liberman 등은 심리적 거리를 공간적, 시간적, 사회적, 가상적 거리 등으로 구분한다. '거리두기' 지침과 관련된 공간적 거리는 자신보다 먼 곳에서 발생한 사건이 가까운 곳에서 발생한 사건보다 더 요원하게 느껴지는 것을 말한다. 그리고 사회적 차원의 심리적 거리는 내가 모르는 사람들에게 발생한 사건이 내가 아는 사람들에게 발생한 사건보다 요원하게 느껴지는 것을 의미한다. 또한 사회생활을 결정짓는 거리에 대해 언급한 『4피트』에 의하면, 거리를 다양한 형태로 분류할 때 다른 사람에게 허용할 수 있는 가장 가까운 '가족(연인) 간의 거리'는 1.5피트(46센티미터) 이내이다. 학창 시절 친구들처럼 친한 사람들과 형성하는 '우정의 거리'는 평균적으로 46센티미터에서 1.2미터라고 알려졌다. 함께 일을 하고 자주 마주쳐야 할 사람의 '사회적 거리'는 4피트(1.2미터)라고 한다.[9] 2미터의 거리는 사회적 거리를 넘어선 거리로서 직관적 사고와 감정을 공유하기보다는 이성적 사고와 원칙이 중시되는 의사소통이 이루어질 가능성이 크다.[10] 복잡한 상황을 생각하여 말하기가 어렵거나 감정표현이 서투른 학생들에게는 이러한 사회적·심리적 거리가 멀어질수록 관계의 폭이 제한될 수밖에 없다.

관계를 형성하기에 좋은 방법은 근접성 효과propinquity effect를 발휘하는 것이다. 모든 물체에는 인력이 존재하는데 인력은 두 물체의 거리가 가까울수록 서로 간의 힘이 더 강해진다. 인력은 우리가 자주 만나 상호작용하는 사람일수록 친구가 될 확률이 커진다는 '근접성 효과'에 적용할 수 있다.[11] 같은 건물에 거주하거나 유사한 배경에 있는 학생들은 서로 친숙하기 때문에 호감을 느끼는 경우가 많다. '근접성 효과'는 사람들 간의 기능적 거리를 단축시키는 어버니즘Urbanism을 확산시켰다. 어버니즘은 도시에서 볼 수 있는 특징적인 생활 양식을 말한다. 어버니즘으로 인해 서로의 거리가 가까우면 사람 간의 아이디어를 교환하거나 주변 시설을 활용하는 데 효율적이다.[12] 하지만 코로나로 인해 인종, 성장, 정서적으로 자연스럽게 이루어진 거리가 아닌, 의무적인 '사회적 거리두기'가 생겼다. '사회적 거리두기'로 인해 '근접성 효과'가 위협받게 되었다. 학교에서 교사는 학생의 거리 2미터 안으로 들어올 수 없으며 학생도 교사와의 거리 2미터 안에 들어감이 허용되지 않는다. 동료 교사와의 거리도 서로가 2미터 안으로 들어올 수 없다. 친밀할 수 있지만 가족 같은 유대감을 느낄 수 없는 공간이다. 이러한 의무적인 거리두기는 학교 구성원 간의 인간관계에도 영향을 끼친다.

감염병은 연대와 협력의 의지를 고취시키지만 낯선 사람을 의심하고 배척하게 만들기도 한다. 사회적 자본 연구자들은 가족 같은 긴밀한 사이의 신뢰를 '두터운 신뢰', 낯설고 다시 만날 일 없는 타인과의 신뢰를 '얇은 신뢰'라고 부른다.[13] 초등학생 시기에는 구체적 조작기로서 탈중심화가 나타나고 사회화가 발전된다. 그런데 코로나로 인해 어렸을 때부터 친하게 지내 온 친구들을 제외하고는 새로운 친구들과 관계를 형성하기 힘들다. 얇은 신뢰는 일종의 윤활유로서 '우리'와 '그들' 관계의 마찰을 줄이고 부드럽게 연결하여 '우리'라는 관계를 확장한다. 코로나 시대에는 윤활유 구실을 하는 얇은 신뢰 관계도 줄어든다. 친구와의 거리를 좁힐 수 없는 상황은 학생의 사회성 범위를 축소시킨다. 자유로운 몸놀이로 협동심과 유대감을 기를 수도 없다. 교사와 학생 간의 거리 변화는 수업과 생활지도와도 연계된다. 교사와 학생의 간격이 벌어지면 교사의 역할이 협력자에서 전달자로 변한다. 학생들은 주로 대면이 아닌 영상매체를 통해 담임교사를 만나기 때문에 서로의 감정적 교류가 줄어든다. 그리고 다른 학습 자료의 지원을 받는 경우에는 매시간 담임교사를 만나는 것도 아니다. 그리고 수업 영상을 제공할 때 문제와 답을 그대로 제공하기 때문에 학생은 문제의 정답을 고민할 시간을 스스로 충분히 가지기 힘들다. 이렇게 코로나 시대의 수업은 교사와 학생이 서로 의견을 주고받는 관계가 아니라 교사가 내용을 일방적으로 전달하는 강의식 수업이 된다. 또한 교사는 일주일에 두세 번뿐인 등교수업에서도 생활지도보다 밀린 학습지도에 치중한다. 그래서 취미, 특성, 사교 관계, 현재 고민하는 문제 등에 대해 학생과 대화할 시간이 없다. 매일 아이들과 부딪치며 쌓아 올리는 끈끈한 사제의 '정'을 느낄 수 없게 되었다.

'평등한 동시에 불평등'한 코로나 시대의 학교교육

코로나 시대에 학교교육은 어떻게 진행되었을까?

첫째, 학습지원대상자 교육에 변화가 생겼다. 코로나로 인해 우리 학교는 2020년 7월에 기초학력 진단검사를 실시했다. 당초 계획보다 3개월이 지난 시점에 진단평가를 실시했는데, 그중 학습지원대상자[1]가 일부 발생했다. 학습지원은 블렌디드 방식으로 대면과 비대면을

---

1. 기초학력을 갖추지 못한 학생으로 학습부진아에서 명칭이 바뀌었다.

병행하기로 했다. 등교일에는 대면수업으로 방과후 지원을 하고, 가정학습일에는 비대면 학습을 지원하는 방법인데, 효과적으로 진행하기가 어려웠다. 학습지원대상자는 교사가 대면으로 지도하지 않으면 소용이 없다. 특히 1, 2학년은 더욱 그렇다. 교육부에서도 학습지원대상자는 사회적 거리두기와 상관없이 대면수업이 가능하다고 말했다. 하지만 코로나로 인해 학생이 학교에 있는 시간을 가급적 줄이라는 방침과 상충되어 교사와 학생에게 부담이 있었다. 그리고 가정학습일에 비대면 원격학습으로 진행하려던 계획은 영상기기의 문제와 학생의 주의집중 지속가능 시간 등으로 인해 무산되었다.

저자가 소속된 학교에서는 대면수업일에 학습동행 프로젝트 및 한글 돋움 교육을 지도계획에 맞춰 방학 중에도 시행했고, 2차 학력향상도 검사 후 수준별 학습지도 및 피드백 지도가 이루어졌다. 하지만 학습지원대상자 교육이 2020년 2학기가 되어서야 본격적으로 시행되었고, 등교일이 예년에 비해 적어 일부 학생만 적극적으로 참여하여 실효성은 높지 않았다.[2]

이를 통해 학업 성적이 우수한 학생은 교사와의 거리가 멀어도 학업에 지장이 없지만, 학습지원이 필요한 학생은 교사와의 거리가 더욱 가까워야 한다는 점이 분명해졌다. 학습지원수업은 학생의 자립심과 집중력 향상을 위해 교사가 1:1로 피드백을 하며 맞춤형으로

---

2. 2021년에는 3월에 진단평가를 시행하고 결과를 바탕으로 학습지원대상자 교육이 이루어졌다. 하지만 등교일이 적고 마스크를 착용한 상태에서 이루어진 수업 방식은 예년과 다름없었다.

교육해야 한다.

둘째, 취약 계층 학생 교육에 변화가 발생했다. 코로나가 모두를 동시에 위험에 빠트려서 평등하지만 똑같이 때려도 약한 곳부터 부러지니까 불평등하다는 말이 있듯이[14], 코로나는 '평등한 동시에 불평등'하다. 같은 지역 대부분의 학교가 일주일에 한두 번 등교하는 일은 모든 학생에게 평등해 보이지만, 부모님의 시간 여유와 경제력, 학생 의지 등에 따라 불평등의 정도는 심해진다. 부모와 '교육 거리'가 가까운 학생은 학습계획 수립, 지도, 조언, 협력, 검토 등에 부모의 도움을 받아 비대면에서도 1:1 학습이 가능하다. 하지만 부모와 '교육 거리'가 먼 학생은 과제의 양과 질이 낮고 등교수업에 참여 수준도 낮다. 이전에는 학습지도의 역할을 학교와 사설 기관이 담당했지만, 코로나로 인해 부모의 역할이 더 커졌다.

평상시 부모와의 관계가 원만하고 자기주도적 학습이 가능했던 학생은 코로나 시대에도 실력을 키울 수 있지만, 그렇지 않은 학생은 학업능력이 퇴보하기 쉽다. 맞벌이 등의 가정에서는 코로나 시대에 커진 부모의 역할을 충실히 수행하기 어렵다. 그래서 일부 학생들은 학교에 나와서 긴급돌봄 프로그램에 참여한다. 더불어 사회적 거리두기 자체가 어려운 장애 학생의 경우에도 지역사회 서비스 기관의 휴업 및 개학 연기 등으로 인하여 활동이 제한되어 심각한 스트레스를 받을 수 있다.[15] 이들에 대한 맞춤형 수업과 돌봄 커리큘럼 확충이 시급하다.

셋째, 수행평가에 한계가 생겼다. 등교수업을 하는 날에는 수행

평가를 처리하기에도 바쁘다. 2020년 코로나 시기의 평가 시스템은 ① 등교일에 평가를 하는 것이 기본이며(단, 학생들이 지나치게 많이 모여서 보지 않도록 분산 조정), 평가를 위해서만은 별도로 등교하지 않는다. ② 학생이 등교를 전혀 하지 않는 경우, 실시간 원격수업을 통한 쌍방향 활동으로 평가한다. ③ 모든 과목을 전부 하기가 어려울 경우, 과목별로 한두 개 정도 평가한 후 평가가 되지 않은 부분은 "코로나19로 평가 미실시"라고 기재한다.[16] 2021년 평가 시스템은 2020년과 비교하여 과목별 평가 영역 수가 증가한 것을 제외하고는 차이가 없었다. 이렇게 평가는 수업을 잘 들었는지 확인하는 차원에만 그치게 된다. 더 적용하고 발전하는 문제를 내기 어려운 이유는 원격 교육 수행으로 인해 평가 과정을 정확히 확인하기가 어렵기 때문이다. 학습진도율과 원격과제 제출만으로는 학생이 혼자서 전부 해결했는지 확인하기 힘들다.

『평균의 종말』이라는 책에는 학생의 발달원리로 들쭉날쭉의 원칙(인간의 특성은 아주 많은 요인들이 작용하고 있기에 다차원적인 접근이 필요하다), 맥락의 원칙(상황에 따라 행동 특성이 다르다), 경로의 원칙(보편적인 고정 순서는 없으며 각자 발달단계가 다르다)이 제시되어 있다.[17] 이 이론은 설득력이 있지만 실제로 모든 과정을 이렇게 평가하기에는 시간과 노력이 많이 든다. 교사 1인당 20여 명의 학생을 가르치는 학급에서 개별적으로 학생을 평가하기는 쉽지 않다. 평가는 단기적이지 않고 장기적으로 과정과 결과를 동시에 평가해야 한다. 그런데 코로나 시기에는 교사와 학생 간의 간격이 멀어서 과정을 평가하는 데 한계가 있다. 성인이라면 위의 세 가지 원리대로 하면 되겠지만, 미성년인 학생들에게 이것을 그대로 적용하는 데는 무리가 있다.

권력거리의 변화에 따라 더욱 중요해진 변혁적 지도성

물리적 거리의 차이는 헤이르트 호프스테더Geert Hofstede가 언급한 권력거리power distance의 차이에도 영향을 줄 수 있다. 권력거리는 "각 국가의 제도와 조직에서 권력이 약한 구성원이, 권력이 불평등하게 분포되어 있는 상태를 예측하고 받아들이는 정도"를 의미한다.[18] 이는 지도자에 대한 구성원의 의존 정도와도 관련된다. 권력거리의 차이가 큰 조직에서는 인간관계의 불평등을 당연시한다. 그래서 권력 약자가 강자의 의견에 따라가기 쉽기에 반론을 제기하거나 피드백을 받기도 어렵고 혁신적인 아이디어를 제공하기가 어렵다. 학교 관리자와 교사 간의 권력거리에서도 코로나로 인해 상호 간의 자유로운 의견 교환에 제한이 생기는 '문화적 거리'가 멀어졌다. 문화적 거리가 클수록 학교장의 의견과 교사 의견 간 상관성 정도가 축소된다.[19] 이는 교사와 학생 간의 권력거리와도 차이를 주어 지도성의 변화를 초래한다.

지도성은 집단 내에서 발휘되는 어떤 힘이나 영향력으로 조직의 목표 달성을 추구하고 구성원들의 긍정적인 변화를 유도하는 것을 의미한다.[20] 교장과 교사의 일정한 거리로 인해 교장은 변혁적 지도성에서 거래적 지도성으로 회귀할 수 있다. 교장의 지도성은 학교 전체에 영향을 주고 학교 개선의 성공 여부를 결정하는 중요한 요인이다. 교장이 좋은 지도성을 발휘할 때 교사 발달을 이루어 학생과 학부모에게도 긍정적인 영향을 준다. 특히 학교 경영 환경의 변화에 따라 교장은 교육 전문가, 교육개혁 선도자, 학교 경영 전문가, 교육기관 통합자로서의 역할을 해야 한다.[21] 이때 필요한 교장의 지도성이 변혁적 지도성이다. 변혁적 지도성이란 구성원의 동기를 자극하고 태도와 행동을 변화시켜 자아존중감을 이끌어 내어 조직의 효과성을 이루는 지도성이다.

교장의 변혁적 지도성 요소로 개별적 배려, 비전 제시, 지적 자극, 협동적 문화 조성, 솔선수범, 변화 촉진 등이 있다. 이 중 개별화된 배려는 구성원에 관심을 갖고 코칭 및 멘토링을 통해 그들의 동기와 자아존중감을 향상시키는 것이다. 이는 교장과 교사의 간격이 2미터 이내일 때 발휘될 가능성이 크다. 하지만 현재 코로나19로 인해 교장과 교사 간 필수적인 업무 외에는 접촉할 기회가 적기에 심리적 간격도 커질 수밖에 없다. 코로나 시기에 교장은 안전(방역)을 우선시해야 하므로 규정과 규칙 준수가 교육보다 우선시된다. 그래서 교장은 책무성이 강조되는 거래적 지도성을 발휘하기 쉽다. 교장은 소속 교직원을 지도·감독할 수 있는 권한이 있지만 '안전'에 치중되는 분위기에 전문성 있는 교육 경험을 교사들에게 제공하기 어려운 상황이다. 교사도 특별한 업무가 아닌 이상 교장과 사회적 거리를 유지한다.

인간관계는 공적인 대화뿐 아니라 사적인 대화를 통해 친밀해지는 경향이 크다. 하지만 사회적 거리두기로 꼭 필요한 대화만 오가기 때문에 사적인 대화를 하기가 어렵다. 그래서 개인적 배려보다는 공적 목적에 치중되어 겉으로만 드러나는 거래적 지도성이 강조된다. 교장이 교육 지도자로서 전문성 있는 혜안으로 교사를 멘토링하는 지도성을 발휘할 수 있어야 하는데, 이는 코로나로 인해 일정 부분 후순위로 밀리게 되었다.

코로나 상황은 교사 지도성에도 영향을 주었다. 학교교육과정에서 지도력 있는 교사들이 학교 구성원들과 협력하여 교육적 성취와 변화를 이룰 수 있다.[22] 하지만 부장교사를 제외하고 일반 교사가 직접 모여서 연수를 듣거나 협의를 하는 경우가 줄어들었다. 더욱이 사회적 거리두기의 강화로 인해 같은 부서에 소속된 교사와의 만남도 적어졌다. 그래서 지도력 있는 교사들이 공동 목표를 설정하고 협력하여 운영하는 데 제한이 있다. 그러자 혁신적인 변화를 이끌어 내지 못하고, 형식적이며 지시적으로 업무를 처리하는 경우가 많아졌다. 또한 교사들이 안전거리만을 유지한 채 친밀감과 소속감을 나누기도 어려워져 상대적 고립감이 커졌다.

거리두기 속의 학교교육은?

'거리두기'로 인한 교육적 불편함을 해결할 수 있는 방안은 무엇일까? 먼저 거리를 둘 때는 기준선을 어디에 두어야 할지가 명확해야 한다. 적절한 거리는 '중용'과 관련이 깊다. '중용'은 지나치거나 모자라지 아니하고 한쪽으로 치우치지도 아니한, 떳떳하며 변함이 없는 상태나 정도이다. '사랑'이 너무 가까우면 집착이 되지만 멀리 있으면 무관심이 되듯이 학생마다 필요로 하는 교사의 공간은 다르다. 개별 학생의 특성을 살피고 그에 맞춰서 교육할 수 있는 교사의 역량이 중요하다. 볼비Bowlby[23]가 어머니와 아기 사이에 심리적 끈이 있다고 말하듯이, 부모와 자녀, 교사와 학생, 학생과 학생 사이에도 심리적 끈이 있다. 이 끈이 끊어지지 않는 적절한 거리 유지를 하는 것이 중요하다. 그 범위 안에서 부모의 양육과 교사의 보호 행동이 제공될 때 학생은 자신이 안전하게 보호받고 있다고 느낄 수 있다.[24] 학생들은 그 범위 안에서 상대의 연결감을 느끼며 안전한 애착관계를 형성할 수 있다.

그리고 '사회적 거리두기'의 용어 변환을 고민할 필요가 있다. '거리두기'는 객관적인 행위이지만 '사회적'이라는 말은 애매모호하다. 가족이나 연인들은 '사회적' 관계가 아니며 개인의 자유를 중시하는 사람에게는 사회적이라는 말이 통제와 감시로 느껴져 거부감이 들수 있다. 말에는 치유력이 있어 위로의 말을 듣게 되면 슬프고 답답한 마음이 사라지고 새 힘을 얻게 된다.[25] 그래서 '감염확산 방지를 위한 거리두기'라는 메시지 전달이 유용하다.[26]

또한 원격수업의 한계를 인식하고 등교수업의 중요성을 부각시켜야 한다. 과학적 지식이나 개념, 식물의 생명을 존중해야 한다는 당위적 사실만을 전달하는 수업은 원격에서도 가능할지 모른다. 그러나 자연의 아름다움을 자연물로부터 직접 느끼고 고운 심성을 기르거나, 서로 어울려 사는 삶 등을 체득하기 위해서는 오프라인에서의 대면교육이 필요하다. 전문적 지식이나 교수 기술뿐만 아니라 학생들의 삶에 대한 따뜻한 관심과 인간적인 애정이 전제되어야 한다는 점에서 학교교육은 특별하다. 더불어 내 무리만 받아들이고 다른 무리는 배척하는 배타주의가 아닌 관계성과 심리적 거리를 넓히는 시민교육도 필요하다.

3.
마스크 교육, 장벽의 교육

　요즘 외출할 때 마스크는 핸드폰과 더불어 필수품이 되었다. 원래 마스크는 미세먼지 경보가 뜰 때만 사용했었는데, 이제는 마스크를 깜빡하고 나왔다가 다시 집으로 가는 일도 비일비재하다. 아내와 아이도 마찬가지다. 마스크는 세상을 바꿔 놓았다. 립스틱 시장이 줄어들고 아이섀도 시장이 늘어났으며 입냄새 방지 껌이 잘 팔린다. 마스크의 장시간 착용으로 피부염이 생겨 약품, 병원의 수요가 늘기도 했다. 장시간 마스크 착용으로 인한 학생, 교사의 안타까운 소식을 접하면 가슴이 아프다.[27; 28] 특수학교에도 똑같은 학교 방역 지침이 내려왔다. 밀접 접촉 금지, 전원 마스크 착용, 화장실 혼자 가기 등 애초에 아이들이 지키기 힘든 것들이 대부분이다. 초등학교 1학년 학생에게 학교의 즐거움과 새로움을 가르치기보다는 '간격 띄우기, 마스크 쓰세요, 말하지 마세요'만 강조하니 안타까운 일이다.[29]

마스크의 양면성

등교수업을 할 때 학교에서 지급한 것은 열체온계, 마스크, 손소독제이다. 마스크는 세탁해서 쓸 수 있는 것을 주었지만 이걸 쓰는 학생은 거의 없다. 어린이집을 다니는 학생부터 마스크를 쓰는 시대가 되었다. 이전에는 마스크를 범죄자, 연예인 등이 얼굴을 가릴 때나 병원 관계자들이 수술 또는 검진할 때 제한적으로 사용했다. 하지만 이제는 모두가 건강을 위해 마스크를 착용하게 되었다. 학교에서도 마스크를 거부하는 학생이 있을까 봐 걱정했지만 모든 학생이 마스크를 착용하고 교실 의자에 앉아 있다. 교육청, 교사, 학부모의 지시가 효과적이었나 보다. 등교수업을 하는 날이면 학생들은 절대로 마스크를 벗지 않는다. 여름이라 에어컨을 틀어 놓고 움직이는 활동은 화장실에 가는 게 전부지만, 급식 전에 체온을 재면 학생들의 체온이 대부분 아침보다 높아져 있다. 숨 막히는 마스크로 하루를 보내는 학생과 교사가 안타깝다.

마스크는 양면성을 지니고 있다. 우선 마스크는 자기 보호 목적으로 쓰인다. 역사적으로도 페스트와 스페인 독감이 창궐했을 때 의료인뿐만 아니라 일반인들도 개인 보호와 위생 조치로서 마스크를 착용하였다.[30] 질병관리본부의 지침에는 마스크 착용이 공기 중에서 감염되는 코로나바이러스 비말을 예방하는 데 효과적이라고 나와 있다. 반면 코로나19라는 전염병은 단순한 감기 바이러스이며 장기적인 마스크 착용은 저산소증과 이산화탄소 과다 흡입으로 호흡기 질환을 일으켜 면역력을 저하시킨다는 주장도 있다.[31: 32] 마스크는 자기 보호를 통한 시민 안전이라는 긍정적인 측면도 있지만 비인간성, 무력감을 이용한 집단 통제라는 부정적인 측면도 있다.[33]

마스크를 착용한 수업은 제한이 크다. 학생들은 마스크를 쓰고서는 발표를 별로 하지 않는다. 발표할 때는 이전보다 훨씬 큰 소리로 말해야 한다. 따라서 주로 정보전달 설명과 지시만 이루어질 뿐 토론식 수업을 하기가 어렵다. 개인적이고 친밀한 대화를 하기도 힘들다. 마스크는 색상은 다양해도 모양은 천편일률적이다. 대량으로 찍은 물건을 구입하는 것이라 개성 있게 선택하고 착용하는 데 한계가 있다. 게다가 코로나로 인해 서로의 영역을 침범하는 것을 해악이라 생각하는 분위기가 생겼다. 자신만의 경계선 지키기를 바라고 상대방의 경계선도 존중해야 하므로 스킨십이 오갈 수가 없다.

성인이 되고 나서, 초등학생 시절을 기억하면 떠오르는 것은 수업 시간에 배운 내용이 아니다. 친구들과 야구, 축구를 하며 뛰어놀았던 모습, 학예회 때 발표하던 장면, 현장학습에서 있었던 일들, 쉬는 시간에 친구들과 장난치며 놀던 일 등이 생각난다. 이렇듯 명시적 교육과정은 아니지만, 잠재적으로 성격 형성이나 사회성 함양에 도움이 되었던 경험이 코로나로 인해 사라지고 있다. 음악은 감상교육이 주가 되고, 체육은 원격수업으로 이론 소개를 하고 교사의 시범 수업으로 이루어진다. 악기 연주, 가창, 실기 운동은 수업 내에서 할 수가 없으니 수행평가로 반영할 수가 없다. 당연히 소홀해질 수밖에 없다. 국어, 수학, 사회, 과학, 영어 등의 주지교과가 강조된다. 상담 주간에

부모님과 학생과 할 수 있는 대화 주제도 줄어들었다.

마스크 교육은 외적 동기를 강조하지만 내적 동기는 감소시킨다. 동기는 사람으로 하여금 어떤 행동을 일으키게 하는 내적인 요인 또는 마음의 상태를 의미한다.[34] 동기는 인간이 가진 욕구에 기반을 둔다. 행동은 개인의 욕구를 충족시키기 위한 수단이며, 그 욕구가 개인에게 동기를 유발한다.

> [인간의 욕구] → [동기] → [행동]

매슬로Maslow는 인간의 다섯 가지 욕구를 생리적 욕구physiological needs, 안전의 욕구safety needs, 소속과 애정의 욕구belonginess and love needs, 존경의 욕구esteem needs, 자아실현의 욕구self-actualization needs라고 했는데, 코로나19 대비는 안전의 욕구와 관계가 깊다. 이는 위협, 공포, 위험으로부터 자유로워지고 싶어 하는 욕구인데, 신체적 안전과 심리적 안전을 의미한다. 물질적 욕구가 충족되어야 정신적인 욕구를 채울 여유가 생긴다. 허즈버그Herzberg는 동기·위생 이론motivation-hygiene theory에서 사람의 환경에 관련되어 직무 불만족을 예방하는 기능을 담당하는 위생요인, 더욱 우수한 업무수행을 하도록 동기부여하는 데 필요한 기능을 담당하는 동기부여요인을 주장하였다. 코로나19 대비는 학생들의 학습 환경과 관련되어 있으므로 위생요인과 밀접하다. 위생요인은 고통 회피로 불만족을 감소 또는 제거할 뿐이지 만족을 가져다주지는 않는다. 알더퍼Alderfer

는 인간의 욕구를 생존의 욕구existence needs, 관계의 욕구relatedness needs, 성장의 욕구growth needs로 구분하였다. 안전에의 욕구는 생존의 욕구, 관계의 욕구와 관련이 있다. 이전에는 성장의 욕구로 인격도야, 잠재력 계발 교육을 시행했지만, 코로나 사태로 인해 욕구 수준이 관계성, 생존의 욕구로 퇴행했다고 볼 수 있다.

단절된 세계의 위험에 노출된 아이들

현재 교실에는 책상마다 파일로 칸막이를 세워 놓았다. 학생 개인의 공간이 철저히 보장되어 있다. 짝꿍이 가운데 선을 넘어와 티격태격했던 것은 추억 속의 일이 되어 버렸다. 학생들은 시험대형으로 떨어져 앉아 앞을 바라본다. 선생님은 일방적으로 의사소통을 하고, 학생은 비언어적인 의사소통으로 대화를 줄이고 자신의 의도를 나타낸다.

원격학습은 개인과 집단의 정보를 통제하고 전달하는 데 치중되어 있다. 피드백은 메시지를 전달받은 사람에게서 나오는 반응을 의미한다. 피드백은 의사소통 과정이 얼마나 성공적이었는지를 판단하는 실마리를 제공하며, 결과에 대한 지식은 앞으로의 의사소통 방식을 고치거나 혹은 바꾸려는 토대를 마련한다. 하지만 학생들의 피드백을 받을 수 없는 상황이니 학생들의 감정과 정서 표출 정도를 알기 어렵다. 원격학습을 할 때도 수학익힘책과 실험관찰책에 모범답

안이 제시되어 있으니 창의적이고 다양한 답이 나올 수 없다. 획일적이고 통제적인 교육이 행해지고 있다. 의사소통 과정의 기본적인 단위를 형성하는 핵심적 요소는 발신자와 수신자의 존재, 정보 전달의 매체[35] 또는 수단, 정보 전달의 통로[36]이다. 발신자와 수신자의 존재는 그대로이지만 매체 또는 수단, 통로가 달라졌다. 매체는 언어가 아닌 동영상으로 제작하여 송출해야 한다. 현재 각광받고 있는 정보 처리 기술은 이전에 없었던 교수 기술이다. 대면식 수업에 익숙한 경력 교사들에게는 쉽지 않다. 또한 E-학습터를 사용하면서 모든 수업을 직접 촬영하여 업로드upload하기에는 물적·시간적 제약이 크다. 절대다수에게 공개된 공간에 1인 방송을 하듯이 매 수업을 녹화해서 올리기에는 한계가 있다.

또한 의사소통은 두 가지 상징 체제를 통해 이루어진다. 그것은 바로 언어적 상징 체제와 비언어적 상징 체제이다. 언어적 상징 체제에는 말과 문자화된 매체가 있으며, 비언어적 상징 체제에는 신체·동작·상징적 가치를 지닌 물체(가구, 의복, 장신구 등), 개인들 간의 공간이나 거리 등이 있다. 우리는 사랑하는 사람이나 친숙한 사람과 손을 잡거나 팔짱을 낀다. 잘한다고 어깨를 툭 치거나 하이파이브를 하고 악수도 하며 스킨십을 통해 인간관계를 돈독히 했다. 하지만 가족이나 연인이 아니면 이제 스킨십은 예의에 어긋나는 행동이 되어 버렸다. 가정에서는 가벼운 스킨십을 통해 애착관계를 형성할 수 있겠지만, 학교에서는 애착관계를 맺기가 힘들어졌다. 외부 세계를 경험하며 사회관계를 확장하는 시기인 초등학생 때, 육체적인 한계가 발생하고 말았다. 단체놀이와 협력놀이는 할 수가 없다. 대신 1인용 키트를 가지고 조작놀이를 하거나 게임을 한다. 파일로 된 칸막이가 철저한 단절의 벽이 되었다. 이걸 보며 쇠사슬(코로나19)에 '묶인' 아기 코끼리(초등학생)의 사례가 떠올랐다. '아기 코끼리를 쇠사슬에 묶어 놓고 키우면 나중에 몸집이 커져도 쇠사슬을 뽑을 생각을 하지 못한다'는 이야기다.

단절된 세계의 위험성은 학생들을 '학습된 무기력' 상황으로 이끈다. 반강제적으로 집돌이, 집순이가 된 학생들! 등교수업 때 과제를 안 해 온 학생에게 이유를 물어보았다. 답변은 힘이 들어서 숙제를 하지 못했다고 한다. 힘들어서 소파에 누워 텔레비전을 보았다는 말이다. 학교에 있는 시간보다 집에 있는 게 힘들다고? 처음에는 이해가 안 되었지만, 곰곰이 생각하니 일리가 있었다. 친구들과 단절되어 집에만 갇혀 있으니 얼마나 갑갑했을까? 그러다 몸과 마음이 그 상태에 적응된 것이리다. 한창 뛰어놀 시기에 집 안에만 있어야 하는 학생들이 안타깝다. 이런 습관이 오래 지속되면 학생들의 생활 패턴에 큰 영향을 줄 게 뻔하다. 그러니 하루빨리 코로나가 종식되어야 한다.

학습된 무기력을 극복해야

주변 환경이나 생각하는 크기에 따라 그 결과치가 크게 달라진다는 '코이의 법칙'이 있다. 코이라는 물고기는 비단잉어인데 자라는 환경에 따라 몸체의 크기가 달라진다고 한다. 코이는 작은 어항에 기르면 작게 자라지만 연못이나 강물에 방류하면 대어로 성장한다고 한다. 사람도 꿈의 크기에 따라 미래의 모습이 달라질 수 있다. 환경에 따라 성장하는 코이가 주는 교훈을 되새겨 보아야 한다. 가정별로 학부모의 경제수준, 교육수준, 관심도에 따라 교육격차는 점점 커질 것이다. 시간을 주체하지 못해 누워 있거나 게임으로 시간을 보내는 학생이 있는 반면, 과외나 학원을 통해 사교육을 받는 학생이 있다. 학생이 자발적인 성취 경험을 하지 못하면 학습된 무기력이 발생할 수 있다. 학습된 무기력은 스스로의 행동이나 노력으로 자신에게 닥칠 부정적인 결과를 변화시킬 수 없다는 것을 지각함으로써 무기력에 빠지게 되는 것이다.[37]

학습된 무기력은 학업에 성공적이지 못했던 경험이 쌓여 무력감이 높아지는 것으로, 폐쇄적이고 단절된 사회 분위기 속에서 더욱 높아질 수 있다. 부모는 학교에서 행해지던 학습과 생활지도를 일부 떠맡아야 하므로 양육자뿐만 아니라 교육자의 역할을 수행해야 한다. 이로 인해 부담감이 커지고, 아이와 함께 있는 시간이 많아지면서 전문성 부재, 스트레스 증가로 부정적인 언행이 오갈 수도 있다. 통제와 지시의 반복으로 학생의 자율성이 저하되고 학습에 대한 자신감을 잃을 수도 있다. 이는 개인적인 문제가 아니라 사회 문제이므로 사회적 비용도 고려해야 한다.

조해리 창에 비추어 본 의사소통의 유형

아래 제시한 '조해리 창'은 노출을 변인으로 의사소통의 유형이 구분되어 인간관계가 성립되는 모습을 표현하였다. 조해리 창에서 제시하는 의사소통에는 ㉮ 민주형 의사소통, ㉯ 독단형 의사소통, ㉰ 과묵형 의사소통, ㉱ 폐쇄형 의사소통이 있다.[38] 이 중에서 ㉮와 ㉰만 보면, 개방의 영역은 자신도 알고 있고 타인에게도 알려진 부분이다. 타인과의 인간관계가 깊어지면, 상호 간의 빈번한 의사소통을 통해 이 영역이 점차 넓어진다. 이때 타인과 자신에 관한 정보와 감정을 개방적으로 확대·공유한다. 은폐의 영역은 자신은 알고 있지만 타인에게는 알려지지 않은 부분이다. 마음의 문을 닫고 타인에게 자신을 내보이지 않는 경우이다. 타인에게 자신의 좋은 점만 보이고 자신의 생각, 감정, 경험, 실수, 약점은 숨긴다. 물론 사실 친하지 않은 사람들에게는 보통 자신을 많이 내보이지 않기 마련이다.

현재는 학생-학생, 학생-교사 사이에서 은폐의 영역이 큰 비중을 차지한다. 나와의 관계가 친밀해질수록 나에 대해 잘 알게 되고, 은폐의 영역은 점차 줄어든다. 인간관계의 발전을 위해서는 자기에 대한 정보를 타인에게 제공하는 행동인 자기 노출과 함께 자기 노출에 대한 타인의 반응인 피드백 모두가 중요하다. 타인으로부터의 피드백은 자신의 모습을 마치 거울처럼 비춰 주고 알려 주는 것이다. 자신에 대해 잘 모르고 있는 점들을 타인의 피드백을 통해 알게 되는 경우도 많다. 결과적으로 타인과의 인간관계가 발전할수록 타인으로부터의 피드백을 통해 나 자신에 대해 더 많이 알게 된다.

㉮ 민주형 의사소통	
개방 (public)	무지 (blind)
은폐 (private)	미지 (unknown)

㉯ 독단형 의사소통	
개방 (public)	무지 (blind)
은폐 (private)	미지 (unknown)

㉰ 과묵형 의사소통	
개방 (public)	무지 (blind)
은폐 (private)	미지 (unknown)

㉱ 폐쇄형 의사소통	
개방 (public)	무지 (blind)
은폐 (private)	미지 (unknown)

조해리 창에 비추어 본 의사소통의 유형

학생들의 빛을 되찾기 위해서는?

마스크 교육의 단절성으로 인한 학생의 학습된 무기력을 해소하고, 소통을 활성화하려면 어떻게 해야 할까? 먼저 부모와의 안정적인 애착 형성이 필요하다. 교사는 부모의 스트레스를 줄이기 위해 학생 스스로 학습이 가능하도록 쉽고 재미있는 수업 제공, 적정한 과제 부여, 학습 준비물 지급, 안정적인 네트워크 구축 등을 갖추어야한다. 그리고 학생과 교사 간에 긴밀한 연락체계를 구축하여 학습

시 궁금한 점, 요구사항, 상담 등이 적시에 이루어져 학생의 자기효능감을 높여야 한다. 또한 학습 부진이 우려되는 학생에게는 무료 학습 쿠폰을 제공하여 학습결손이 없도록 해야 한다. 더불어 학생들이 자신에 대한 객관적이고 긍정적인 인식을 갖추도록 인성·진로교육도 시행해야 한다. 사회적으로 학생이 스트레스를 해소하고 건전한 여가를 즐길 수 있는 문화예술 체험 공간을 마련해야 한다. 코로나 예방을 위해 안전한 시설 확충에도 힘써야 할 것이다. 그래야 학생들은 자아탄력성ego-resilience[3]을 갖추어 급격하게 변화하는 사회에서도 흔들리지 않고 적응해 나갈 수 있다.[39]

어느덧 사람들은 마스크를 쓰는 일에 익숙해졌다. 마스크를 쓰면 어느 정도 모습을 감출 수 있으므로 익명성이 보장될 뿐 아니라 표정 관리도 편하다. 하지만 내가 나를 보여 주지 않으면 상대도 자신을 보여 주지 않는다. 인간관계란 영향력을 서로 주고받는 관계이기 때문이다. 인간은 본능적으로 상황이나 주변 관계에 의해 형성되는 '외면'의 인격인 페르소나persona로 '내면'의 인격을 감춘다. 하지만 외면의 인격과 내면의 인격의 경계가 모호해지면 자기 정체성이 왜곡되거나 감추고 싶었던 무의식이 표출되어 인간관계에 문제를 발생시킬 수 있다.[40]

마스크로 인해 자신을 과도하게 감출 때도 문제가 생긴다. 페르소나가 단순히 내면의 인격을 감추는 것을 넘어서 더욱 폐쇄적이고 고

---

3. 변화하는 상황적 요구, 특히 좌절되고 스트레스를 유발하는 사건들에 대해 경직되지 않고 유연성 있게 반응하는 경향성이다.

립화된 인격이 형성될 수 있는 것이다. 따라서 마스크를 쓰는 상황이 장기화되면 인격의 발현과 정체성 형성에도 영향을 미칠 것이다.

마스크와 장벽에 관한 글을 쓰다 보니 "마스크는 학생들의 빛을 감소시킨다"라고 이야기한 동료 교사가 떠오른다. 마스크를 쓰고 수업을 듣는 학생은 표정이 경직되어 있고 웃음기가 보이지 않는다. 하지만 급식을 먹기 위해 마스크를 벗은 학생의 얼굴은 다르다. 생기가 느껴지고 다양한 표정이 담겨 있다. 학생들이 바라보는 교사의 모습도 마찬가지일 것이다. 하루빨리 학생과 교사가 마스크 없이 허심탄회하게 이야기하며 수업할 수 있는 시간이 다가오기를 바란다.

4.
팬데믹과 교직사회 갈등

'코로나 블루'는 코로나19와 우울감blue이 합쳐진 신조어로 코로나19 확산으로 일상에 큰 변화가 닥치면서 생긴 우울감이나 무기력증을 뜻한다. 코로나19 사태로 인해 우리 일상은 큰 변화를 겪고 있고, 학교를 포함한 교육계의 변화 역시 더 말할 것도 없다. 사람들은 불필요한 외출이나 대인 접촉을 피하고 있으며, 자신이 누군가에게 감염되지는 않을까, 자신이 누군가를 의도치 않게 감염시키지는 않을까 노심초사한다. 여기에서 오는 인간적 관계 단절이 '코로나 블루'라고 하는 정신적 우울감이나 무기력을 유발하게 되는 것이다.

우울, 분노, 패닉을 넘어

혹자는 지금 우리 사회가 코로나 블루를 넘어서 '코로나 레드(분노)' 그리고 '코로나 블랙(패닉)'으로 악화되어 가는 양상이라고 지적하기도 한다.[41] 서울대 보건대학원 유명순 교수 연구팀이 2020년 8월 전국 성인 남녀 2,000명을 대상으로 진행한 '코로나19와 사회적 건강' 설문조사 결과를 보면, 코로나19 확산 이후 분노의 감정을 느끼는 이들이 점점 늘어나고 있음을 알 수 있다. '코로나19 뉴스에서 어떤 감정을 가장 크게 느끼는가'라는 질문에 47.5%는 '불안'이라고 답했고, 분노(25.3%)와 공포(15.2%)가 뒤를 이었다. 특히 지난 8월 초 동일한 설문과 비교해 보면 불안이라고 답한 비율은 15.2%포인트 줄었지만, 분노는 2.2배, 공포는 2.8배 증가했음을 알 수 있다. 이제 개인적인 우울감이나 무기력을 넘어서 그것을 분노로 표출하고, 더 나아가 사회적 패닉까지 불러일으키는 지경에 다다르지는 않을까 걱정할 시점이 다가왔다는 점에서 충격적이다.

이런 가운데 신종 전염병의 장기화로 개인의 비일상적 경험이 일상화되는 문제가 발생하고 있다. 이에 따라 개인은 다양한 관계에서 갈등을 경험하게 된다. 코로나 사태 이후 재택근무, 온라인 개학 등 외출 제약으로 인해 온 가족이 집에 머무르는 시간이 길어지면서 가족 갈등이 대폭 증가하게 되었다. 가족 간의 갈등 이외에도 코로나 확산은 학교 및 직장 등에서 동료와의 갈등을 야기할 수 있다. 코로나 사태와 같은 사회적 재난을 겪은 이후 지역사회는 사회적 혼란과 불확실성을 경험하게 되는데, 이때 발생하는 관계 불신과 고립 및 갈등 경험은 이차적 외상 경험으로 이어질 위험성이 있으며, 심각한 우울과 불안을 야기할 수 있다.[42]

지금 우리 학교의 갈등은?

코로나 시대의 학교 모습은 어떨까? 학교에서도 코로나19가 유발한 갈등 상황이 곳곳에서 목격된다. 전통적으로 학교에서 교사는 각자의 교실에 독립된 채 과업을 수행하며, 필요시에 교육활동을 매개로 의사소통과 상호작용을 하는 구조이다. 물론 여기서 말하는 교육활동은 주로 정상적인, 즉 대면 교육활동을 의미한다. 예를 들어, 운동회나 학예회 같은 대형 행사(교육활동)를 준비하면서 교사들은 서로 의견을 나누고, 기획하고, 준비하고, 실행하고, 반성하면서 팀워크를 다진다. 그런데 지금의 학교에는 적어도 대규모 교육활동을 통해 팀워크를 다질 만한 기회들이 거의 없다고 봐도 무방하다. 이러한 상황은 2020년 이후 지금까지 2년간 지속되고 있으며, 얼마나 더 지속될지 예측하기 어렵다. 각각의 교사가 자신이 맡은 교과 수업을 만들어 온라인이라는 비대면 공간에 탑재하거나, 각자 자신의 수업을 온라인 공간에 열어 학생들과 주로 비대면 방식으로 의사소통을 나누고 있다. 당연히 이와 같은 실정에서 동료 교사들과의 의사소통 및 교감은 현격히 줄어들 수밖에 없었다.

생각해 보면 코로나 이전에는 동료와 조금 껄끄러운 일이 있더라도… 같이 큰 학교 행사 준비도 하고, 학급 아이들 문제에 관해서 대화도 나누면서 금방 오해가 풀리곤 했거든요. 근데 지금은 비대면 시대라서 그런가 학교에서도 동

료와 대면할 기회 자체가 거의 없어요. 그냥 각자 자기 교실
에 들어가서 하루 종일 컴퓨터 화면만 보고 있으니 말이죠.
_교사 원○○

저는 올해로 학년부장 보직을 다섯 번째 하고 있습니다. 근
데 올해같이 힘든 해는 정말 처음인 것 같아요. 동학년에
소속된 교사가 7명인데… 그중에 4명이 재택근무를 신청하
여 학교에 출근하고 있지 않아요. 이런 상황에서 단체대화
방 등을 이용해서 학년 운영을 해 나가고는 있지만… 정말
어려움이 많습니다. 원활한 소통이 되지 않아요. 예전 같으
면 학생들 하교 후에 모여서 협의 한 번 하면 해결이 되었
는데, 지금은 몇 번을 반복적으로 물어보고 답하고 다시
전달하고… 이런 메신저 역할만 하다가 하루를 다 보내는
날도 많아요. 근데 진짜 문제는 이 과정에서 서로 불필요하
게 오해도 생기고, 소진도 발생한다는 거죠. _교사 이○○

또한 교사들은 내면적으로 자신의 학급 경영 이야기들을 서로 털
어놓으며 교감하고 래포rapport를 형성해 가기도 하며, 동료 간에 상
호 신뢰 관계를 구축한다. 이 과정에서 동료애와 팀워크가 만들어진
다. 하지만 이런 래포를 형성하고 신뢰를 쌓을 기회 역시 학급 경영이
대부분 비대면으로 진행되는 지금의 학교에서는 찾아보기 힘들다.

얼마 전에는 주당 화상수업 횟수를 두고 선생님들과 언쟁이 있었습니다. 이걸 몇 회 하느냐를 왜 일률적으로 정해야 하는지 저는 이해가 안 됩니다. 그런데 동료 선생님들은 저한테 왜 그렇게까지 화상수업을 많이 하려는 것이냐고 불만을 표출하시니까…. _교사 신○○

저는 학부모님과 갈등이 있었어요. 온라인 수업과제를 왜 이렇게 많이 내주느냐면서… 그게 다 학부모 숙제인데 너무 과하다는 입장이었습니다. 물론 저는 수긍할 수 없었습니다. 학생들을 만날 수도 없는데 온라인 수업 후 과제 제출 및 확인은 꼭 필요한 절차라고 생각했고, 비대면 수업을 하는 지금 같은 시대에 교사에게 꼭 필요한 책무성의 영역이라고 생각했거든요. 물론 맞벌이 가정에서 여러모로 어려움이 많은 것은 알지만… 학부모와 갈등이 생기더라도 양보할 수 없는 영역이란 게 교사에게는 있는 법이니까요. _교사 안○○

요즘 교무부장을 하면서 여러 가지 느끼는 게 많습니다. 그중에 하나만 꼽자면… 우리가 연초에 정해 놓은 업무분장 있잖아요. 그런 행정 관례가 오히려 지금 같은 사상 초유의 시대에는 오히려 갈등을 생산하고 있는 모습을 많이 봐요. 코로나로 인해서 갑자기 새로운 업무요인이 많이 생겨나게 되는데, 그때마다 교사들은 각자 자기중심적으로 해석하는 거예요. 업무를 배정하는 저나 교감 선생님 입장에서는 서로 자신의 업무에 해당하지 않는다며 얼굴을 붉히는 교사들을 보면서 참 곤란한 경우가 많았습니다. _교사 국○○

코로나로 인해 만들어진 이런 특수한 교직환경이 학교 내 다양한 갈등을 야기하고 있다. 그것은 학생과 교사 사이의 갈등, 교사와 동료 교사 사이의 갈등, 교사와 관리자 사이의 갈등 등등 그 종류와 범위 역시 매우 다양하다. 구체적으로 최근에 경험했던 갈등 사례들을 나열해 보면 다음과 같다.

학생들의 등교 방식에 대한 관점 차이로 발생한 의견 대립, 쌍방향 화상수업 횟수를 자율적으로 정해야 한다는 입장과 서로 비교당하는 일이 없도록 일률적으로 통일해야 한다는 입장의 대립, 어린 자녀를 둔 교원들에게 허용된 재택근무로 인해 학교에 남겨진 교원과 그렇지 못한 교원들의 갈등, 자녀의 건강에 대한 염려 때문에 지속적으로 등교를 시키지 않는 학부모와 자신의 교육관을 지키려는 담임교사의 갈등….

'갈등'은 어원적으로 'conflict'는 라틴어의 'to strike'를 의미하는 'tliger'와 'together'를 뜻하는 com의 합성어이다. 어원적으로 갈등이 충돌, 마찰 등의 의미를 지니고 있기 때문에 전통적으로 갈등은 전쟁, 공격, 파괴 분노 등과 관련지어 부정적 개념으로 사용되었다. 우리말의 갈등은 한자의 '칡 갈葛' 자와 '등나무 등藤' 자가 합성된

용어다. 칡과 등나무는 모두 휘어 감고 올라가는 성질을 지닌 식물이다. 즉, 서로 먼저 휘감지 않으면 죽는다. 이런 뜻에서 갈등은 경쟁 또는 투쟁을 의미하는 용어라고 할 수 있다. 그러나 이 모두 반드시 부정적·파괴적 의미만을 지닌다고 보기 어렵다. 충돌과 마찰을 경쟁으로 잘 관리한다면 더 많은 성장을 촉진시킬 수가 있기 때문이다.[43]

학교도 갈등을 정확히 발견하고 적절히 관리해야

20세기 중반까지는 전통적으로 갈등을 부정적인 영향을 미치는 것이며 언제나 나쁘고 피해야 할 것으로 바라보았다. 그래서 갈등은 폭력, 파괴, 비합리성 등과 같은 의미로 사용되며 항상 해롭기 때문에 피해야 할 것으로 인식하기도 했다. 그러므로 조직 관리자의 가장 큰 책임 중 하나는 조직 내에서 갈등을 해결하는 일이라고 보았다. 전통주의적 관점의 뒤를 이어 등장한 행동주의적 관점에서는 갈등을 조직 내에서 자연스럽게 발생하는 것으로 보았다. 모든 조직은 그 성질상 갈등을 기본적으로 내재하며, 목표에 대한 의견의 불일치와 사회적 인정을 위한 경쟁이 불가피하기 때문에 갈등은 필수적으로 발생한다고 생각하게 되었다. 이처럼 갈등은 조직의 성질상 불가피한 것이기 때문에 행동주의자들은 갈등의 수용acceptance of conflict을 주장하기도 했다. 역시 전통주의적 관점과 마찬가지로 갈등은 반드시 해결해야 할 요소로 인식했다.

하지만 갈등에 대한 패러다임이 전환되면서, 현재는 갈등이 생기는 것 자체를 부정적으로만 바라보는 것을 구시대적 사고로 치부한다. 즉 갈등을 부정적으로만 인식하여 제거하려 노력하는 시대는 끝났다고 볼 수 있겠다. 갈등을 적절히 관리하고 새로운 성장 동력으로 삼으면, 조직은 그만큼 발전 가능성이 높아지기 때문이다. 어쩌면 갈등은 정치적 동물인 인간의 집합체인 조직 내에서 불가피한 것이다. 학교도 마찬가지다. 결국 학교도 갈등을 정확히 발견하고 적절히 관리하는 게 중요하다.

학교조직 차원에서 살펴보자. 우선 학교조직 내부에 어떤 갈등이 존재하는지 면밀히 살펴볼 필요가 있다. 다만 여기서 중요한 것은 "학교조직 내에 존재하는 갈등의 수준이나 정도가 어떠한가"가 아니라, "학교조직 내의 갈등을 어떻게 다루고 있는가"에 대해 관심을 가지는 것이다. 갈등을 관리하는 방식에 따라 조직 구성원은 영향을 받게 되기 때문이다.[44] 특히 지금과 같이 사회적·구조적 환경 변화에 따라 교직환경이 급격히 변화하는 시기에는 학교 내에서 갈등이 어떻게 다루어지고 있으며, 이를 해결하기 위해 어떤 노력이 필요한지를 알고 대처하는 게 무엇보다 중요하다. 그리고 조직 내 갈등을 관리하거나 해결하는 일은 오롯이 관리자가 전담해야 할 몫이라고 생각하는 구성원의 인식을 개선하는 것도 역시 중요하다.

다음으로 교직 내 갈등을 교사 개인의 차원에서 살펴보자. 대인관계에서 발생한 갈등의 경험과 이에 대한 대처가 대인관계의 형성과 유지에 중요한 역할을 하게 되며, 결과적으로 심리적 적응에 영향을 미치게 된다. 개인이 느끼는 심리적 어려움 및 스트레스는 대인관계 문제에 의해 큰 영향을 받는 것으로 알려져 있다.[45] 그리고 디너 Diener, 루커스Lucas와 오이시Oishi의 2002년 연구에 따르면 친밀하고 지지적인 대인관계가 부재한 개인은 사회적으로 인정받을 만한 성취를 이룬다 하더라도 친밀한 대인관계를 가진 개인에 비하여 상대적으로 행복감을 덜 느끼게 된다고 한다.김가을 외, 2013: 280-281에서 재인용[46]

민주적이고 수평적인 조직문화와 동료애를 회복하는 길

앞서 밝힌 것처럼 현재 학교를 포함한 사회 전반에 코로나 블루, 레드, 블랙 등으로 대변되는 정서적 불안감과 무기력함이 만연해 있다. 이런 사회적 분위기에서 다양한 양상의 갈등이 드러나고 있다. 더욱 문제인 것은 이러한 갈등이 기존의 삶 속에서 경험해 보지 못한 낯선 것들이라는 점이다. 물론 여기에는 사람과 사람이 만나 자기 생각과 마음을 나누고 교감하면 벌어지지 않았을 갈등도 다수 포함되어 있을 것이다. 비대면 방식의 만남은 전파를 통해 간접적으로 교감하기 때문에 상대방의 마음과 의도를 온전히 이해할 수 없으며, 화자 역시 충분히 자신의 속내를 표현하지 못하기 때문이다. 사회적 환경 변화는 의사소통 방식의 변화를 가져왔고, 소통 방식의 변화는 또 다른 유형의 갈등을 양산해 낸 셈이다.

채효정2020은 바이러스는 단독으로 존재할 수 있는 것이 아니라 관계 속에서만 드러나는 존재이기 때문에 그 실체와 창궐을 정확하게 이해하려면 그것이 무엇인가를 묻는 에고ego의 해석학에서 우리가 어떤 관계를 맺는 존재인가를 묻는 '에코eco의 해석학'으로 전환해야 한다고 주장하였다.[47] 그의 주장처럼 환경적 변화로 인해 지금까지 경험해 보지 못한 새로운 갈등이 우후죽순 생겨나는 요즘이다. 자신의 관계를 돌아보고 성찰하는 에코eco의 해석학으로 전환하려는 자세가 필요하다. 이는 곧 합리적이고 지혜로운 갈등의 관리가 필요하다는 의미이기도 하다. 무엇보다 환경적으로 갈등의 증폭은 불가피할 수밖에 없기에 이해관계자의 각기 다른 이해interest를 잘 조율하고 관계를 관리해 나가려는 노력이 요구된다. 궁극적으로 갈등관리 이론에서 언급하는 '자신의 이해와 타인의 이해를 모두 만족할 수 있는 수준', 즉 구성원 모두가 윈-윈을 할 수 있도록 '협력적 갈등 관리'를 이루기 위해 애쓰는 것만이 현시대가 요구하는 상생의 길이라 할 수 있다.

끝으로 학교조직의 가장 위대한 힘은 민주적이고 수평적인 조직문화와 동료애에서 비롯된다. 학교의 협력적 조직 풍토는 오랜 시간 학교를 지켜 온 위대한 조직문화유산이다. 이미 학교조직을 연구한 다수의 선행 연구들도 이를 뒷받침하고 있다. 그러므로 우리는 코로나 시대의 집단적 무기력과 불안감을 극복하기 위해 'back to the origin', 즉 본질로 돌아가고자 노력해야 한다. 그리고 학교 본연의 조직문화를 되찾기 위해 노력한다면 코로나 시대의 갈등 범람 속에서도 굳건히 위대한 유산을 지켜 나갈 수 있을 것이다.

5.
'위대한 세대'는 탄생할 수 있을까?

시사IN과 KBS가 공동 기획하여 대규모 웹 조사를 시행한 보고서를 읽은 적이 있다.[48] 그 보고서에서 가장 눈길을 끈 문구는 바로 '위대한 세대'였다. 이 보고서의 저자는 미국의 사례를 들면서 미국에서 가장 위대한 세대(Greatest Generation: 1901~1927년 태생)가 대공황과 2차 세계대전을 이겨 냈고, 1950년대에는 미국 역사상 최전성기를 이끌었다고 언급한다. 즉 국가적으로 가장 어려운 시대를 극복한 세대가 바로 가장 위대한 세대를 이끌었다는, 어찌 보면 역설 같아 보이는 현상을 이야기하고 있다. '가장 가혹한 전생의 자식'이라 평가받는 위대한 세대, 코로나19와 맞닥뜨리고 있는 우리의 자식들도 과연 위대한 세대라 평가받을 수 있을까?

서로를 밀어내는 세대의 출현을 막아야 한다

이 보고서의 저자는 위대한 세대의 특징을 설명하면서 '사회적 자본'의 역할에 주목한다. 사회적 자본은 강한 신뢰를 크게는 사회에, 작게는 가정에 선사하면서, 신뢰가 높은 사회집단, 마을공동체, 가정을 형성할 수 있었다. 그렇다면 어떻게 이 세대가 강한 신뢰를 국가와 사회에 보낼 수 있었던가? 그 대답은 외부의 적에 대한 단결된 마음, 그로 인한 신뢰의 형성, 또한 경제 공황으로 인해 대부분이 파산으로 내몰리는 실정에도 극복하고자 하는 일치된 목표로 인해 서로 간의 신뢰를 형성하게 되었고, 이는 곧 국가에 대한 신뢰로 연결됐다는 것이다. 여기서 중요한 대목은 모두가 경제적·정치적으로 평등한 과정을 함께 겪었다는 점이다.

그렇다면 우리 사회가 직면한 위험 요소 속에서 자라나는 세대의 위대한 탄생을 기대해도 될까? 보고서에 따르면, 우리 사회는 공통의 목표가 형성(코로나19 극복)되었지만, 우리 사회가 지속해서 저신뢰 사회의 특성을 보였다는 점에 주목한다. 흥미로운 점은 저신뢰 사회가 코로나19를 통해 신뢰 사회로 전환됐다는 점이다. 그런 의미에서 위대한 탄생의 조건에 해당하기에 대한민국 사회도 위대한 세대의 출현을 기대해 봐도 되지 않을까?

아쉽게도 이 보고서는 코로나19로 형성된 신뢰는 윤활유 같은 역할을 하는 신뢰가 아니라 개인주의에 함몰된 신뢰의 형성이라는 점을 보여 준다. 예를 들어 우리 사회의 복지제도에 대한 신뢰도는 과거에 비해 높아졌지만, 코로나19로 드러난 사각지대로의 복지제도 확대에 대해서는 오히려 찬성하지 않는다고 한다. 긴급재난지원금에 대한 신뢰는 향상되었지만, 긴급재난지원금의 차등 지급 및 저소득 층에 대한 특별지원에는 반대의 경향이 높다. 공적 제도의 신뢰에 대 비하여 사회적 신뢰도는 어떠할까? 코로나19로 인해 가족 신뢰는 더 욱 강화되고, 낯선 사람에 대한 신뢰는 약화한다는 현상이 눈에 띈 다. 특히, 낯선 사람에 대해서는 외국인 노동자보다 신뢰도가 더 낮 은 경향을 보인다.

이는 감염병은 연대와 협력의 의지를 북돋는다는 점에서 전쟁과 닮았지만, 같은 국민이라도 낯선 사람을 의심하고 두려워하고 배척하 게 만든다는 점에서 전쟁과는 다른 양상을 띤다. 즉, 전쟁 세대는 서 로는 나의 방패막이가 되지만, 코로나19 세대는 서로가 바로 적이다. 전쟁의 적이 바로 우리 내부에 있다고 여기는 것이다. 코로나19는 서 로를 밀어낸다.

코로나19는 신뢰의 문제

학교 내에서도 코로나19로 인해 신뢰의 문제가 크게 대두되었다. 학생과 학생 사이의 신뢰, 교사와 학부모의 신뢰, 교사와 학생 사이 의 신뢰 등 코로나19는 신뢰의 문제라고 봐도 과언이 아닐 정도다.

신뢰의 문제는 집단의 '순수의 신화'와 연관된다.[49] 순수의 신화는 집단의 순수성을 침투하는 이방인 세력에 대한 적개심, 혐오를 양산한다. 영화 〈슬럼독 밀리어네어Slumdog Millionaire〉에 이러한 문제의 장면이 등장한다. 힌두교도들이 인도 내 이슬람 세력을 무참하게 공격하는 장면은 종교라는 순수성의 잔혹함을 보여 준다. 이는 곧 타자에 대한 공격성과 혐오감, 배척을 내포하게 된다.

마사 누스바움Martha C. Nussbaum은 이러한 공격성과 혐오감을 불안감과 수치심의 산물이라 여긴다. 어린아이는 세계가 자신을 중심으로 돌아간다는 나르시시즘을 형성한 후, 육체의 무능함을 극복하려고 자신을 위해 모든 것을 해 주는 어머니에 전적으로 의존한다. 하지만 어머니도 불안전한 존재임을 알 때 '불안감'과 '수치심'이 발생한다고 주장한다. 어린아이는 이때 불안감과 수치심을 극복하기 위해 더욱 완전성을 추구하게 된다. 이는 자크 라캉의 '타자의 욕망을 욕망한다'와 같은 개념이다. 이럴수록 불안은 더욱 증폭되는데, 인간의 한계를 극복하는 완전함은 없기 때문이다. 만약 이때 아이들의 나르시시즘과 지배 성향(타자에 대한)이 잘못 형성되면, 타자에 대한 윤리적 타락과 잔혹한 행동이 야기될 수 있다는 점을 지적한다.

혐오라는 감정은 '분리'의 작용으로 발생한다. 마사 누스바움은 혐오감은 선천적 기초가 있음에도 후천적으로 형성된 인지적 배움의 과정에서 형성되는 부분도 크다고 지적한다. 배설물, 죽어 가는 것, 인간의 무능력 등을 오염 물질로 규정함으로써 거부하게 된다. 이때의 혐오를 이러한 오염 물질로부터 나를 '분리'시키는 과정으로 이해한다. 만약 자신이 이러한 오염 물질로 취급받거나 오염 물질로 간주

할 때 불안감이 발생한다.[50]

순수하다는 것은 배타성을 드러내는 것이며, 배타성은 곧 자신을 오염 물질로부터 분리한다는 의미이다. 나는 순수하지만 너는 오염 물질임을 규정함으로써 나는 보호받게 된다. 그렇지 못하면 우리는 불안감에 휩싸이게 된다. 따라서 신뢰의 문제는 단순히 상호작용으로 발생하는 단순한 감정이 아니라 인간 본연의 감정을 뛰어넘는 극복의 과정일 것이다. 기존의 교육이 강함과 욕망을 드러내고 남 위에 군림하고자 하는 바를 암묵적으로 가르쳐 온 것은 바로 이러한 불안 감에서 벗어나고자, 분리되고자 하는 욕망을 드러내는 것이다. 타자를 배척함으로써 나의 완벽함, 강함, 지배함을 드러냄을 자랑으로 여겼다. 하지만 본래 인간이 누구나 약함 존재임을 자각하지 못할 때, 누군가와의 신뢰를 쌓는 게 어려워진다.

학생과 학생, 교사와 학부모, 교사와 학생의 신뢰

이러한 관점에서 학교에서의 신뢰 문제를 바라보고자 한다. 먼저 학생과 학생의 신뢰 문제를 고려해 보자.

윤아(가명)는 코로나19가 우리 사회를 집어삼킬 때 전학을 온 학생이다. 안타깝게도 윤아는 학교폭력 피해자로 도저히 견디지 못해 전학을 오게 된 학생이다. 왕따와 알 수 없는 모함 등 윤아에게는 공포와도 같은 전 학교에서의 탈출이 자유의 선사였을 것이다. 드디어 등교수업을 하는 날, 뜻밖의 상황을 맞이하게 된다. 윤아가 등교하기 전날 열이 나기 시작한 것이다. 학교 규정상 37.5도가 되면 등교하지 못하기 때문에 그날은 학교에 오지 않아도 됐다. 그런데도 윤아는 학교에 가겠다고 우겼다. 보통 학생 같으면 하루 학교를 빠지면 더 좋아할 것도 같은데도 윤아는 그렇지 않았다. 하지만 규정은 규정이니 결국 등교수업 첫날 윤아는 학교에 나오지 못했다. 왜 윤아는 그토록 등교를 고집했을까?

윤아의 어머니에게 들은 내용은 가히 충격적이었다. 등교수업에 학교를 나가지 않으면 친구들을 못 사귈 것 같았고, 등교수업에 아파서 못 나가면 병균 취급을 받을지도 모른다는 강박에 시달렸던 것이다. 전 학교에서의 트로우마가 윤아를 집어삼키고 있었다. 학생들과 학부모들의 시선, 그 모든 것이 상상 속에서 끊임없이 작동하고 이제는 실현 가능한 일처럼 느껴졌다. 윤아는 첫날부터 학생들과 신뢰를 형성하고 싶었던 것이지만 그 기회는 다음으로 넘길 수밖에 없었다.

코로나19에서의 학교현장을 살펴보면, 학생들은 기존의 친한 친구와의 유대관계가 더욱더 깊어지고, 왕래하며 교류하는 것이 강화되는 것처럼 보인다. 반면, 같은 학급 내에서도 친하지 않으면 또는 관계가 좋다 할지라도 이 학생들 간의 유대관계는 새롭게 형성되지 않는다. 학교 내에서는 되도록 대화를 삼가고, 혹시나 하는 마음에 그다지 친하지 않은 친구와 어울리다가 코로나19라도 걸리면 어쩌지 하는 두려움이 친구 간의 관계로 파고드는 것이다. 다만, 부모님께서 보증하고, 내가 안심되는 친구와의 관계는 더욱 확고해지는 현상을 발견할 수 있다. 이를 '관계에서의 보수화'라고 칭하고자 한다.

교사와 학부모의 신뢰도는 어떨까?

어느 날 한 학생의 E-학습터 참여율이 낮고, 출석을 하지 않는 경우도 있어서 학부모에게 전화를 걸었다. "안녕하세요? 세호(가명) 어머니, 세호가 E-학습터에 들어오지 않아 연락드렸습니다." 이럴 때 보통의 학부모는 어떤 사정인지 설명하거나 잘 듣도록 하겠다는. 반응을 보이지만, 뜻밖의 대답이 돌아왔다. "선생님, 세호가 그 시간에 학원을 다녀서요. 학원 숙제도 해야 하니, E-학습터는 안 들으면 안 되나요?" 요지는 학교에서 제공하는 콘텐츠가 사교육 시장의 콘텐츠를 따라오지 못한다고 판단되니 자유롭게 공부하도록 놓아 달라는 의미였다. "어머니, 선생님들께서 올리신 콘텐츠도 고심해서 만든 수업이니 꼭 들어주세요." 간곡히 요청했지만, 결국 또 같은 결과의 연속이었다.

또 다른 이야기는 학교를 통해 들어온 민원 내용이다. 담임교사가 아이의 열을 잴 때 어쩔 수 없이 머리를 만지게 되는 상황이 발생했는데, '담임교사의 위생 상태를 믿지 못하겠다' 또 '아이의 귀에 넣는 체온계의 위생 상태를 믿지 못하겠다' 등 전반적인 학교에서의 위생을 문제 삼았다. 결국 이 학생은 그 이후로 지속적으로 가정학습을 신청하고 등교수업을 하지 않았다고 한다.

과거에는 주 5일 학교 수업이 진행되기 때문에 학교에서의 교육만큼은 교사의 역할이 무엇보다 크고, 학부모 또한 학교 수업에서의 교사 역할을 존중하고 인정하였다. 그런데 이제 학부모의 공교육에 대한 기여도가 높다 보니 온라인 수업 내용, 과제, 평가 등에 학부모의 목소리가 더욱 반영되는 추세다. 그러니 코로나19 시대에는 학부모의 교육에서의 역할 확대로 인해 교사의 비중이 상대적으로 축소되는 경향을 보인다. 이러한 현상을 '학부모의 권한 강화'라고 명하고자 한다.

다음으로는 교사와 학생의 신뢰 관계를 살펴보자. 코로나19로 인해 가장 손상된 부분이 교사와 학생의 신뢰 관계라는 생각이 든다. 그 이유는 교사와 학생 간에 성립되는 '돌봄'의 관계가 훼손되기 때문이다. 인간은 누구나 돌봄의 대상이 될 수 있고, 또한 돌봄을 실행하는 자가 될 수 있다. 타인을 돌보고 실천하는 과정에서 단순히 도덕적 법칙에 의존하여 당연히 도와야 하니 도와야지가 아니라, 교사와 학생은 서로 '정서적'으로 연결되고 관계를 형성하기 때문에, 교사와 학생 사이에 느끼는 무언가를 기반으로 만남을 형성하는 것이 '돌봄'이 될 수 있다. 길리건Gilligan, 나딩스Noddings, N.의 '관계적 도덕성relationship morality'과 맥을 같이한다.[51] 사람과의 관계를 통해 또는 만남을 통해 도덕성이 창출된다는 의미이다. 다른 사람과 함께한다는 것, 다른 사람을 위한다는 것, 학생의 목소리를 직접 들으면서 교감한다는 것 모두 '돌봄'의 영역이다.

'돌봄'의 철학 위에서, 위대한 세대를 위한 교육은 계속되어야 한다

하지만 현재 학교에서는 교사와 학생의 관계 형성에 어려움이 많다. 마스크를 쓰고 있는 무표정한 표정, 잘 들리지 않는 목소리, 엄격한 규율 안에서의 정제된 행동 등은 학생의 정체성을 감추게 하고, 학생들 사이의 교류를 막고, 특히 교사와의 교감이 작동하지 못하고 있다. 학생들과의 감정적 교류가 없다는 것은 곧 학생들도 교사에 대한 신뢰를 형성할 수 없다는 의미이자 '나'를 보여 줄 기회의 상실을 의미한다. '나'를 상대방에게 던져야만 나약한 존재임을 공유하고 서로 협력하면서 도울 수 있지 않겠는가! 그런데 지금은 나를 감추고 나만 잘 지켜야 하는 현실이다. '돌봄'이 사라진 교실이다.

'돌봄'이 사라진 교실에서는 교사와의 신뢰가 무너질 수밖에 없다. 이러한 환경에서는 감정이 빠진 자리에 지식과 원칙만이 자리를 잡게 되기 쉽다. 온라인 수업을 통해서는 학생과의 대면 만남에서만 작동하는 '감정'을 생성하기 힘들다. 오직 지식만이 남아서, 그리고 '원칙'만이 학교현장과 교실, 교사와 학생의 정체성을 규정할 뿐이다. '지식'과 '원칙'만이 교육에 남을 때 교육은 강제성을 띠게 되고, 전인격적 형성을 저해하는 방향으로 흐르게 된다. 즉 교육이 새로운 폭력의 도구로 남게 될 것이다. 이러한 돌봄이 사라진 교실에서의 교사와 학생의 신뢰 붕괴를 '돌봄의 붕괴'로 칭하고자 한다.

그렇다면 다시 처음 질문으로 돌아가 보자. 과연 코로나19 시대에서 '위대한 세대'가 탄생할 수 있을까? 이에 대한 대답은 '아니다'이다. '관계에서의 보수화', '학부모의 권한 강화', '돌봄의 붕괴'는 학교 현장에서 신뢰도를 낮추는 현상이자, 때로는 원인으로 작용하기도 한다. 저신뢰 사회, 저신뢰 학교로 점철되는 코로나19 시대에서 위대한 세대가 탄생하는 것은 요원해 보인다. 그렇지만 위대한 세대는 탄생해야 하며, 위대한 세대를 위한 교육은 멈출 수 없다.

위대한 세대를 위해서는 '신뢰'의 회복이 급선무가 되어야 한다. 교사와 학생, 학생과 학생, 교사와 학부모의 신뢰, 학교에 대한 신뢰, 정책에 대한 신뢰 등 우리가 넘어야 할 산이 많다. 이를 위해 우리는 이 사회에서, 학교에서, 가정에서 '돌봄'의 철학을 다시금 되새겨 보아야 한다. 두려움이 지배하는 사회에서 모두가 각자도생으로 자신의 삶에 몰두할 때, 나를 사회와 공동체에 던짐으로써 관계를 회복하고 회복된 관계에서 나의 정체성을 찾아가는 삶이 절실하다. 공포 속에서 정체성을 찾지 않도록, '지식'에서만 나의 정체성을 찾지 않도록, '원칙'에서만 나의 정체성을 찾지 않도록 끊임없이 학부모, 학생, 교사들과 대화를 이어 나가야 할 것이다.

2장

가까이서 멀리서

1.
학교교육의 토대

2020년 5월 19일 교육부는 초등돌봄교실 및 방과후학교의 법적 근거를 마련하는 「초·중등교육법」 개정안 추진에 앞서 입법예고를 실시했다. 이에 한국교총과 전교조를 비롯한 교원단체들은 즉각 성명을 발표하는 등 법 개정 철회를 주장하며 강하게 반발하고 있다. 이처럼 교원단체의 반발이 커지자 입법 절차는 일단 중단되었으나, 이를 두고 일부 학부모단체가 역으로 규탄 성명을 내는 등 이번 「초·중등교육법」 개정을 두고 발생한 갈등은 첨예하게 지속되고 있다. 코로나19로 인해 학교 안에는 인적이 드물지만, 학교 내 특정 자리를 두고 벌이는 소위 밥그릇 싸움은 여전히 치열하게 벌어지고 있는 셈이다.

사실 2020학년도 시작과 동시에 코로나19가 확산되면서 등교 개학이 연기되었고, 학교현장에서는 '긴급돌봄' 대상 학생들을 사이에 두고 날 선 신경전이 벌어졌다. 국가적 재난 사태로 긴급하게 발생한 돌봄 대상 아동들을 누가 돌보는 것이 옳은지를 두고 지역교육청, 학교, 교사, 돌봄실무사, 학부모 등 교육 주체마다 각기 다른 해석을 내리면서 첨예한 갈등이 빚어졌기 때문이다. 이는 어쩌면 당연한 일이다. 학교라는 조직 내에 있는 교직원 역시 정치적 동물이기 때문이다. 그리고 그들이 공존하는 학교 역시 정치의 장이기 때문이다.

다만 이번 사태에서는 흥미로운 점을 발견할 수 있는데, 돌봄교실 및 방과후학교 입법화 논쟁이 단순히 정치적 수준의 갈등이 아닐 수 있다는 점이다. 어쩌면 이번 사태는 학교의 역할과 기능에 대한 인식론적 간극이 불러일으킨 논쟁일지도 모르기 때문이다. 불가항력적 전염병에 따른 팬데믹 상황에서 학교가 제 기능을 다하지 못하자, 우리 사회에서는 학교의 존재론과 역할론에 관한 인식이 중구난방으로 표출되고 있는 실정이다. 사회가 안정적이어서 제도 변화의 요구가 크지 않을 때는 특정 제도에 제도화된 구성원들이 비교적 유사한 인식을 하지만, 사회적 환경에 급격한 변화가 생길 경우에는 평소 자신이 가지고 있던 인식과 믿음이 서로 인지 부조화 현상을 일으키면서 특정 제도에 대한 재해석이 일어나기 때문이다. 이는 비록 옳고 그름의 문제는 아닐 것이다. 하지만 '학교(제도)'에 대한 논쟁의 기저에는 철학적 배경의 인식론적 쟁점이 존재하고 있기에, 지금과 같은 사회적 격변의 시대에는 학교(제도)에 대한 상호 이해 가능한 인식과 해석이 더욱 요구된다.

팬데믹 시대, 학교를 두고 벌어지는 인식론적 충돌

학교에 대한 인식론[4]적 불일치miss match가 심화되고 있는 현시점에, 과거 토대론foundationalism과 정합론coherentism이 인식론적 정당화를 둘러싸고 벌였던 논쟁은 매우 유의미한 시사점을 제공한다. 지식의 정당화에 대한 토대론자와 정합론자의 상반된 견해는 철학자들 사이에 숱한 논쟁과 토론을 유발했고, 그러한 논쟁과 토론을 거치면서 우리는 궁극적으로 인간 지식의 본성에 대해 한층 더 깊게 이해할 수 있게 되었다. 마찬가지로 팬데믹 시대에 학교를 두고 벌어지는 일련의 인식론적 충돌은 현대 철학에서 그랬던 것처럼 우리에게 궁극적으로 학교의 본질에 대해 더욱 깊이 있는 이해를 제공할수도 있을 것이다.

마티아스 슈토이프Matthias Steup, 2003에 따르면, 토대론은 지식을 정당화하는 '제1전제', 즉 지식에 대한 견고하고 의심의 여지가 없는 출발점을 '기초신념'에 두고 있다. 이런 제1전제들은 '기초신념'들로 기능하며, 다른 모든 신념은 이 기초신념이라는 토대에 의해 정당화되는 비기초신념들이다. 예를 들어, 데카르트의 '나는 생각한다 고로 존재한다'와 같이 명백한 경험적 증거가 존재할 경우 이성에 의해 확증된 기초신념이 생성되게 된다.[52] 하지만 토대론은 왜 기초신념을 정당한 것으로 받아들여야 하는가를 물을 때, 이에 대해 대답하기 위

---

4. 인식론은 지식의 성격, 기원 및 한계와 관련된 문제를 다루는 철학의 한 분야로서 지식의 본질, 신념의 합리성과 정당성 등을 주로 연구한다.

해서 영속적인 순환논법에 빠져들게 되는 오류를 범하게 된다. 또한 상이한 이론들이 사건들을 해석하는 데 다양하게 이용됨에 따라 동일한 현상이 아주 다르게 관찰될 수 있다는 사실 역시 토대론에 대한 부가적인 위협으로 간주된다.[53]

이에 반해 정합론은 기초신념의 필요성을 부정한다. 정합론자에게는 모든 신념과의 상호지지 관계, 즉 정합성 관계에 의해서 지식이 정당화될 수 있기 때문에 어떠한 기초신념도 요구되지 않는다. 정합론자의 시선에서 봤을 때 기초신념은 군건한 토대를 긍정함으로써 불안을 해결하려는 심리적인 결과물에 불과하다. 이에 대해 반주어 L. BonJour는 특정한 경험적 신념의 정당화는 상호적 지지로서 결국 전체적인 체계와 그 체계 내의 정합에 의존하는 것이지, 정당화에 대한 단선적 개념 안에서 정당화되는 특정한 신념에 의존하는 것이 아니라고 주장하기도 했다. 또한 정합론자들은 관찰과 같은 기초적인 증거가 "망원경"과 "안경"과 같은 기술적 보조물을 사용함으로써 개선될 수 있다고 여긴다. 즉, 망원경이나 현미경 같은 인공적 보조물의 이용을 통해서 기초로서의 관찰적 증거보다 낫게 개선될 수 있다고 보는 것이다.[54]

두 입장 간의 논쟁에는 오랜 역사가 있지만, 20세기 중반 이후에 특히 치열하게 전개되었다. 아리스토텔레스Aristotle에서 시작하여 데카르트René Descartes를 비롯한 근세의 주요 철학자들, 그리고 20세기 전반기의 주요 철학자 대다수가 '토대론자'였다고 봐도 무방하다. 그렇지만 20세기 중반 무렵 토대론은 호된 공격을 받게 된다. 특히 셸

라스Sellars는 믿음을 정당화할 수 있는 유일한 것은 또 다른 믿음이라고 주장하기도 했다. 그 뒤 약 20여 년 이상 토대론은 인식론 무대에서 거의 사라졌고, 그에 대한 대안으로 정합론이 급부상하였다. 그러나 최근 상황을 보면 정합론자 쪽에서 정합성이 정확히 무엇인지, 우리 믿음이 정합하는 믿음체계가 정확히 어떤 것인지 등의 문제를 해결하는 일에서 답보 상태를 보인 데다가, 토대론자 쪽에서 고전적 토대론이 토대론의 전부가 아니라는 인식이 대두되면서, 토대론 대 정합론 논쟁이 다시 점화되고 있다고 볼 수 있다.[55]

과연 학교에는 토대가 되는 신념이 있는가

현대 인식론에서 중요한 논쟁 중 하나로 꼽히는 토대론 대 정합론 논쟁을 간단히 살펴봤다. 토대론과 정합론의 쟁점은 무엇일까? 그것은 과연 지식(진리)의 토대로 작용할 수 있는 기초신념이 있느냐의 문제로 귀결된다. '학교의 역할과 기능'을 두고 벌어지는 토대론자와 정합론자의 논쟁 역시 '과연 학교에는 토대가 되는 신념이 있는가'가 핵심 쟁점이 될 것이다.

이를테면 "학교란 오로지 신성한 교육이 이루어지는 곳이다"와 같은 믿음을 기초신념으로 하는 전통적·보수적 학교관은 학교 토대론자의 입장에 해당한다. 따라서 이들은 학교에게 주어지는 교육활동 외의 역할과 책임을 완강히 거부할 수밖에 없다. 학교에는 결코 변질

되어서는 안 될 '교육'이라는 본질적인 가치가 내재되어 있고, 학교 토대론자들은 이를 지켜 나갈 신성한 의무를 지닌다고 믿고 있을 것이기 때문이다. 일체의 타협은 불가하다. 이러한 토대론자들의 전통적 교육관에는 교육을 미래를 준비하기 위한 것으로 생각하는 '준비설', 교육을 인간에게 내재되어 있는 고정불변의 잠재성을 이끌어 내는 것으로 여기는 '발현설' 등이 있다.

반면에, 학교 정합론자들에게 있어서는 학교가 만고불변의 신념에서 비롯된 유일한 사명을 따른다는 것이 불가능하다. 오히려 학교는 '민주시민 양성'과 같이 시대가 요구하는 사회적 기능을 우선시한다고 믿을 것이다. 이에 따라 학교는 학교를 둘러싸고 있는 다양한 교육사상이나 철학, 더 나아가 정책, 제도 등과 유연하게 공존할 수 있다. 그리고 그들은 학교의 기능을 보조할 수 있는 각종 도구적 수단의 발전이 학교의 역할을 보다 정합성 있게 재구조화시켜 나갈 수 있다고 믿을 것이다. 한 예로 『학교 없는 사회Deschooling Society』를 저술한 이반 일리치Ivan Illich는 우리 사회가 학교를 정치적, 경제적 구조에 종속된 하나의 변수로 생각하는 경향이 있다고 밝히면서, 다음과 같이 주장하였다.

> 만일 우리가 정치 지도력의 방식을 바꿀 수 있다면, 어떤 계급의 이익을 조장할 수 있다면, 또는 생산수단을 사유제에서 공유제로 바꿀 수 있다면 학교제도도 마찬가지로 변화시킬 수 있다고 가정한다.Illich, 2009: 149[56]

또한 실용주의와 도구주의로 유명한 미국의 대표적 교육철학자 존 듀이John Dewey, 1916는 교육의 목적을 "개인과 사회의 공존"이라고 밝히면서, 학교는 "사회에서 필요로 하는 것을 개인에게 전문적으로 전수하는 곳"이라고 정의하고 있다.[57] 그런데 언어가 발달하고 언어의 상징성이 심화되면서 학교는 언어 및 그 의미를 배우는 곳으로 변질되었다고 주장한다. 그러면서 그는 학교에서 가르치는 언어적 지식은 시공간적 배경과 그것이 활용되고 사용되는 전체적인 상황과 맥락이 고정되어 있다는 점에서 문제가 되며, 그러한 지식은 일상생활과 단절되어 학습자는 흥미를 갖지 못하며 그것의 의미를 잘 이해하지 못하게 된다고 언급하고 있다. 결국 듀이가 볼 때, "학교교육은 사회적 의의를 충분히 지닐 때 유의미하다"는 것이다.

지금, 학교의 기능과 역할은 무엇일까?

표준국어대사전은 학교를 "일정한 목적·교과 과정·설비·제도 및 법규에 의하여 계속적으로 학생에게 교육을 실시하는 기관"이라고 개념적으로 정의한다. 또한 교사는 "주로 초등학교·중학교·고등학교 따위에서, 일정한 자격을 가지고 학생을 가르치는 사람"으로 정의한다. 개념적으로만 살펴보면, 학교는 법과 제도를 바탕으로 일정한 자격을 취득한 교사가 학생들에게 교육활동을 실시하는 기관이다.

결국 이번 논란에서는 우선 '돌봄'이라는 영역이 학교교육의 범주에 포함되는지 여부를 개념적으로 가릴 필요가 있다고 본다. 물론 이 역시 통일되고 일관된 해석을 내리기가 불가능한 영역일 수 있다. 학교교육에 대한 개념화 작업을 두고 학교 토대론자와 학교 정합론자의 논쟁처럼 다양한 의견이 첨예하게 대립할 수 있기 때문이다. 정통성을 강조하고 절대불변의 진리를 바탕으로 하는 토대론자의 입장에서는 돌봄은 결코 신성한 교육의 영역으로 받아들일 수 없는 부분일 것이다. 그러나 정합론자의 입장에서는 교육이란 사회적 환경 및 생태 변화에 따라, 그리고 기술적 성장에 따라 시대에 걸맞게 개념화 가능한 영역이기에 돌봄 역시 교육의 한 범주로 인정하는 데 큰 무리가 없다고 할 것이다.

이런 가운데 위 질문에 답해 줄 수 있는 몇 명의 학교 정합론자의 의견에 관심을 가져 볼 필요가 있다. 우선 이현애[2020]는 공교육 기관으로서의 학교가 공공성을 강화하는 방향으로 주요 역할을 재규정하고, 지식 중심의 교육을 넘어선 교육, 삶에 기반한 교육을 지향해야 한다[58]고 주장하였다. 그리고 이수광[2020]은 우리의 학교가 코로나19라는 재난 상황에서도 학생들에게 주어진 교과 내용을 이수하게 하고, 공정한 평가를 통해서 누가 능력 있는 사람인지를 가려내는 데 집중해 왔다고 비판하면서, 이는 교육계가 코로나19로 주어진 철학의 시간을 의미 있게 활용하지 못했다는 것을 의미한다고 주장하였다.[59] 또한 이혜정[2020]은 재난 불평등에 대한 감수성과 학교교육의 공공성 강화 필요성을 강조하면서 다음과 같이 '학교'를 재개념화하였다.

학교는 교실에서 수업을 통해 학습을 하는 곳일 뿐만 아니라 함께 어울려 점심을 먹고, 장애 학생들이 비장애 학생들과 함께 생활을 하며, 저소득층 학생들이 지원·지지받을 수 있고, 심리적 고통에 대한 상담을 하는 곳이다. 이렇게 보면, 학교는 교과 담당 교사뿐만 아니라 영양사와 조리사, 특수교사와 활동 보조교사, 학교 복지사와 상담교사, 보건교사와 사서 교사가 그물망처럼 연결되어 학생들의 삶과 배움을 돌보는 교육 공간이다.[60]

끝으로 팬데믹에 앞서 OECD[2001]는 미래 학교 시나리오[5]를 통해 학교가 전통적인 관료제 조직으로서의 기능과 역할을 탈피할 것으로 전망하였다. 더 나아가서는 학습조직 네트워크 강화를 통해 학교가 지역학습센터로 진화할 가능성을 점쳤으며, 보다 극단적으로는 학교가 해체될 가능성도 언급하였다.

이처럼 코로나19 팬데믹으로 인해 새롭게 등장하거나 부각한 수많은 과업과 역할 요구에 대해서 우리는 어떤 해석을 내리고 실천해 나가야 할까? 우리가 굳게 믿고 지켜야 할 학교교육의 토대와 철학(기초신념)은 무엇일까? 현시대의 정합성 있는 학교의 기능과 역할은 무엇일까? 그리고 이런 시대를 살아가는 교육자들은 어떤 답을 어디서 어떻게 얻어야 할까? 토대론과 정합론이 벌인 치열한 논쟁이 현대

---

5. 이 책의 별도 장(chapter)에서 보다 구체적으로 논의하고자 한다.

철학에서 인식론의 지평을 확장시켜 간 것처럼, 팬데믹 시대의 교육자들에게도 이와 같은 치열한 고민이 절실히 요구되는 시점이다.

2.
관리형 리더십의 종말

2020년 봄, 학교는 여느 때보다 분주하게 돌아가고 있었다. 하지만 그 누구도 경험해 보지 못한 코로나 시대의 원격 개학을 앞두고 학교 구성원들은 우왕좌왕했다. 아무도 가 보지 못한 길을 가야 할 때 느끼는 불안과 공포는 상당할 수밖에 없었다. 대부분의 교사들은 교육부나 교육청이 구체적 지침을 통해 자신들의 과업을 살펴 주기를 바랐다. 또한 불행하게도 어느 방향으로, 그리고 어떤 방법으로 나아가야 할지 정확히 알고 있는 인물은 학교조직 내에 없었다. 누구도 관련 경험이 없었고, 당연히 노하우도, 리더십도 없었다. 심지어 원격 개학을 위한 기본 인프라조차 학교에는 구축되어 있지 않았다.

경력주의에 따른 교원승진제도의 문제

코로나 시대 이전까지 학교조직은 전통적으로 관리 중심의 리더십이 주로 활용되었다. 즉, 대체로 학교장들은 '관리형 리더'였던 것이다. 관습적으로 학교 내에서 교장이나 교감을 '관리자'라고 부르는 것만 보더라도 그러한 면모를 쉽게 확인할 수 있다. 관리형 리더십은 무엇보다 학교조직의 경영 효율성 향상을 위해 총체적 관리 능력을 발휘하는 것을 중요시한다. 관리형 교육 리더는 교육활동 목표를 설정하고 목표 달성에 필요한 인적·물적 조건을 정비 및 확립하며, 목표 달성을 위한 활동을 지원·장려하는 역할을 주로 한다. 물론 이러한 일련의 과정에서 학교장은 지대한 영향력을 발휘할 수 있다. 여기서 강조되는 것은 리더의 '기능적 기술'이다. 기능적 기술은 과업 달성을 위해 교육(훈련)을 통해 얻을 수 있는 지식, 방법, 기술 등을 활용할 줄 아는 능력을 의미한다. 학교의 경우에는 장학기능, 행정기능, 교수기능, 관리기능 등이 이에 해당할 것이다.

그동안 우리 교육제도가 관리형 리더를 양산하고 선발하려고 했던 의도가 더욱 선명하게 나타나는 지점은 바로 '교원승진제도'이다. "교사에서 교감, 교감에서 교장으로 승진"하는 구조인 교원승진제도가 능력주의보다는 경력주의(연공서열주의) 등을 근간으로 하고 있다는 점은 교육 전문가가 아니어도 누구나 알고 있는 상식이다.

분명한 것은 노력한다고 다 가산점을 누구나 가져갈 수는 없는 상황입니다. 유공교원 가산점 같은 경우도 상위 20%라서 다 노력해도 줄 수 있는 상황은 못 됩니다. 연공서열 중심으로 줄 수밖에 없는 것도 맞고요. 나이 많은 선생님들은 앞으로 점수를 받을 기회가 적고, 젊은 선생님들은 앞으로도 얼마든지 받을 기회들이 많고. 그런 상황이니까 연공서열을 따질 수밖에 없습니다. 기회의 차원에서 감안할 수밖에 없습니다. 그리고 선배를 제치고 후배를 준다는 게 교직사회의 전통에 안 맞고요. 교장으로서 전체적인 질서와 조화를 무너트릴 수는 없죠. 그러면 인간관계도 다 무너져요. _교장 서○○

교원은 승진제도를 통해 학교조직 내의 다양한 실무 경험을 쌓으면서 성장하게 되고, 비로소 관리자의 지위에 올랐을 때 자신의 교직 경험을 바탕으로 한 안정적인 학교 운영을 할 수 있게 된다. 물론 전적으로 동의할 수는 없으나, 이 제도를 옹호하는 측의 논리는 그러하다는 것이고, 이는 또한 산업화 이후의 우리 공교육 역사를 살펴보면 일면 타당하게 검증된 부분도 있다.

승진가산점을 보면 큰 보람을 느낄 수 있어요. 가산점을 쌓는 과정에서 제가 했던 일들이 학생들에게 도움이 되었다고 생각합니다. 벽지를 가고, 대학원을 가고, 연구대회를 나가는 활동들이 애들한테 분명한 영향력을 미쳤다고 생각하고 저 자신도 유능한 교사가 되는 데 도움이 되었다고 생각합니다. _교사 이○○

최근에 많은 학교들이 수평적이고 민주적인 학교조직을 지향하고 있다고 하더라도, 전통적으로 학교 내에서 벌어지는 모든 일에는 학교장이 관여하고 결정해 온 것은 공공연한 사실이다. 「초·중등교육법」 제20조에는 "교장은 교무를 통할하고, 소속 교직원을 지도·감독하며, 학생을 교육한다"라고 명시하여 학교장의 권한(합법적 권력)을 보장하고 있다. 이는 학교에서 벌어지는 모든 일(교무 통할, 교직원 지도·감독, 학생 교육)에 대한 권한은 교장이 행사할 수 있음을 의미한다. 심지어 과거에는 학교장의 제왕적 권력을 상징했던 (구)교육법 제75조가 존재하기도 했다. 이 조항에는 "교사는 교장의 명에 따라 학생을 교육한다"라고 규정하고 있었다. 물론 이는 각계각층의 요구에 따라 1998년 폐지되었으며, 현재 「초·중등교육법」은 "교사는 법령이 정하는 바에 따라 학생을 교육한다"라고 수정하여 규정하고 있다.

비단 이런 합법적 권력의 측면 때문만이 아니라, 학교조직 내 구성원들은 학교장의 오랜 경험과 연륜(노하우)을 존중하여 따르는 측면도 분명 있었다. 때로는 학교장의 전문성을 인정하고 그의 교육 철학과 경영 기술을 맹목적으로 신뢰하는 경우도 많았다. 학교마다 사정이 조금씩은 다르겠지만 통상적으로 몇 명의 원로 교사를 제외하면 학교장은 산술적으로 교육 경력이 가장 많고, 교장의 직위에 오르기까지 산전수전을 겪으며 다양한 교육 경험을 했기 때문이다.

요즘 교장이 아무리 예전 같은 권위는 없다고 하더라도…
교장 선생님의 법이 보장하는 권한과 선배로서의 경험은

교직원들이 분명히 인정해 줘야 한다고 생각합니다. 그래도 교직생활을 제일 오래 하신 선배님이시고, 그 자리까지 그냥 올라간 것은 아니잖아요. 한 가지 일을 30~40년씩 하셨는데, 그 경험과 노하우가 얼마나 많으시겠어요? _교사 이○○

물론 현행 승진제도에서 요구하는 경력들이 교육활동과 무관한 행정업무 중심이기 때문에 온전히 학교장의 권위를 인정할 수 없다고 주장하는 이들도 일부 있을 것이다. 그러나 야구 감독에게 축구선수 경력을 요구하는 것은 아니기 때문에, 마냥 승진 경로가 학교경영과 무관하다고만은 볼 수는 없다. 이런 측면을 심정적으로 일정부분 인정해 왔던 것이 우리의 교직문화이기도 했다.

'학교 카오스' 속 리더십은 어떠했나

원격학습이 결정된 시점의 학교로 돌아와 보자. 코로나19로 인해 등교 연기가 계속되었던 시기다. 몇 차례 개학을 연기한 끝에 결정된 고육지책은 바로 원격학습이었다. 이에 대해 당시 학교는 어떤 준비도 되어 있지 않았다. 교육 3주체(교사-학생-학부모) 모두 원격수업이 어떻게 만들어지고 실행되는지에 대한 개념조차 없었다. 물적 인프라 역시 마찬가지였다. 그 흔한 화상카메라(웹캠)나 녹음용 마이크조차 없었다. 각 학교뿐만 아니라 학부모들까지 원격수업을 위해 화상카메라, 마이크 등을 구입하려는 시도가 폭증하면서 당시에 대부분의 온라인 마켓에서 원격수업 관련 물품이 완전히 품절되는 촌극이 벌어지기도 했다. 심지어 일부 학교에서는 해외 사이트를 통해 웹캠을 직구하는 사례도 있었다.

갑자기 결정된 원격수업 때문에 그 당시 학교는 정말 혼란스러운 상태였습니다. 정확히 원격수업이 어떤 개념인지도 생소하고, 또 어떻게 준비하고 대처해야 할지 정말 난감했습니다. 당장 교실에 계시는 선생님들은 와이파이도 되지 않고, 웹캠, 마이크도 없는데 어떻게 원격수업을 하라는 것인지 불만이 가득했습니다. _교사 김○○

저는 당시 정보부장을 맡고 있었는데, 교장 선생님께서 부르시더니 "우리 학교 원격수업 할 수 있지?"라고 물으셨어요. 정말 당황스러웠습니다. 그래서 이런저런 어려움이 많다고 답변을 드렸는데, 정보부장이 왜 이런 준비를 미리 못하고 있었냐는 핀잔만 돌아왔습니다. 사실 학교가 어떤 방향으로 지원할 테니까 함께 준비해 보자는 말씀을 해 주시기를 기대했는데… 사실 정보부장을 맡고 있기는 하지만 모든 결정권은 관리자분들에게 있기 때문에 제가 혼자 노력한다고 해결될 일은 아니었음에도 말입니다. _교사 박○○

인적·물적 자원이 전혀 작동하지 않는 상황, 말 그대도 '학교 카오스' 상황이 현실이 된 것이다. 가르치는 일을 핵심 과업으로 하는 교사들도 그런(원격) 방식으로는 가르쳐 본 적이 없으며, 그런 상황을 통제하거나 관리해 본 학교 리더도 없었기 때문이다. 과연 이런 상황에서 학교의 최고 의사결정권자이자 지도자인 학교장은 어떤 리더십을 발휘하고 있었을까? 그리고 학교 구성원들은 그 리더십을 어떤 시선으로 바라보았을까?

> 지난 1년을 돌이켜 보면 정말 바쁘고 정신없이 지나간 것 같습니다. 물론 일부 언론에서는 교사들이 학생들 방치하고 편히 쉰 것처럼 비난도 많이 했지만… 교사들도 올해 정말 힘든 점이 많았습니다. 사상 초유의 사태에 앞을 모르고 나아가야 하는 상황이었으니까요. 그래도 코로나 사태 이전의 학교에서는 교감, 교장 선생님께 자문도 구하고, 부장 선생님들과 협의도 하고… 뭐 그런 과정들 속에서 의사결정이 진행되었는데, 코로나를 겪으면서 각자도생의 길로 갔던 것 같아요. 물론 교장, 교감 선생님도 전면에 나서서 리더십을 발휘하시지는 않았던 것 같습니다. _교사 신○○

불행하지만 학교현장에서 우리가 꿈꾸던 학교장 리더십 사례는 찾아보기 힘들었다. 이유는 간단하다. 학교장들이 승진 과정을 통해 쌓아 온 교육적 경험과 노하우를 발휘할 수 있는 지점이 코로나 사태 속 그 어디에도 없었기 때문이다. 그들은 원격수업에 대해 알지 못했고, 배워 보지 못했으며, 준비하지도 못했다. 관리 중심의 리더십은 전무후무한 시대적 위기 상황 앞에서 그 어떤 것도 관리하지 못한 채 무기력하기만 했다. 관리 중심의 리더십은 평온하고 안정적인 학교에서만 작동한다는 것을 증명하기라도 하듯이 말이다. 리더십은 작동하지 않았다. 전문성을 바탕으로 한 리더십은 더더욱 찾아볼 수 없었다. 그들을 성장시킨 승진 시스템 어디에서도 위기에 대응하는 법을 가르치지 않았고, 변화를 이끌어 나갈 수 있는 지휘통솔 능력을 측정하지 않았으니 어쩌면 당연한 일이다. 이는 물론 학교장 개인의 역량이 부족해서 생긴 일은 아닐 것이다.

새로운 시대에는 새로운 리더십이 필요하다

이 글을 통해 일생을 교육현장에서 기꺼이 헌신하셨던 학교장들을 비난하려는 의도는 없다. 다만 코로나 시대의 학교 카오스는 우리가 고민할 과제를 하나 더 안겨 주었다는 측면에서 접근하고 싶다. 코로나 시대에 마주한 학교 리더십의 민낯을 직시하자는 것이다.

특정 시대나 사회에서 물리적 환경 변화(코로나 팬데믹)가 보편적으로 나타날 경우 사회적 환경은 변화하게 된다. 여기서 사회적 환경이란 '개인 또는 어떤 집단에 영향을 미치는 모든 사회문화적인 외부 조건'을 뜻한다. 본질적으로 이와 같은 사회적 환경은 사상思想·가치·인간의 행동 양식 등을 포함하고 있다.[61] 초유기물적 환경super-organic environment인 사회적 환경physical environment은 제도 변화나 사회 구성원의 인식 변화에서도 자연적 환경보다 중요한 의미를 갖기도 한다.

이처럼 사회적 환경 변화는 역시 '학교 변화'와도 서로 밀접한 영향을 주고받는 가운데 유기적인 상호작용을 하기 마련이다. 하지만 "학교가 가장 마지막에 변한다"는 말이 세간에 떠도는 것처럼, 그동안 학교가 변화에 둔감하고 더딘 면모도 분명 있었다. 4차 산업혁명 시대를 주야장천 외치면서 소위 '미래교육을 대비하자'는 구호가 교육계 각층에 범람하였지만, 코로나 사태가 터지기 전까지는 누구도 실질적인 준비를 하지 못한 채 원격 개학을 맞이한 것만 봐도, 학교의 '현실지향성', '변화 둔감성'은 비판의 대상이 될 수밖에 없다.

그러나 현시점에서 주목할 점은 우리가 겪고 있는 사회적 환경 변화는 '물리적 변화가 사회적 환경 변화를 선도했다'는 점이다. 즉 원격수업이 미래교육 시대의 적합한 대안으로 평가되어서 사회적 논의를 거쳐 도입된 것이 아니라, 전염병의 창궐로 인해 물리적·구조적 환경의 변화가 원격수업을 할 수밖에 없도록 만든 측면이 강하다는 것이다. 우리는 원격수업이 얼마나 효과적인지 정밀하게 측정해 보지 못했으며, 얼마나 많은 교육격차를 불러일으킬 수 있을지에 대해서도 대비하지 못한 채 원격수업을 전격적으로 받아들인 셈이다.

유사한 사례가 미국에서도 있었다. 1970년대 미국은 독일, 일본, 아시아 국가 등의 성장에 따른 도전에 직면하면서 극심한 불황에 시달렸다. 위기에 봉착한 미국 사회는 생존을 위해 전면적인 변혁, 성공적인 변화 모색을 위한 조직 관리의 새로운 패러다임을 모색하게 된다. 경쟁력 강화를 위해서 종래의 양적 성장이 아닌 질적 성장으로의 대전환이 필요했기 때문이다. 결국 기존의 리더십으로 급변하는 외부 환경 변화에 대처하기에는 한계가 나타날 수밖에 없다는 자성의 목소리가 커지면서 '변혁적 리더십'이란 개념이 등장하게 된다.

가장 처음으로 변혁적 리더십을 이론적으로 제안한 번스Burns, 1978는 변혁적 리더십을 "높은 수준의 도덕적인 가치와 이상에 호소하여 구성원들의 의식을 더 높은 수준으로 끌어올리며, 그들을 인격체로 존중하여 동기화시키고, 구성원들의 행동을 끊임없이 변화시켜 기대 이상의 직무성취를 가능케 하는 것"[62]이라고 정의하였다. 더불어서 그는 "리더란 부하의 목표와 리더의 목표에 보다 더 효과적으로 도달할 수 있도록 부하의 동기를 자극하는 사람"이라고 밝히고 있다. 한편 서지오바니Sergiovanni, 1990는 변혁적 리더십은 학교의 성공을 위해 높은 동기부여와 도덕성 함양을 유도하여 각 개인을 성장시키고 있기 때문에 교육계에서 변혁적 리더십이 필수적[63]이라고 주장하기도 했다.

물론 변혁적 리더십이 이론적으로 무결하고 실제적으로 완벽하다고 판단되어 소개한 것은 아니다. 변혁적 리더십에 대해 명확성이 부족하다거나 측정 타당성이 부족하다는 등의 다양한 비판이 제기되고 있는 것도 사실이다. 다만 강조하고 싶은 것은 이처럼 새로운 시대에는 필수적으로 새로운 리더십이 등장한다는 점이다. 역사가 그렇다는 것이다. 아무도 경험해 보지 못한 새 시대를 이끌어 가야 하므로 필수적으로 새로운 리더십이 등장하기 마련이다.

앞서 살펴본 전통적인 관리 중심 학교장 리더십의 몰락은 어쩌면 당연한 일이다. 시대착오적이었기 때문이다. 과연 리더가 몰락한 조직은 급변하는 시대적 조류 속에서 온전히 살아남을 수 있을까? 답은 정해져 있다. 역사가 말해 주듯이 모든 왕들이 알에서 태어났다고 해서 번성한 고대국가를 이룰 수 있었던 것은 아니었다. 신화적 탄생이 동일한 영속적 힘을 부여했지만, 미래를 준비하고 이끌어 갈 실력이 없는 지도자는 도태되고 역사 속에서 사라졌음을 우리는 쉽게 확인할 수 있다.

새로운 리더는 혁신가이자 변화 촉진자가 되어야 한다

조대연 외[2010]는 학교장으로서 최고의 성과를 도출하기 위해 우선적으로 요구되는 직무역량을 분석하는 연구를 실시하였다. 그 결과, 비전 제시 및 전문성을 바탕으로 하는 학교 경영, 변화 관리, 교사 전문성 개발 등의 4개 역량이 최우선적으로 요구되는 역량이라고 밝히고 있다.[64] 또한 최근 독일의 학교장 임용제도를 분석한 김영래[2017]는 교장의 성격적(인격적) 특성, 리더십 스타일(협력적, 독재적)에 대한 관심이 커지고 있으며, 특히 의사소통 및 갈등관리, 그리고 자기관리(건강, 스트레스, 소진 증상 등에 대한 관리) 역량 등이 독일 내에서 교

장의 핵심 역량으로 대두되고 있다고 밝히고 있다.[65]

이처럼 학교장은 시대상의 변화에 따라 다양한 학교 구성원을 통괄하고 갈등을 원만히 조정하여 조직의 변화 관리를 수행할 수 있는 역량을 갖출 필요가 있다. 하지만 지금까지의 교원승진제도는 산업화 시대에나 적합한 '양적(가산점 포인트) 사고'와 '경력 중심'으로 제도의 기틀이 마련되어 제정됐으며 이를 큰 틀에서 변동 없이 시행해 왔다. 최근 한국교육개발원이 '교직환경 변화에 따른 교원 정책 혁신과제(Ⅲ): 교원 인사제도 혁신 방안 연구'를 위해 실시한 전국 단위 설문조사(교원 및 전문직 1,326명 대상)에서 응답자 60.5%가 가산점 평정에 의해 좌우되는 승진제도를 혁신의 최우선 과제로 뽑기도 했다.[66]

결과적으로 시대상의 변화는 학교 경영 방식 및 인사제도의 혁신을 요구하고 있으며, 교원들 역시 인사제도 개혁을 통한 미래 사회의 학교 변화를 대비하고 관리할 수 있는 리더를 요청하고 있었다. 물론 코로나 교육 시대가 열리기 전부터 말이다.

교장, 교감의 역할이 변화되면 승진의 개념도 당연히 바뀔 것이고, 그것이 유능하고 무능하다의 문제가 아닌 게 될 것이고… 그렇게 되면 학교문화도 바뀌고 모두가 조금 융화되어서 생활할 수 있을 것 같습니다. 교장의 역할 변화와 승진제도의 변화가 맞물려서 움직이는 게 가장 이상적인 모습이라고 생각합니다. _교사 오○○

현재까지도 "리더는 타고나는 것인가? 만들어지는 것인가?"에 대한 논쟁이 학계에서 지속되고 있다. 전자를 '리더십 특성론', 후자를 '리더십 과정론'이라고도 한다. 코로나 시대의 교육현장에서 특성론과 과정론의 논쟁은 무의미하다. 특성론이 옳다면 포스트 코로나 시대를 개척해 나갈 수 있는 지도자를 발굴하기 위해 노력하면 될 것이고, 과정론이 옳다면 지금의 교육 지도자들을 포스트 코로나 시대를 이끌어 나갈 수 있게 재교육하면 되는 것이다.

지금은 학교의 역할과 위상을 재발견하고 학교교육의 중요성을 부각시킬 수 있는 리더가 필요하다. 아울러 학교 스스로 자신의 존재 가치를 증명하기 위한 노력을 구성원과 함께 경주해 갈 수 있는 리더가 필요하다. 새로운 리더는 혁신가이자 변화 촉진자가 되어 학교를 변화시켜 나가야 한다. 시대는 하루아침에도 변할 수 있지만, 이렇듯 지도자를 길러 내는 일은 하루아침에 불가능하다. 근본적인 성찰과 혁신이 필요하다. 코로나 팬데믹을 계기로 그동안 우리가 관행처럼 지속해 왔던 리더의 선발 방식부터 다시 살펴봐야 한다. 적절히 선발할 수 없다면 리더를 만들고 교육시키는 방법에 대해서도 고민이 필요한 시점이다.

3.
코로나 시대의 교육자치

2020년 우리 교육계에 대표적인 화두 중 하나는 '교육자치 실현'이었다. 교육자치는 크게 '지방교육자치'와 '학교자치'로 대변된다. 이미 2006년부터 우리나라는 법률 개정을 통해 지방교육감의 선출 등을 제도화하여 교육자치를 시행하고 있기에 '교육자치'라는 개념이 낯설지만은 않다. 시민이 직접 자기 지역의 교육 리더를 선출하고 있기 때문이다. 일반적으로 교육자치는 '교육활동의 특수성을 인정하고, 그 자율성과 정치적 중립성을 보장하기 위해서' 일반행정으로부터 독립되어 자주적으로 운영되는 것을 원칙으로 하고 있다. 쉽게 말해 교육은 그 특수성을 인정하여, 교육 전문가들에 의해 특별히 설계-운영-평가-관리되어야 한다는 것이다.

우리가 결정할 수 있는 것이 없었다

학교자치의 측면에서 살펴보면, 5·31 교육개혁 이후 학교 경영의 자율성을 보장하기 위해 1995년 12월 지방교육자치에 관한 법률의 개정을 통해 '학교운영위원회제도'가 도입되었다. 학교운영위원회는 「초·중등교육법」 제31조의 규정에 따라 학교장과는 독립된 기관으로 기능하도록 되어 있다. 학교운영 전반에서 학교장이 주도적으로 의사결정을 해 오던 관행을 중단하고, 학교운영위원회에 합법적 권한의 일부를 위임한 것이다. 교사·학부모·지역인사 등등으로 다양하게 구성된 학교운영위원회의 기능은 학교운영에 관한 중요한 사항을 심의 또는 의결할 수 있다. 이는 학교자치의 초석을 다진 제도가 되었다.

부끄러운 일이지만… 교육청 보고 공문이 쏟아질 때는 아이들 가르치는 일보다 공문 작성하기 급급할 때도 꽤 있습니다. 가르치는 일을 하는 사람이 가르치는 일보다 우선시해야 할 업무가 있다는 게 늘 회의감이 들기도 합니다. _교사 박○○

학교자치를 하고 있다고는 하는데… 학운위가 생긴 것 말고는 크게 와닿는 부분은 없습니다. 학운위도 형식적으로만 운영되는 측면이 강하고요. 학교나 교사들이 더 많은 자율권을 좀 갖고 생각하고 꿈꾸는 교육을 실현할 수 있게 해 줄 수는 없는지. 교사는 단지 국가교육과정의 집행자 역할에만 충실하면 되는 걸까요? _교사 김○○

한편 교육자치를 바라보는 견해는 각 개인이 처한 입장이나 교육철학, 가치관 등등에 따라 다양한 스펙트럼을 나타낸다. 그러나 한 가지 분명한 것은 아주 오래전부터 학교현장에서 불거져 나오는 교직원들의 볼멘소리 중 하나가 바로 "우리가 결정할 수 있는 게 아무것도 없다"라는 것이다. 그렇다. 학교교육과정을 비롯해 학교 경영 전반에 교육부를 필두로 교육청, 교육지원청 등의 각종 시책과 규제가 영향을 미친다는 것은 공공연한 사실이다.

이와 관련하여 박남국[2020]은 단위학교에 허용되고 있는 교육과정 자율권이 어느 정도인지를 공문 분석을 통해 제시한 바 있다.[67] 연구 결과에 따르면 교육청의 주요 업무, 사업, 관심 프로그램의 추진에 따른 강제적인 시수 배정 및 재구성, 참여 요구가 빈번하게 일어나고 있으며, 구체적으로 일방향적 통보·알림형 공문이나 제출·보고형 공문이 약 70%에 육박하는 것으로 나타났다.

교육청에서도 어떻게 하면 일선 학교들이 교육자치를 실현할 수 있을지 고민을 많이 하고, 다양한 연구나 사업으로 이를 실현하고자 여러모로 노력하고 있습니다. 그러나 교육청 의도와는 다르게 이러한 노력을 학교현장에서 부담스러

위하는 경우도 많은 것 같아 아쉽습니다. 자율권은 말 그대로 스스로 해 나갈 수 있을 때 성립되는 것인데, 의지나 노력 없이는 위에서 내려만 준다고 가능한 것은 아니라고 생각합니다. _교육청 장학사 정○○

학교자치에서 가장 핵심축은 공교육의 말단조직인 학급을 경영하고, 학교문화와 풍토를 조성해 나가는 교사들에게 있습니다. 만약 교사집단이 학교자치에 대해 역설적으로 거부감을 갖는다면, 당연히 학교자치는 말 그대로 공허한 메아리가 될 가능성이 높습니다. 교사들이 보다 주체적으로 움직이면서 스스로 학교 경영에 참여하고, 더 나아가서는 국가와 지역 교육 정책의 중심에 서기 위한 노력이 필요합니다. 그 시작이 바로 학교자치에 대한 진취적인 태도와 의지를 가지는 것이라고 할 수 있습니다. _교수 박○○

이러한 심각성을 정부도 인식하고 있는지 문재인 정부는 교육자치와 관련하여 '교육 민주주의 회복 및 교육자치 강화'를 국정과제 76번에 담고 있다. 이를 바탕으로 교육부가 작성한 업무보고 자료를 살펴보면, 교육혁신을 위한 주요 추진 사항으로 "유·초·중등교육 지방분권을 강화하고, 단위학교의 자율성 확대로 이어질 수 있도록 교육자치 활성화"교육부, 2018를 명시하고 있다.[68] 각 시도교육청도 마찬가지로 이를 세부적으로 실현하기 위한 각종 '단위학교 자치 강화 방안'을 쏟아내고 있다. 사회적·제도적 분위기가 이쯤 되면 당장이라도 우리가 근무하는 단위학교에 막대한 자율권이 보장될 수도 있을 것 같다는 생각이 든다.

"학교에서 알아서 하라고요?"

그런데 그 누구도 예상치 못한 사회적 급변이 발생했다. 어르신들이 자주 쓰는 표현 중 "세상이 뒤집어졌다"는 표현이 적절할 것 같다. 바로 '코로나19'라는 전염병의 창궐이다. 예기치 못한 세상의 변화, 사회구조의 변화가 도래한 것이다.

학교자치는 위기 속에 다가왔다. 코로나19가 최고조에 이르던 2020년 3월, 교육부는 거듭하여 '초·중·고 개학 연기'를 발표했다. 당시 코로나19의 확산세가 꺾이지 않으면서 학생들의 등교 여부와 온라인 개학 시행 여부가 초미의 관심사가 되고 있었다. 이런 불안과 공포가 거듭되는 가운데 학교 구성원들은 큰 혼란에 빠져 있었다. 단 한 번도 경험해 보지 못한, 소위 사상 초유의 사태 속에서 그들은 마냥 교육부의 발표, 그리고 이어지는 교육청의 후속 발표만을 무기력하게 기다리는 것 외에는 특별히 할 수 있는 일이 없다고 느꼈을 것이다. 학교 구성원을 이끌어 가는 리더이자 최상위 결정권자라고 할 수 있는 학교장, 그리고 그를 보좌하는 교감, 중간관리자인 보직교사들 역시도 무기력한 기색이 역력했다.

다음은 교육부 장관의 서한문 중 일부이다.^{2020. 4. 7.}

전국의 선생님 여러분. 우리는 지금 대한민국 교육 역사상
처음으로 온라인 개학을 앞두고 있습니다. 전 세계는 지금
학생의 학습권 보장을 위해 원격수업에 주목하고 있고 한
국의 대응 방안에 대해서 깊은 관심을 보이고 있습니다. 학
생들과 직접 만나지 못하는 상황이지만 코로나19를 계기로
시작하는, 한국 공교육의 원격수업은 ICT 기반 미래교육의
시작이자 전환점이 될 것이라 기대합니다.

(중략)

4월 한 달은 '원격수업 집중의 달'로 정했습니다. 이 기간
동안, 선생님들께서 원격수업에만 집중하실 수 있도록 원격
수업과 관련이 없는 모든 연수, 행사, 출장, 각종 공문 처리
업무 등을 과감히 줄이도록 하였고 4월 3일 관련 지침을
교육청에 안내하였습니다. 학교의 모든 교실에 와이파이wifi
를 통한 원격수업이 가능하도록 규제를 풀었고, 교사의 수
업 활용 자료에 대한 저작권 규제를 해결하도록 문화체육
관광부 등 유관 부처와 협의하고 있습니다.

교육부는 교사들이 수업에만 집중할 수 있도록 하겠다고 공헌했
다. 적어도 교육부 장관의 서한문에서는 그동안 학교를 제약하던 각
종 규제들을 과감하게 혁파하고, 지원을 아끼지 않겠다고 약속했다.

단언컨대 교육행정 수반인 교육부 장관이 교사들에게 수업에만 집중할 수 있도록 보장하겠다고 공표한 것은 우리나라 공교육의 역사를 통틀어 첫 번째 사례였을 것이다. 이런 가운데 교육자치와 관련하여 의미심장한 사건이 재차 발생한다.

"교육부 이어 교육청들도 등교수업, 교장이 알아서."[69]

이 문구는 2020년 5월 7일 한국일보의 기사 제목이다. 당시 교육부는 일련의 설문조사를 통해 여론 수렴을 했고, 이후 일방적으로 등교 개학을 결정했다. 그리고 지역교육청 및 지자체와는 구체적 논의 없이 등교 개학 방식을 선제적으로 발표한다. 교직사회는 크게 동요할 수밖에 없었다. "교사들이 모든 걸 책임지라는 거냐?", "현장을 모르는 교육부 장관이 독단적으로 이런 결정을 해도 되는 것이냐?", "왜 세부적인 지침을 내려 주지 않고, 학교에서 알아서 하라는 것이냐?" 등등의 부정적 반응이 속출했다.

> 지금 각종 교사 커뮤니티에서는 난리가 났어요. 도대체 왜 교사들에게 모든 책임을 돌리려고 하는지 성토하는 분위기인데… 그동안 교실에서 와이파이 한번 안 열어 줬으면서 갑자기 선심 쓰듯이 교실에서 무선 인터넷 되니까 교육부는 할 일 다 했다는 식으로 나오니까 교사들은 이래저래 불만이 없을 수가 없죠. _교사 강○○

> 갑자기 일선 학교가 등교일수부터 모든 걸 알아서 결정해

봐라? 이런 위기의 순간에 학교자치를 마음껏 해 봐라? 이건 말도 안 된다고 생각합니다. 지난 시간들을 되돌이켜 보면 학교가 자유롭게 많은 일들을 해 나갈 수 있는 충분한 시간이 있었습니다. 그때는 온갖 규제와 톱다운 정책으로 눌러 대더니… 정작 주무부서가 앞장서야 할 때는… 자유를 줄 테니까 알아서 하라는 게 이게 무슨 자치고 자율입니까? _교사 이○○

과정이 어찌 되었든지 간에 학교에게 선택권을 준 것은 결과적으로 잘된 일인 것 같습니다. 이번 일을 계기로 학교가 조금 더 자율성을 바탕으로 학교 공동체 중심으로 학사를 운영해 나간다면 더 바람직한 방향으로 학교자치가 발전하는 계기가 될 것입니다. _교감 국○○

정말 의아한 상황이다. 교사집단이 그토록 원했던 각종 규제의 혁파가 시작됐고, 학교자치의 근간이 되는 학사운영 결정권(또는 자율권) 등을 교육부가 단위학교로 온전히 이양하는 국면임이 틀림없는데, 역으로 학교와 교사들은 이를 거부하고 있으니 말이다. 왜 역설적으로 교사들은 격양된 반응을 보이게 된 것일까? 오히려 통제와 지침 하달을 자청하고, 권위주의에 기대려는 패러독스가 발생하고 있는 것은 왜일까?

사회구조적 변화가 제도의 변화를 부를까?

최근 시사IN과 KBS가 공동 실시한 사회조사에 따르면, '코로나19 이후, 우리 사회는 더 권위적이 되었다'고 인식하는 경향이 높아졌다고 한다.[70] 권력에 의해 개인이나 조직이 적절히 통제받기를 바라는 의식이 주로 지배적이었던 권위주의로의 회귀는, 비단 학교에서만 나타나는 현상이 아님을 알 수 있다. 역사상 초유의 사태가 만든 사회적 혼란과 충격 속에서 구성원이 나아갈 방향을 적시해 줄 수 있는 강한 리더십에 대한 열망은, 어쩌면 불안과 공포의 시대를 살고 있는 현대인들의 당연한 시대적 요구이자 의식일지도 모른다.

이와 같은 역사적 맥락 속에서 전술한 '교육자치'와 '권위주의'의 상충을 어떻게 바라볼 수 있을까? 현시점에 그 누구도 이에 대해 명료한 해답을 내리기는 어려울 것이다. 다만, 이와 같은 상황을 바라보기에 유용한 학술적 관점(렌즈)이 있어, 이를 차용하여 현 세태를 살펴보고자 한다.

필자가 주목하는 학술 이론은 바로 '역사적 제도주의' 이론이다. 역사적 제도주의는 사회에 일어난 거시적·사회구조적 담론 변화(예를 들어 전쟁, 혁명, 공황, 정권교체 등등)가 특정 제도의 변화를 가져올 수 있다고 주장한다. 시민혁명을 통해 민주주의라는 정치제도가 본격적으로 자리 잡게 되었다거나, 베트남 전쟁이 미국의 민권운동을 촉발하여 인권을 제도적으로 보장받기 시작하는 계기가 된 것 등의 사례를 한 예로 들 수 있겠다.

좀 더 구체적으로 살펴보면, 역사적 제도주의자 아이켄베리 Ikenberry, 1988는 정치적·경제적 위기가 사회관계와 제도를 재형성하는 역사적 전환점historical juncture이 될 수 있음을 강조한다.[71] 또한 크래스너Krasner, 1984는 제도의 모습이 결정적·근본적으로 변화하게 되는 중대한 전환점critical juncture과 이렇게 형성된 제도에 의해 역사적 발전 과정이 새로운 경로를 밟게 되고, 또 그것이 지속되는 시기로 구분할 수 있다고 했다.[72] 이를 크래스너는 단절된 균형punctuated equilibrium이라고 부른다. 역사적 제도주의에 의하면 기존의 제도가 큰 틀을 유지한 채 지속된다면 경로의존path dependence 현상으로 이해할 수 있고, 제도의 모습이 급격하게 근본적으로 변화한다면 역사적 전환점을 맞이한 것으로 이해할 수 있다.

지금이 위기인가? 기회인가? 간단히 소개한 역사적 제도주의 관점을 통해 코로나 시대의 교육자치를 바라보자. 현재 우리나라 코로나 확진자 수가 367,974명2021. 11. 2. 기준을 넘어섰으며 미국을 비롯하여 전 세계적으로 팬데믹이 확산세를 키워 가고 있는 실정이다. 영국, 네덜란드, 싱가포르 등 일부 국가들은 '위드 코로나 시대'를 선포하며 새로운 방식으로 코로나 전염병 극복에 나섰지만, 가시적인 성과는 요원한 실정이다. 결과적으로 코로나19로 인해 발생한 팬데믹은 누구도 부인할 수 없는 거시적 패러다임의 변화이자, 정치적·사회적·경제적으로 사회관계와 제도를 재형성할 수 있는 역사적 전환점임이 틀림없다. 아울러 학교제도가, 더 나아가 교육제도가 결정적·근본적으로 변화할 수밖에 없는 중대한 전환점이라는 데 누구나 쉽게 동의

할 수 있을 것이다.

그렇다면 우리가 직면한 코로나 시대는 교육자치의 새로운 경로를 마련하고 성장하게 되는 기회로 작용할 것인가? 아니면 무기력함을 넘어 권위주의 시대로 회귀하게 될 것인가? 해답을 찾는 일은 이 시대를 살아가고 있는, 그리고 이 시대의 교육을 이끌어 가고 있는 우리들의 몫이다. 분명한 것은 역사적 제도주의자들의 주장처럼 제도 변화는 거대 담론의 변화에서 비롯되기 마련이다.

학교 스스로 생각하고, 판단하고, 책임지는
자치의 길로 나아가야

교육부 장관은 규제 혁파를 약속했으며 등교수업 일정, 온라인 수업 방식 등을 비롯한 학교 경영의 자율성을 존중하고 선택권을 단위 학교에 위임하겠다고 공언하고 있다. 이에 대해 일각에서는 '책임 떠넘기기'라는 비판이 제기되기도 한다. 혹자는 "그 좋은 시절에는 자율성을 주지 않더니, 왜 이런 위기 상황에서 선심 쓰듯 자치권을 넘기느냐?"고 반응하고 있다. 이 역시 일면 타당한 부분도 있다. 그러나 새로운 시대에 적합한 교육제도의 성장과 진보를 위해서는 낡고 시대착오적인 발상과 마인드부터 과감히 벗어던져야 한다. 왜 지금이냐고 따져 물을 수도 있지만, 지금 우리에게 그토록 바라던 교육자치권이 수면 위로 다가왔음을 자각하고 쟁취하려고 노력해야 한다. 그리고 코로나 시대가 지난 후에 교육자치권을 다시 빼앗기지 않도록 교사 차원에서 교육자치를 다듬고 발전시켜야 한다.

> 인간은 스스로 생각할 수 있고, 대화할 수 있고, 당사자들끼리 자발적인 합의도 할 수 있는 존재다. 서구의 역사를 보면 기업조직, 자치정부, 대학, 사회봉사조직, 박물관, 병원 등 수많은 공동체가 자율적으로 만들어졌고, 이런 조직들에 의해 사회 구성원들은 상호적인 이익을 달성하고 궁극적으로는 경제·사회적인 발전도 이룩했다. 사람들이 스스로 이런 제도들을 만들 수 있는 의식의 능력을 가지고 있고, 실제로도 스스로 자율적인 질서와 조직을 발전시켜 왔다.사공영호, 2015: 50[73]

우선 통제와 관리 중심의 기성 제도에 익숙해져 무의식적으로 행해 왔던 관습을 타파하고, 구시대적 교육행정의 정당성에 대한 의구심을 갖는 일부터 시작해야 한다. 또한 권위주의적 교육행정이 양산해 왔던 문제점들을 분명하게 직시하고 새로운 대안을 신중하게 모색하려는 노력이 필요하다. 물론 치밀하게 준비되지 못한 자치는 오히려 독이 든 성배가 될 수도 있겠다. 그러므로 무엇보다 김성천 외 2018가 주장하는 것처럼 학교 스스로 생각하고, 판단하고, 책임지는 교육 민주주의가 교육자치의 근본이 되어야 한다.[74] 피동적으로 통제와 지침만을 따르려고 하기보다는, 함께 참여하고 고민하며 "교육 주체가 진정한 주인이 되는 학교"를 만들어 가고자 노력해야 한다.

"선생님은 어떻게 생각하십니까? 지금이 위기입니까? 기회입니까?"

4.
넘버(Number), 그 이면의 교육

내가 소행성에 'B612호'라는 이름을 붙인 이유는 어른들
이 숫자를 좋아하기 때문이다. 어른들은 내 친구의 본질적
인 것에 대해 물어보지 않는다. 어른들은 친구에게 "어떤
놀이를 좋아하니? 나비를 수집하니?"라고 말하는 대신 "몇
살이니? 부모님 수입은 얼마니?" 따위만 묻는다. 그걸로 그
친구가 어떤 사람인지 알 수 있다고 생각한다.[75]

요즘 같은 코로나 시대에 학생이 "선생님, 갑자기 열이 나요"라고
말하는 것처럼 걱정스러운 상황이 또 있을까? 등교할 때 의무적으로
체온 검사를 했더라도 학생이 기침을 하고 콧물을 흘리면 다시 체온
을 재서 발열(37.5℃ 이상)이 있는지 확인한다. 이는 공공기관에서도
모두 적용된다. 기초체온이 높은 사람도 예외가 없다. 37.5도가 넘으
면 다른 증상이 없어도 귀가 조치를 한다. 코로나 시기에는 학생의
건강 상태를 체온계에 의지한다. 37.4도인 학생은 등교가 가능하고,

37.5도인 학생은 귀가를 해야 한다는 말이다.

37.4도와 37.5도 사이에서

우리는 모든 자료를 수치화할 수 있다고 믿는 디지털 세상에 살고 있다. 디지털digital은 0과 1의 두 가지 비트로 형상을 표현한다. 디지털 자료는 매체와 정보가 쉽게 분리될 수 있으며, 언제든지 복제되거나 변형될 수 있다.[76]

숫자로 표현된다는 것은 보통 정확성과 객관성이 있음을 의미하기에 사람들에게 신뢰감을 준다. 1600년대 근대과학이 발달한 시기에 활동했던 데카르트는 수학이야말로 확실하고 완전한 진리의 모델이라고 여겼다. 경험적인 사실은 그 자체만으로는 불확실해서 진리가 될 수 없다. 그래서 반복해서 확인할 수 있는 법칙으로 일반화되어야 했고, 수학적인 형태로 표현되어야 분명하고 뚜렷한 판단이 가능했다.[77] 이러한 숫자를 활용한 분석적 사고는 정보·기술을 발달시키는 데 공헌을 하였다. 우리는 매일 무언가를 측정하고 비교한다.[78]

사람들은 숫자를 합리적이고 객관적인 것으로 취급하여 문자화된 형태의 지식을 수량화 형태의 지식으로 대체하고 있다. 숫자는 경제, 과학 분야뿐 아니라 사회 전반에 영향을 준다. 소득수준, 신용등급, 판매량 등 객관적 분야뿐 아니라 아름다움, 건강, 삶의 질과 행복 등 주관적인 분야까지 계량화한다. 숫자가 갖는 객관적인 이미지는 정치에서도 널리 활용되고 있다. 우리는 숫자와 공존하고 있다고 해도 과언이 아니다.

숫자는 세상을 단순화시킨다. 이전에는 의료인이 환자의 이마에 손을 대고 '뜨거움'의 정도를 느껴 열의 유무를 판단했다. 하지만 지금은 환자 이마의 일정 거리에 체온계를 누르면 적외선 탐지로 나오는 숫자로 열의 유무를 확인한다. 사람의 건강 상태를 체온계의 숫자로 확인하는 것이다. 그래서 요즘 의료인은 전문적 지식과 직관을 기반으로 환자를 진료하고 진단을 내리기보다는, 숫자를 활용하여 환자의 병리적 상태를 이해하여 의료적 판단과 개입을 결정하는 경우가 많다.[79] 그래서 코로나 시국에는 온도계가 심판자의 역할을 하여 37.5도 이상이면 건강하지 못한 사람으로 판단하게 하여 의료 조치를 받거나 격리시킨다. 마치 시험점수가 학생의 실력을 나타내거나 스펙이 취업인의 실력을 나타내는 것과 같다.

척도[80]는 타당도(측정 대상과 측정 기기를 충실히 재고 있는지), 신뢰도(오차), 객관도(검사자 간의 일치성), 실용도(간편성)에 따라 다르게 나올 수 있다. 또한 사람마다 문제를 주관적으로 인식하면 척도화하는 데 한계가 있다. 예를 들어 '나는 우리 학교에서 시행하는 코로나 방역 대책에 만족한다'라는 설문 문항이 있다고 보자. 응답자들이 이 문항에 '그렇다'라고 표현했을 때, 리커트 5점 척도에서는 4점으로 동일하게 수치화된다. 하지만 현실을 보면 선천적으로 문항에 후하게 주는가의 성향 여부, 문항 이해 여부, 주변 환경(시간, 공간), 컨디션 등에 따라 결과가 달라진다. 평소에는 코로나 방역 대책에 대해 좋은 인상을 가졌는데 검사 당일 잠깐 마스크를 벗은 학생을 목격했다면 부정적인 응답을 하게 될 수도 있다. 그래서 '그렇다'라고 표현한 정도 역시 주관적인 인식에 따라 다르게 나오기도 한다.

학교에서 기준이 되는 숫자의 의미는?

숫자는 투명성과 공통성의 특징으로 분류 작업이 용이하다. 코로나 환자를 '○○번 환자'라고 부르며 관리하는 것처럼 다양하고 복잡한 자료를 표준화 방식으로 변환하여 편리하게 활용할 수 있다. 분류는 서열화를 조장할 수도 있다. 숫자는 사물에 대해 모든 질적 차이를 없애고 정해진 기준에 따라 분류되어 크고 작음의 차이만 남아 비교가 가능하게 된다.[81] 그래서 숫자는 정상과 비정상, 우등과 열등, 표준과 비표준으로 분리시킨다.[82]

체온계의 숫자로 학생의 건강 상태를 위계화하여 학교에서 생활이 가능한 학생, 격리나 치료가 필요한 학생으로 구분한다. 시험 점수로도 학생들을 위계화할 수 있다. 예년처럼 올해도 진단평가를 시행하여 기준보다 낮은 점수를 받은 학생을 학력지원대상자로 구분하였다. 다만 현재 학력지원대상자 기준 점수를 코로나19 이전 기준 점수보다 낮추었다. 진단평가 점수가 잘 나온 학생은 피그말리온 효과(기대 효과)가 발휘될 수 있다. 하지만 학력지원대상자로 선별된 학생은 공부 못하는 학생이라는 낙인이 찍힐 수 있기에 방과후학습과 가정학습을 통해 성취기준에 도달해야 한다. 학부모와 전화 상담을 할 때, 학부모는 자녀의 진단평가 점수가 또래에 비해 어느 정도인지 알고 싶어 했다. 평가 점수의 평균에 비해 자녀의 성적이 낮을 경우, 학습 방법에 적극적으로 관심 있어 하며 기준에 따른 격차를 줄이려는 의지를 강하게 보였다. 가시적인 점수에 관심이 큰 데 비해 학생의 과목에 대한 관심도, 흥미도, 의지 등의 비가시적인 영역을 궁금해하는 학부모는 드물었다.

숫자는 법칙성을 갖는다. 사람들이 숫자를 생산하고 가공하면서 숫자는 일정한 규칙에 따르는 '기계적 객관성'을 갖는다.[83] 양적연구의 실험연구법에서는 등간척도와 비율척도를 바탕으로 가설을 세워 변인 간의 인과관계를 규명한다.[84]

가설의 종류에는 귀무가설(영가설, H0)과 연구가설(H1) 두 종류가 있다. 두 가설에 대한 예를 들어 보겠다. 귀무가설(영가설)은 '원격수업은 초등학생들의 학업성취를 낮추지 않을 것이다'이고, 연구가설은 '원격수업은 초등학생들의 학업성취를 낮출 것이다'이다. 양적연구에서 가설이 기각되거나 채택되기 위해서는 기준이 필요한데 유의도 수준significant level으로 판단한다. 사회과학에서는 일반적으로 0.05를 기준으로 한다. 확률값probability(p)이 0.05(5%) 이내가 되었을 때 연구가설을 채택한다. 이때 애매모호한 상황이 발생할 수 있다. 바로 p값이 0.049이면 채택되는데 0.05여서 기각되는 것처럼 유의도 수준이 기준선에 걸쳐져 있을 경우다. 이때는 표본 수를 많이 늘려서 확률값을 낮출 수 있다. 하지만 심사자들을 설득시키기 위해서는 선행

자료와 전문적 경험으로 인과관계를 설명해야 한다. 애매모호한 상황에서는 연구자의 직관력으로 채택을 하거나 기각할 수 있다. 이는 의사가 같은 37.5도를 봐도 상황에 따라 채택 여부를 달리하는 상황과 같다.

그렇다면 코로나 시대에 고열의 기준을 37.5도 이상으로 정한 이유는 무엇일까? 아마 다수의 방역 전문가들이 코로나 환자의 평균 체온을 재어 본 결과 37.5도 이상이었기 때문이라고 생각한다. 고전적인 검사이론에 의하면 개인을 정확하게 평가하는 방법은 동일한 사람에게 검사를 반복해서 실시하는 것이다. 하지만 같은 사람을 여러 번 검사하는 것은 현실적으로 불가능하기에 여러 사람을 한 차례씩 검사하는 방안을 채택하게 되었다.[85]

과연 37.5도는 코로나에 걸린 개개인의 환자를 반복 검사하여 평균을 얻은 것일까? 아니면, 다수의 환자를 평균으로 환산한 것일까? '반복'이란 사물이나 사실 그 자체의 속성이 아니라 그것을 대면하는 주체자의 시선이나 정신을 통해서 그것들이 하나로 연결될 때 나타난다. 그래서 반복은 공통적일 수 없고 차이의 반복만 있을 뿐이다.[86]

평균은 자료를 표준화하여 다량의 정보를 일목요연하게 분류하고 체계화할 수 있지만 개별적인 맥락을 반영하지 못한다.[87] 반복에 의한 차이는 고려하지 않고 평균으로만 계산하여 동일한 것으로 여긴다. 개인의 특성, 장비 오차, 환경 등이 체온에 차이를 만들어 낼 수 있으나 이는 고려하지 않고 체온과 코로나라는 두 변수 관계만으로 판단을 내린다. 코로나 의심 증상에는 발열, 기침, 인후통, 콧물, 호

흡곤란 등이 있다. 하지만 의료 전문가가 아니면 일반 감기와 코로나를 구별하기 힘들다.

학교에서 교사는 교육 전문가이지만 방역 전문가는 아니다. 증상만 보고 판단하기에는 의료적 역량이 부족하다. 그래서 코로나 시기에는 정확성, 보편성을 갖춘 숫자인 '체온 37.5℃'가 건강의 기준이 된다. 매뉴얼 지침과 숫자를 위주로 건강 여부를 결정한다. 매뉴얼에 따르지 않고 자의적 판단으로 행동했다가 의도하지 않은 결과가 나오면 교사가 책임을 져야 하기 때문이다.

동조, 자기 합리화, 복종의 딜레마를 벗어나야

숫자는 권력에 정당성을 부여한다. 민주주의의 핵심 요소인 다수결의 원리처럼 인간의 능력보다는 숫자가 지배력을 부여할 수 있다.[88] 숫자는 개인 건강, 성격, 역량, 잠재력 등 비교할 수 없는 것들을 숫자로 환원하여 비교가 가능하게 만든다. 그래서 '계산하는 자아', '수량화된quantified 자아'가 형성되어 국가 권력에 동조되기 쉽다.[89]

온도계 사례를 적용하면, 측정 대상, 온도계 상태, 환경 등의 다양한 상황이 배제된 채 다만 온도계의 숫자가 37.5 이상인지 아닌지의 여부가 중요해졌다. 교사는 위기의 상황에서 전문가의 의견이 반영된 매뉴얼을 따르게 된다. 중앙재난안전대책본부의 「생활 속 거리두기 세부 지침」2020. 11을 살펴보면 발열(37.5도) 이상 시 출입 금지,

'2미터 이상(최소 1미터)' 거리 유지하기, '30초' 손 씻기, '최소 1일 3회 이상' 환기하고 소독하기 등 숫자로 설명하고 있다. 상황을 확실하게 표현하기 위해서는 어휘보다는 숫자로 표현하는 게 더 정확하다는 인식이 있기 때문일 것이다.[90]

이런 면에서 사람들은 숫자에 동조되기 쉽다. 동조란 다른 사람이나 매체로부터 실제 또는 가상의 영향을 받아서 자신의 행동을 변화시키는 것을 말한다.[91]

우리는 행동, 가치, 믿음에 관한 암묵적인 규칙인 사회적 규범을 잘 따른다. 아마 초등학생 때부터 '선생님과 부모님 말씀을 잘 들어라', '착하게 지내라', '질서를 잘 지켜라' 등의 훈육이 이어졌기 때문일 것이다. 개인적으로는 이해하지 못하는 지침도 불편함과 분리, 소외 같은 부정적 정서를 회피하기 위해 수용하는 경우도 있다. 동조는 집단의 크기가 커질수록, 주변의 사람과 물리적으로 가까울수록, 집단적인 문화를 가진 조직일수록 커진다.[92]

코로나 시대에는 독립적인 사고보다는 동조를 통한 집단행동을 중시하여 안정적인 인간관계를 추구한다.

집단의 동조는 지도자에 의해 선악이 결정된다. 선한 의도를 가진 지도자를 만나면 역경을 슬기롭게 극복할 수 있지만, 악한 의도를 가진 강압적인 지도자를 만나면 전체주의의 비참한 결과를 초래할 수 있다. 스탠리 밀그램Stanley Milgram이 시행한 '아이히만 실험'은 '권위에의 복종'을 알려 준다. 실수를 한 학생에게 처벌로 피험자가 '15볼트'씩 높이며 전기충격기를 제공했다. 피험자는 학생의 반응에 상관없이 지시한 사람의 지시에 맞춰 생명이 위독할 정도의 높은 전기충격을 가했다. 이는 악한 행동을 하는 주체자가 스스로 의사결정하기 어려운 상황에 처했을 때, 책임 여부가 애매할수록 자기 합리화를 하며 복종하는 경우가 크다는 사실을 시사한다.[93]

만일 '15볼트'라는 숫자가 아니라 '충격을 높이세요' 같은 어휘로 제시되었다면 어땠을까? 사람들이 어휘를 받아들이는 정도는 숫자를 받아들이는 것에 비해 개인별 차이가 존재한다.[94] 대부분의 사람들은 학생의 고통스러운 모습을 보며 동정심을 느낀다. 그래서 우리는 피험자가 '15볼트'보다 낮은 단계로 올릴 것이라고 예측할 수 있다.

숫자의 부정적인 면을 극복하려면?

숫자에 불편한 진실이 존재한다고 해서 숫자 자체를 없애는 것은 바람직하지 않다. 숫자가 가진 합리성, 객관성, 효율성, 편의성, 투명성 등이 인류 문명의 발달에 크게 공헌한 게 사실이니 말이다. 그렇다면 숫자의 부정적인 면을 극복할 수 있는 방안은 무엇일까? 첫째, 숫자로 측정되는 자료에는 한계가 있으며 현실의 일부분만을 제공하고 있음을 알아야 한다.

그래서 '누가(학교 경영인, 정치인, 광고인 등)', '언제(주기적인 조사, 선거철이나 경영상의 위기를 극복하기 위한 특별한 조사)', '어디서(현장조사, 다른 정보매체 활용)', '무엇을(포함, 배제)', '어떻게(통계방법)',

'왜(목적)'의 6하 원칙으로 꼼꼼하게 살펴보아야 한다. 예를 들어 A학교의 확진자 수와 B학교의 확진자 수가 같다고 해서 방역 실효성이 같음을 의미하지 않는다. 코로나 확진자는 진단자의 수에 비례하는 게 당연하며 지역 조건, 우발적인 확진자와의 접촉 정도, 학교 구조 등의 다양한 요소도 고려해야 한다.

둘째, 주체적으로 숫자 자료를 해석할 수 있는 능력을 높여야 한다. 숫자는 통치의 도구가 될 수 있지만 보통선거의 1인 1표처럼 저항과 해방의 도구로도 활용할 수 있다.[95] 수학적 공식으로는 1+1=2 라고 알고 있지만 현실에서는 0, 1, 10 등 다양한 답이 나올 수 있다. 따라서 숫자 이면에 숨겨져 있는 행간을 읽을 수 있어야 한다. 그래야 정확한 진단과 올바른 해결책을 강구할 수 있다. 전체주의는 근본적으로 정신적 차원에서의 '사유하지 않음'과 실천적 차원에서의 '정치적 행위능력의 상실'에 의해 야기된다.[96] 그래서 코로나 시대에 학생들이 비판적 사고와 토론능력을 함양하여 조직에 적극적으로 참여할 수 있는 프로그램 구성이 필요하다. 또한 자신의 양심을 각성하게 하는 지지를 받으면 양심에 근거한 자제력을 취할 수 있다. 그래서 우리는 서로 협력하고 연대 가능한 분위기를 제공해야 한다.[97]

셋째, 긍정적인 태도를 유지해야 한다. 수리적 확률이 비슷한 상황에서도 화자가 상황을 어떻게 인식하느냐에 따라 태도와 행동이 달라질 수 있다.[98] 100ml 컵에 물이 50ml가 들어 있을 때 '컵에 물이 반밖에 없네' 또는 '컵에 물이 반이나 있네' 등 완전히 다른 반응이 나올 수 있다. 그렇기 때문에 개인이 긍정적으로 사고하고 행동하는 것이 중요하다.

넷째, 인간의 기본권을 고려해야 한다. 바코드나 QR코드처럼 사람을 물질화, 대상화시킬 수 없다. 인간은 누구나 천부인권을 가진 고유한 존재이기에 인간 존엄을 우선시해야 한다. 『어린 왕자』에 "5천만 송이의 장미꽃보다 나에게는 딱 한 송이의 꽃이 더 큰 의미가 있다"[99]라는 말이 있듯이, 무조건 인간관계가 넓다고 해서 행복한 것은 아니다. 인간관계는 사람의 성격, 취미, 인성, 상황 등이 다르고 행복의 조건 또한 사람에 따라 달라지기 때문이다. 또한 "소중한 것은 눈에 보이지 않는 법이야. 오직 마음으로만 볼 수 있어"[100]라는 말처럼 인간에게는 숫자로 표현될 수 없는 생각과 느낌이 존재하고 있음을 늘 주지해야 할 것이다.

5.
공존

코로나의 확산 추세에 따라 학교의 학사 일정도 달라진다. 2021년 학사 운영 변경으로 2021년 3월부터 초등학교 1학년, 2학년은 전일 등교를 하고 나머지 학생도 2일 이상 등교하게 되었다. 또한 코로나 백신이 개발되어 꾸준히 확진자가 나오지만 초기에 등장할 때만큼 치명적인 치사율을 보이고 있지 않기 때문이기도 하겠다. 이젠 코로나는 퇴치해야 할 대상이 아닌 감기와 독감처럼 인간과 함께 공존하는 바이러스With Corona가 되어 가는 듯하다.

학교에서 마주치는 역설, 딜레마, 양가성

이전에 등장한 전염병들도 코로나와 비슷한 과정을 거쳤다. 인간과 병원체 관계에서도 진화적 경쟁이 격화되고 있다.[101] 이는 '생성과 생존'을 두고 작용적 힘과 반작용적 힘, 긍정적 의지와 부정적 의지

가 언제나 공존하며 대립투쟁하고 있다는 말과 유사하다.[102]

　보통 유행병은 초기에 급격하게 전파되어 인간이 질병에 노출되게 된다. 급성병이므로 인간은 단기간에 죽거나 항체가 형성되어 완치된다. 시간이 지날수록 전염병의 위력은 저하된다. 이는 의학 지식의 발달, 감염경로를 파악한 예방, 백신 개발 등의 이유도 있지만 숙주인 사람이 죽는 것보다 바이러스 자체의 생존에 필요하게 진화되었기 때문이다. 미생물 병원체가 치료약에 내성이 생겨 강력하게 변이되기도 하는 경우도 진화의 방법이라고 볼 수 있다.[103] 이처럼 전염병을 일으키는 미생물과 인간이 공존하고 함께 살아갈 방법을 모색하는 게 필요하다. 공존이라는 의미는 무엇일까?

　'공존'은 어떤 사물이나 현상 또는 인간의 마음처럼 보이지 않는 것들이 두 가지 이상 같이 존재한다는 의미이다. 공존은 역설, 딜레마, 양가성으로 구분할 수 있다.

　먼저 '역설(paradox, A → B로 인해 A가 부정)'은 '기대와 반대됨 contrary to expectation'이 발생되어 '의도한 효과'와 '의도하지 않은 효과'가 공존하는 현상이다.[104] 역설은 이전의 사고양식에 반하는 사건을 제공하여 그것을 무력화시키는 방법으로 사용되었다.[105] 코로나 시대에 학생은 '안전'한 '배움'을 위해 가정에 있는 경우가 많았다. 학생은 인터넷으로 원격수업을 하며 학업능력을 향상시키기도 했지만 게임, 유튜브 동영상 시청, 채팅 등의 교육 외 목적으로 통제 없이 시간을 보내 '배움'이 감소하는 효과도 발생했다. 또한 학생들은 '보호'를 위해 가정에 오랫동안 머물렀지만 심리적 고립과 불안, 부모와 자녀의 다툼 등으로 정신 '안전'에 위협을 받아 도리어 신체 '안전'(불면증, 소화불량, 스트레스 등) 문제에 영향을 주었다.

'딜레마(dilemma, A ↔ B)'는 선택해야 할 길은 두 가지 중 하나로 정해져 있는데, 그 어느 쪽을 선택해도 바람직하지 못한 결과가 나오게 되는 곤란한 상황을 가리킨다. 학교는 '안전'과 '배움'이라는 상반된 목표를 추구해야 한다. '안전'과 '배움'이라는 두 마리 토끼를 동시에 잡는 행동은 성취할 수 없는 무모한 것이라 여겼다. '배움'을 위해 학교에 왔으나 '안전'을 위해 거리두기를 하니 학생의 사회성을 함양할 수 없어 불만이었다. '안전'을 위해 가정에 있었으나 '배움'이 효과적으로 일어나지 않았고 심지어 심리적 고립과 불안, 부모와 자녀의 다툼 등으로 정신 '안전'에 위협을 받고 있었다. 또한 코로나 초기 국가 중심의 일방 방침으로 교사의 자율성이 무시되었다는 비판이 있었다. 그래서 교육부가 교사에게 자율적으로 수업을 하도록 지침을 내리니 일관된 교육 방침을 요구하는 경우도 있었다. 학생은 친구와 만나지 못하고 배움의 효과성이 저하되어 학교에 가고 싶은 마음도 있지만, 가정학습의 편리함과 자유로움에 젖어 학교에 가기 싫어하는 마음이 병행하는 경우가 해당한다.

양가성(ambivalence, AB)은 동일 대상에 대한 상반된 태도가 동시에 존재하는 성질이다. 동전의 '앞뒤'와 같이 A를 떼어 놓으면 B를 설명할 수 없기에 동등한 타당성으로 서로 영향을 준다. 블렌디드 학습으로 자생력과 공생력 함양, 가정과 학교의 교육 역할, 돌봄과 교육을 통한 학교의 중요성 등을 알게 되었다. 또한 코로나 시대에 방역 규칙을 지키는 안전한 생활은 자기 몸을 소중히 여기고 건강한 삶을 지키는 자기관리 역량, 전산장비 활용을 통한 원격수업이 가능한 지식정보처리 역량, 거리두기와 마스크 착용을 통한 타인을 배려하는 공동체 교육 등과 연결된다. 물론 코로나 시대의 '배움'이 '안전'이라는 말도 성립된다. 또한 '삶 자체가 교육이다Life is learning, learning is living'라는 의미를 도출할 수도 있다.

'차이'를 바라보는 세 가지 시선

공존은 차이를 제거해야 할 부정의 대상으로 보는 경우, 차이를 인정하고 보존하는 대상으로 보는 경우, 차이를 새롭게 만들어 내는 대상으로 보는 경우로 구분할 수 있다.

차이를 부정하는 동일성의 철학은 우수한 것과 열등한 것으로 구분한다. 코로나 감염 및 의심 환자, 코로나 면역체계가 약해 학교에 나오지 않는 학생을 건강하지 못하거나 성실하지 못한 자로 여기는 사례가 여기 해당한다. 이는 '공존'이라는 의미에 격리와 분리가 숨겨져 있다는 뜻이다. 코로나로 학생들은 만나지 못하고 격리되어 있다. 마스크는 서로를 확인하고 공감하지 못하게 격리시키는 도구다. 자가격리도 공동체의 삶과 자신을 분리시키고 있다. 아프지 않은 무증상 감염자들은 단순히 코로나바이러스를 보유했다는 이유만으로 공동체에서 낙인 취급을 받고 있다.[106] 현실의 세계, 서로를 이해하지 못하는 관계, 벽이 있고 대화가 없으므로 극단주의로 치솟을 수 있다. 푸코는 '동일자'(정상, 내부, 이성)와 '타자'(비정상, 외부, 비이성) 사이에 만들어진 경계를 허무는 것을 기획한다. 푸코Foucault는 '동일자'가 절대적 선의 가치가 아닌 권력이 내장되어 있는 지식이기에 역사적으로 달라질 수 있다고 말한다.[107] 학교에서는 '훈육discipline'이라는 장치를 통해 기존 질서를 가르치고 제대로 수행하는지 '감시'하며 이탈하면 징벌(보복)이 가해진다. 이전에는 신체와 동작의 상관화, 시간표를 통한 질서 함양, 시험, 처벌의 규격화가 있었다. 요즈음에는 코로나로 인한 거리두기, 마스크 착용 등의 활동 제한, 대화 단절, 사고력 부재 등이 심화되고 있다. 신체에 직접 작용하고 신체에 새겨지는 권력으로 억압자와 피억압자의 관계가 공고화되고 있다.[108] 나와 다른 사람을 병원, 보호구역으로 가둬 격리 조치하는 행위이다.

두 번째, 공존을 차이를 인정하고 보존하는 대상으로 보는 경우이다. 차이를 인정하고 보존하는 대상으로 보는 관점은 차이를 참고 견뎌야 한다는 입장이다. '너는 너, 나는 나'라는 자유주의적 태도로 서로의 인격을 존중하는 듯이 보이지만, 서로에게 영향력을 주지 않기에 단지 있을 뿐이지be 서로를 향해 되어지는 과정becoming이 없다. 교사는 코로나에 걸리거나 면역이 부족하여 등교하지 않는 학생에게 불이익을 주지 않기 위해 '출석'을 허용한다. 하지만 학생의 건강과 학업에 대한 깊은 상담은 이루어지지 않고 가정학습만을 유지하고 보존한다. 그래서 학생은 E-학습터에 있는 자료로 스스로 학습을 해야 한다. 가정학습과 등교학습의 차이를 보존하는 것이 가정학습을 하는 학생에게 강력한 동일성을 보존하고 강요하는 행위로 보여질 수 있다.

세 번째, 차이를 새롭게 만들어 내는 대상으로 보는 경우이다. 샐러드처럼 각각의 고유한 특징을 드러내거나 용광로처럼 모든 것을 녹여서 하나의 긍정적인 물질로 만드는 방법이다.[109] '교학상장'처럼 교사와 학생이 서로 가르치고 배우면서 성장하거나, 세계적인 기업은 견고static하고 변화수용적dynamic인 특성이 어우러져 발전한다.[110] 코로나 시대에 맞게 구성원의 요구, 법과 질서 내에서 사회적 합의를 도출하여 방역을 철저히 한 '등교수업', 학습을 독려하는 '원격수업'을 실행할 수 있다. 이는 시너지 효과를 발휘하여 '1+1가 2 이상'의 결과를 발휘하는 것이다.

개인, 사회, 학교에 필요한 공존

개인적인 인간 사이에도 공존이 필요하다. 인간은 '이성적 동물'이므로 신체와 사고의 조화가 필요하다. 격리와 불안으로 무기력하고 불안한 '코로나 블루', 코로나 종식에 대한 희망이 사라지고 방역 조치로 일상과 경제활동에 제한이 생기면서 우울과 불안이 분노로 폭발하는 '코로나 레드' 등은 신체 제한으로 정신적 고통이 생긴다는 것을 보여 준다. 정서적으로 자기도 모르게 기울어지고 치우친 마음 상태에서 현실을 마주치면 인간의 감정은 비뚤어진다. 또한 머지않아 코로나가 해결된다는 과도한 낙관주의를 보이다가 상심을 반복하면 마음이 더욱 피폐해질 수 있다.

이때 현실과 미래를 조화롭게 보아야 한다. '스톡데일 패러독스 Stockdale paradox'[6]처럼 부정적인 상황을 있는 그대로 직시하지만 긍정적인 믿음을 갖고 개방적인 태도로 상황을 극복하려는 마음가짐이 필요하다. 또한 자신의 마음을 반성하는 시간을 가져 치우치거나 기대지 않는 마음을 지니도록 노력해야 한다.[111] 더불어 기본적인 방역 수칙을 착실히 지키고 규칙적인 생활 및 운동을 통해 우울감이나 분노를 저하시켜야 한다.[112]

사회에서도 공존이 필요하다. 공존은 단순히 서로 다른 성격의 사람들을 한자리에 놓는 것으로 여기기 쉽다. 그러면 사람들이 서로 적개심을 갖고 폭력을 가하여 모두 사라지거나, 정복자만 존재하는 경우가 발생할 수 있다. 단문화 팀이 합쳐지면 중간 정도의 실력을 내지만 다문화 팀은 아주 좋거나 아주 나쁘거나 극단적인 결과를 낸다는 결과를 보면 공존의 어려움을 알 수 있다.[113]

현대 사회는 다원적 가치를 인정하고 상호 협력하는 공존의 시대로 반드시 지켜야 할 원칙이 있다. 그중에 '인간의 존엄성'이 근원적 가치를 이루어야 한다.[114] 또한 문제 상황을 명확히 파악하고 구성원을 이해하며 공정하게 문제해결 능력을 갖춘 리더(조율자)가 필요하다. 더불어 사회적으로 사람들이 공존하기 위해서는 신뢰를 확보해

---

6. 절망적인 현실을 수용하고 긍정적인 태도로 현실을 극복하는 '합리적인 낙관주의'이다.

야 한다. 로버트 액설로드Robert Axelrod는 『협력의 진화』에서 협력의 실행 횟수를 늘려 기회주의적 배신자의 입지를 좁히고 신뢰를 발생하는 팃포탯(맞대응) 전략을 언급했다.[115] 이때 공정한 기준을 정하고 규칙을 준수하도록 관리하는 국가 권력이 필요하다. 이처럼 공존은 수소와 산소에 뜨거운 '열'을 결합해야 물이라는 탄생물이 나오듯이 그에 맞는 환경을 조성해야 한다.

학교에도 공존이 필요하다. 우선 교사와 학생들이 공존하기 위해서 어떤 노력을 해야 하는지 숙고해야 한다. 학생들은 피아제Piaget의 이론처럼 동화, 조절, 평형화의 학습 단계를 거친다. 학생들이 '조절' 기능을 발휘하려면 교사의 전문성이 요구된다. 교사는 학력지원대상자, 영재 학생 등 다양한 대상을 교육할 때 공통적으로 학습할 내용과 특수하게 학습할 내용이 무엇인지를 세심하게 살펴야 한다. 또한 교수 내용에 따라 교사 중심의 수업 내용 전달에 치중해야 할지, 학생 중심의 표현 및 반응 중심의 수업을 할지도 생각해야 한다. 코로나 시대에 교사가 온·오프라인 교육을 어떻게 혼합할지도 중요해졌다. 게다가 교사가 학생의 '자유권'과 '사회권'의 허용 범위도 고려해야 한다. 학생의 발표와 활동 범위와 이에 따른 교사 수업 방식, 실시간 수업 시 학생 채팅 여부, 수업에 집중하지 못하는 학생 제재 범위 및 방식 등도 교사마다 다르다. 물론 이러한 것들에 대해서는 교육서나 지도서에 추상적으로 언급되어 있지만, 적용하는 것은 교사의 몫이다. 학력지원대상자의 학력을 높이기 위한 교육 자료 및 예산, 풍부한 온라인 교육 자료 등이 있지만 급진적인 학습의 효과를 발휘하지 못한 것은 교사의 가르침이 없었기 때문이다.

　책상, 의자만 있어도 교육이 가능했던 전통적인 교실에는 현재 컴퓨터, 인터넷, 웹캠, 마이크, TV 등의 미래지향적 물품이 공존하고 있다. '산에 오르막길이 있으면 내리막길이 있듯이' 강성했던 코로나가 약해지는 때가 곧 오겠지만, 우리가 만들어 놓은 교육 환경은 환원 불가능하다. 어쩌면 기존에 있던 전산기기, E-학습터 온라인 자료 등이 방치되거나 폐기될 수도 있다. 정부의 위드 코로나(단계적 일상 회복) 정책 시행에 의해 학교에서 전면 등교가 이루어질 때, 과연 온라인 실시간 수업을 할 필요가 있느냐고 제기하는 분도 있다. 그렇다고 이전의 경로의존성에 따라 코로나 시대 전의 회귀 교육은 시대 적합성, 경제성, 전인적 인간 양성의 교육 목적 등에 견주어 봤을 때에도 현명한 결정은 아니다. 전통교육과 미래교육이 공존해야 학생에게 폭넓고 다양한 교육 경험을 제공할 수 있다.

　만일 세상 사람들이 동일한 말과 행위를 한다면 어떨까? 그러면 사람들은 자신을 이해하고 남을 설득시키기 위해 말하거나 행위를 할 필요가 없을 것이다. 그래서 직접적이고 동일한 기호나 표시만 있으면 충분하다. 반면 세상의 사람들이 다르다면 서로를 이해할 수 없고 미래를 계획하거나 예측할 수 없을 것이다. 이처럼 말과 행위의 기본 조건인 인간의 다원성은 공통성과 특수성이라는 이중의 성격을 지닌다. 우리는 참여를 통해 관계를 맺는다. 참여는 강요에 의하거나 유용성 때문에 이뤄지지 않는다. 참여는 내가 함께하기를 원하는 타인의 존재에 의해 자극을 받아 이루어진다.[116]

인간은 개인적으로 고립되지 않고 지속적으로 타인과의 관계 속에서 존재하기에 '사회적 동물'이라고 불린다. 우리는 코로나를 통해 비정상이 정상이 되고, 정상이 비정상이 되는 경험을 하고 있다. 사람이 문제에 참여하여 의사결정을 내릴 때 이분법적인 선택으로 인해 배격, 강요, 억압이 이루어질 수 있다. 포용하고 수용하는 사회가 되려면 서로의 차이를 인정하는 '공존'하는 생각이 필요하다. 이는 시민교육에도 적용되어 성숙한 민주적인 사회를 이루는 데 공헌할 수 있을 것이다.

3장

성찰

1.
우리 모두는 취약한 존재

코로나19로 인해 학교에 등교하는 학생들은 정해진 규율 속에서 살아가야 하는 존재로, 학부모는 자녀들의 학습결손과 생계까지 걱정해야 하는 존재로, 교사는 교육의 본질을 근본적으로 다시 고민해야 하는 존재로 다시 태어나고 있다. '내가 누구인가?'라고 규정하기에는 너무나 다양한 역할과 새로이 고려해야 하는 삶의 형태가 주어지고 있다. '나는 누구인가?' 이 한가로운 질문은 한가롭지 않은 상황에서 탄생하게 된다. '나는 누구이고, 너는 누구인가?'

교사, 학생, 학부모의 정체성을 다시 바라보자

'나는 누구이고, 너는 누구인가?'라는 질문은 다양한 의미를 내포하고 있다. 먼저, '나는 누구인가?'라고 물을 때는, 근본적으로 내가 인정하는 것과 인정하지 않는 것을 의미하며, 내가 무엇을 무시하고 살아왔는지, 나는 무엇에 의해 조정되었고, 누군가를 조정하였는지, 내가 나를 인정하는 것을 얼마나 무릅쓰려고 애썼는지와 같은 물음 등이 포함되어 있다. 반대로 '너는 누구인가?'라는 물음에는, 내 안에 들어와 있지 않은 너는 어떻게 탄생했는가, 왜 너는 규범 안에 존재하지 않는가, 내가 인정하는 너는 누구인가와 같은 질문을 던지고 있다. 이러한 질문은 공통적으로 내부와 외부, 안과 밖, 인정과 비인정과 같은 이분법적 사고에 바탕으로 두고 있다. 그렇다면 학교 안에서 '나는 누구이고, 너는 누구인가?'라는 질문은 이와 동일한 이분법적 사고를 포함하고 있을까? 학교 안에서 존재에 대한 물음은 어떠한 물음을 포함하고 있을까? 이와 관련하여 페미니즘 학자로 널리 알려진 주디스 버틀러의 '정체성' 이론을 중심으로 살펴보고자 한다.

주디스 버틀러Judith Butler는 여성뿐만 아니라 사회 약자로 지칭되는 사람들의 정체성에 관심이 많은 학자이다. 버틀러는 여성과 사회 약자에 대한 정체성을 누가 부여하는지, 왜 여성과 사회 약자로 지칭되는 사람들은 스스로 목소리를 낼 수 없는지, 이들의 정체는 무엇인지에 대한 논의를 전개한다. 버틀러의 사상을 학교현장에 적용하면, 새롭게 정의되는 교사, 학생, 학부모의 정체성을 다시 바라볼 관점을 제기할 수 있을 것이다. 새로운(때론 불명확한) 시대에 우리의 정체성은 어떻게 형성되고 있을까?

버틀러는 주체화의 개념을 설명하기 위해 '인정투쟁'에 대한 개념을 설정한다. 그야말로 내가 인정받고자 하는 욕구, 너를 인정하고자 하는 욕구는 우리 사회의 도덕적 규범을 형성하게 한다고 주장한다. 사회에서 인정의 영역이 넓어지면 그 사회를 보다 나은 사회라고 규정할 수 있을 것이다. 그런데 버틀러는 여기에 의문을 제기한다. 우리가 흔히 학생들에게 '다른 사람을 인정하고, 존중하는 것이 착한 사람'이라고 규정하는 것이 과연 도덕적 진보를 가져오게 하는가라는 의문이다. 여러분도 생각해 보시라. 서로를 인정하는 것이 사회의 진보에 도움이 되지 않겠는가? 하지만 버틀러는 인정투쟁의 결과 상호주관적으로 인정관계가 확대될수록 그 관계에서 배제되는 영역 또한 확장될 수 있다고 경고한다. 왜냐하면 인정의 영역은 권력의 영역이라는 프랑스 철학자 미셸 푸코의 입장을 따르기 때문이다.[117]

미셸 푸코Michel Foucault에 따르면, 인정의 영역은 사회적으로 또는 공식적으로 부과된 인정 틀에 제공된 자만 정상인이라 칭함을 받고, 그렇지 않은 사람은 비정상인으로 취급된다는 점에서 인정의 영역은 사회의 권력과 틀을 벗어나지 못한다고 지적한다. 즉, 개인은 사회적 인정을 통해서만 한 주체로서 사회적 삶을 누릴 수 있는 것이다. 다시 말해, 인정의 영역이 넓어진다는 것은 또 다른 인정을 받지 못하는 개인의 삶이 정상성의 범주를 벗어나게 하는 영역이 확대된다는 이중적인 의미를 내포하고 있다. 결과적으로, 버틀러는 상호인정을 통해서만 개인은 주체로서 사회적 삶을 누릴 수 있게 된다는 점에서 인정이 주체화 과정에 연루되었다고 주장한다.[118]

종합하면 이런 의미이다. 누구나 인정받고 싶어 하는 욕구가 존재하는데, 그 인정욕구는 내가 인정받고 싶다고 해서 인정되는 것이 아니라 사회적 '규범'에 의해 정의된다는 것이다. 사회적으로 정의되고 용납되는 곳에 바로 '지식과 권력'이 존재한다. 이 점에서 버틀러는 '규범'에 주목하게 된다. '규범'이란 원래 주어졌다기보다는 반복적으로 무엇인가 '수행'했을 때 형성되는 것으로, '규범'에 의해 우리의 정체성 또한 형성된다고 규정한다. 여러 번 반복되면서 사회적으로 인정되는 것, 반복되면서 사회적 체제로 자리 잡는 것, 이 모든 것이 바로 정체성을 형성하는 것이다. 하지만 규범은 고정되어 있지 않다. 규범은 항상 변하면서 재규정된다. 이 말은 우리의 정체성 또한 변화하고 재규정될 수 있다는 의미이다.[119]

새롭게 등장한 규범과 규율을 이해하려면?

코로나19 시기 학교현장에서 우리들의 정체성을 고민하고자 할 때, 버틀러와 푸코의 입장을 따르면 코로나19로 인해 새롭게 등장한 규범과 규율을 이해할 필요가 있다. 개인적으로는 코로나19로 인해 학교현장에서 제시된 규범과 규율이 특히 학생들의 정체성을 형성하는 데 적지 않은 영향을 미친다는 점에서 주목해 봐야 한다.

학생의 입장에서 학교에 나왔을 때, 이들에게 반복적으로 주입된 규율은 '거리유지'와 '자기보호'이다. 이 규율은 학생들의 수행에 직접적인 영향을 미치므로, 학생들이 학교에서 제1순위로 고려해야 할 사항은 '학습'보다는 '규율준수'이다. 학생들이 지켜야 하는 규율은 사회 및 국가가 만들어 낸 권력에 의한 규율이다. 학생들은 이 규율을 수행하면서 때로는 스스로도 규율을 창출한다. 사회나 국가에서 제시된 규율은 '안전'이라는 원칙을 제시하면서 규율에 어긋나는 것을 금지시키고, 이를 학생들 스스로 내면화하는 과정을 겪게 한다. 즉, 내부와 외부(규범 및 규율을 지키지 않는 것)를 창출하게 한다.

한편, 학생들 사이에서 재창출되는 규율은 어찌 보면 (개인적으로는) 더욱 잔인한 것이다. 학생들은 코로나19에 관련 없음을 스스로 증명해 보이고, 코로나19 상황에서도 학업 성적을 유지하면서 지속적으로 '인정투쟁'을 벌이고 있다. 이러한 인정투쟁에서 벗어나는 학생은 때로는 따돌림으로 때로는 학교 부적응자로 낙인찍힌다. 이는 철저히 내부와 외부로 구분하는 정체성이 형성되었기 때문이다. 우려되는 바는 이러한 규율이 반복적으로 수행되는 것이다. 규율은 이전에 존재하기보다는 결과로서 존재한다는 버틀러의 입장을 따르면, 새로운 규율은 창출되고, 지속적으로 수행되며, 그 결과로 정체성이 형성된다. 새로운 규율에 둘러싸인 이 아이들의 미래는 어떠할까?

좀 더 이 논의를 이어가 보자. 이 아이들이 규율의 수행으로 정체성이 형성된다고 이해했다면, 이 정체성은 '타자'를 형성하는 정체성이다. 달리 말하면, 정체성을 새로이 극복하는 것은 '타자'와의 상호 연관성을 증진하는 것이라고 이해해도 무방할 것이다. 여기서 말하는 '타자'는 단순히 나와 다른 누군가를 의미하기도 하고, 헤겔의 표현을 빌리자면 '의식-신체'에서의 '신체'를 의미하기도 한다. 우리의 외부에서 타자를 찾을 수도 있으며, 우리의 정신 안에서 타자를 찾을 수도 있다. 헤겔의 경우 '불행한 의식'이라는 표현으로 정신과 신체의 관계를 '주인과 노예'의 관계를 통해 '노예'로 지칭되는 '신체'의 취약성을 지적한다. 신체는 자신의 노력의 헛됨을 인지하고 '불행한 의식'의 상태로 나아간다. 이때, '불행한'은 극도의 공포감을 형성하면서 더욱 규범에 종속되는 행위, 귀결되는 것, 이를 바탕으로 주체를 형성하는 것을 의미하면서, 신체의 나약함을 정신적 도약으로 보완한다. 하지만 버틀러는 오히려 '신체'를 전면에 내세우면서 '신체'를 인정하는 것만이 상호보완적인 관계를 인정하는 것이고, 오히려 신체는 정신의 타자로 분리됨을 받게 된 것이라는 수동태의 관계에서 능동태의 관계로 위치를 회복시켜야 함을 역설한다.[120]

학교현장에서 '신체'를 규제하면서 자연스럽게 얻게 되는 신체의 규율과 그에 대한 결과로서의 규율의 정체성은 더욱 규율에 집착하게 되는 '불행한 의식'의 굴레를 벗어나지 못하는 한계에 봉착한다. 너무 극단적인 사고일 수도 있지만, 만약 우리 학생들이 이러한 의식에 사로잡혀 있다면, 이들이 성인이 되었을 때 우리 사회가 지금보다 훨씬 삭막해지지 않을까 걱정스럽다. '타자'를 인정하는 것, 곧 나약함에서 시작하는 타자를 전면에 내세운 버틀러의 관점에서, 오히려 타자를 통해 우리를 이해하는 것이 지금 우리 사회와 교육현장에 필요한 요소가 아닐까 싶다.

정체성과 인정투쟁

이 시대에 학부모의 정체성은 새로운 형태의 '인정투쟁'이라고 볼 수 있을 것이다. 코로나19 이전 교육 영역의 상당 부분이 가정에 넘어오면서 학부모에게 새로운 역할이 주어지기 시작했다. 코로나 이전보다 더욱 강화된 가정교사의 역할, 자녀들의 비서 역할, 경제적 위기 속에서 경제를 책임지는 등 한층 강화된 역할이 요구된다. 역할이 요구되면서 또 다른 인정욕구를 낳기도 하고, 역할의 수행에 따른 규범도 생성된다. 특히, 사회적으로 또는 개인적으로 납득하게 된 암묵적 규율을 잘 체득한 학부모는 새롭게 형성된 규율과 규범에 따라 학생과 교사, 그리고 국가가 움직여 주길 바라는 모습을 보이고 있다. '요즘 시대에 학부모는 이래야 해'라는 규율을 스스로 형성하면서 새로운 타자를 형성하는데, 이때 타자는 대부분 '교사'나 '국가'로 치환된다.

교사는 어떻게 '인정투쟁'을 벌이며, 그 안에서 어떻게 정체성이 형성되나? 교사는 교육의 본질과 교사의 역할에 대해 근본적인 질문을 던지면서 인정투쟁을 벌인다. 학교현장에서 교사는 교육 최전방에서 방역하는 요원, 온라인 수업을 하는 콘텐츠 제작자, 학생들이 등교했을 때는 끊임없는 규율 제공자, 온라인 수업을 할 때는 수업의 일부분을 학생과 학부모의 역량에 전가하는 역할로서 새로운 형태의 역할이 주어진다. 여기에서 발생하는 질문은 '교사는 과연 무엇을 하는 직업인가?', '교육이란 무엇인가?'라는 근본적인 부분에 더욱 초점이 맞춰진다. 교사들은 이러한 질문을 던짐으로써 스스로 생각하는 또는 사회적으로 용인되는 교육자의 이상향을 형성해 간다. 비교육자라는 '타자'가 구성된다. '타자'는 온라인 수업에서도 학생들에게 최상의 교육을 제시하지 못하는 교사, 온라인 상황에서도 규율보다는 전인적 인간 형성을 위해 노력하지 못하는 교사 등 주로 비교육적이라 생각되는 교사상이다. 그런데 현실은 어떠한가? 교사는 끊임없이 '타자'와 마주하는 삶을 살고 있기 때문에 괴로워하고 고민하는 것이다. 그러나 버틀러는 이러한 고민이 중요하다고 언급한다. 버틀러의 표현을 살펴보자.

> 우리가 우리 자신을 알고 제시할 수 있다고 주장한다면, 설사 그렇게 주장한다고 해도 우리는 우리 자신의 모습에 본질적일 몇몇 방식으로 실패하게 될 것이다. 우리는 그에 대한 보답으로 뭔가 다른 것을 다른 사람에게서 합리적으로 기대할 수는 없다. 우리 자신의 불투명성이나 다른 사람의 불투명성을 승인한다고, 불투명성이 투명성으로 바뀌지는 않는다. 승인의 한계를 아는 것은 심지어 그 사실마저도 제한된 방식으로 아는 것이다. 즉 그것은 그 결과로 다름 아닌 앎의 한계들을 경험하는 것이다.[121]

교사, 학생, 학부모는 완벽한 존재가 아니다. 학생은 더욱 그러하다. 여러 가지 상황과 역할이 주어졌을 때, 새롭게 변신하는 모습이 그렇게 자연스러워 보이지 않는다. 물론 상황에 맞는 역할을 하는 것은 당연하지만 그렇게 하지 못한다고 해서 스스로를 또는 사회적으로 '타자'로 규정할 수 없는 것이다. '타자'로 규정하기 전에 우리는 '다름이 아닌' 앎의 한계들을 경험하는 것이라는 버틀러의 주장을 다시 한번 생각해 볼 필요성이 있을 것이다.

이제 새로운 시대에서 혼란만을 겪을 필요는 없다. 학생은 규율에 사로잡혀 정체성을 형성할 필요가 없다. 또한 이 규율에 벗어났다고 해서 남을 손가락질할 필요도 스스로 주눅 들 필요도 없을 것이다. 학부모는 좀 더 자유로워질 필요가 있다. 자녀의 학습으로부터, 경제적 가장으로부터 말이다. 이 역할을 잘 못했다고 그 누구도 손가락질할 자격은 없다. 교사는 자신이 이 상황에서 교사의 자질이 없다고 낙담할 필요가 없다. 다만 스스로 한계를 경험하는 것뿐이다. 앎의 한계를 경험하는 것이 오히려 교육자에게는 소중한 교육적 자산이 될 수 있을 것이다.

> 윤리적 만남 안에서 움직이기 시작하려면 취약성이 지각되고 인정되어야 한다. 하지만 실제로 그런 일이 일어날 수 있으리란 보장은 없다. 취약성이 인정받지 못할 가능성, 취약성이 "인정받을 수 없는 것"으로 구성될 가능성은 항상 존재한다. 그러나 취약성이 인정될 때 그런 인정이 취약성 자체의 의미와 구조를 변화시킬 힘을 얻게 될 것이다.[122]

오히려 지금 같은 상황에서 인정투쟁을 벌이는 것이 더욱 타자를 구성하는 행위라는 생각이 든다. 지금은 인정투쟁을 벌이는 것보다 취약성을 통한 인정투쟁을 벌여야 할 때이다. '힘내시라. 그리고 지금도 충분하시다!' 이 글을 통해 모두에게 전하고 싶은 응원이다.

2.
만병통치약처럼 만병통치 교육이 있을까?

    학교현장에서는 코로나 팬데믹을 고려하여 학생들이 모여서 하는 활동이나 실험 등의 교육과정을 2020년 1학기 후반 이후로 미뤘다. 코로나 백신이 개발되면 코로나 이전처럼 수업이 가능해질 것이라는 생각으로 교육과정을 조정했다. 하지만 2020년 12월, 코로나 백신은 임상 단계 중이었으며 코로나 2차 확산 우려로 전면 원격교육을 실시하게 되었다. 2021년 코로나 백신이 개발되어 교육부는 2학기에 전면 등교를 실현하겠다는 방침을 냈다. 하지만 올해 7월 코로나 4차 재확산으로 전면 원격교육이 실시되자, 교육과정을 계획하고 시행하려던 단위학교는 더욱 혼란스러워졌다. 우리는 코로나 백신을 절대적으로 신뢰할 수 있을까?

    이제 독감, 간염, 소아마비 등의 예방을 위해 백신을 맞는 경우가 일상화되었다. 예방주사로 해당 질병의 면역을 키우기 위함이다. 코로나19 백신 개발에 다양한 국가와 제약기업들이 사활을 걸었다. 과연 백신은 언제 개발될 수 있을까? 전문가들은 백신이 개발되어도 사람들에게 통용되기 위해서는 엄격한 임상실험을 거쳐야 한다고 말했다. 그래서 백신 상용화는 앞으로 몇 년이 더 걸릴 것이라 예상했지만, 사람들의 요구가 너무 컸기에 짧은 임상실험을 거쳐 단기간에 개발되었다. 하지만 코로나 백신이 모든 사람에게 효과가 있을 것인지 의문이다. 백신으로는 100% 완치나 예방이 불가능하므로 부작용을 최소화하려 노력해야 한다. 탈리도마이드[123]의 사례처럼 백신에는 유전자를 변형하여 신체와 면역체계를 영구적으로 약화시키거나 움직임을 통제할 수 있는 성분이 포함될 수 있다. 그래서 우리는 백신 접종에 더욱 신중해야 한다.

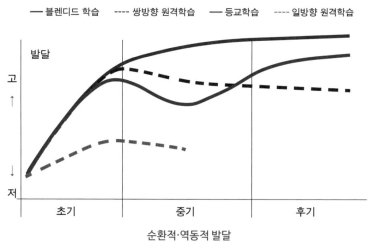

순환적·역동적 발달
출처: 이윤식(2019: 36)[124]의 자료를 학습 유형에 따라 연구자가 수정·보완함

원격학습과 학생의 발달

'발달'이란 환경과의 접촉을 통하여 유기체에게 지속적으로 일어나는 양적·질적 변화이다.[125] 위의 그래프는 필자가 순환적·역동적 발달모형을 학습 유형에 따라 수정·보완하여 교사와 학생의 학습 능력 발달에 적용하였다. 교육 전문가들은 교사와 학생이 우상향의 그래프처럼 점차적으로 발달하기를 기대한다. 교사와 학생은 코로나로 인한 외적 환경의 변화로 긍정적이거나 부정적인 방향으로 변할 수 있다. 그래서 우상향의 발달을 유도하고 발달이 저하되거나 중도에서 소멸되지 않도록 경계해야 한다.

일반적으로 학습이 학생들에게 얼마나 효과적인지를 판단하기 위해서는 블룸B. S. Bloom의 완전학습mastery learning[7]을 고려한다.[126] 블룸은 교사의 임무는 학생이 학습을 완수하도록 교수 전략을 사용하는 것이라고 말했다. 이때 블룸은 캐럴Carroll의 학교학습모형을 이용한다. 완전학습의 세부 요소로 적성, 지구력(학습지속력), 학습기회, 교수의 질, 수업이해력의 다섯 가지를 고려하게 된다. 적성은 과업에 대한 소질이나 적응 능력을 말하며, 흥미, 관심도, 사전경험, 자아존중감에 따라 개인차가 발생한다. 수업이해력은 학생들이 수업을 이해하는 데 필요한 능력이다. 교수의 질은 교수자가 수업을 알기 쉽게 표현하는 능력이다. 지구력(학습지속력)은 학생이 일정 수준에 도달

---

7. 학생은 교수 내용의 90% 이상 학습할 수 있다는 이론이다.

하기 위해 노력하는 정도로서 과제 집착력과 관계가 있다. 학습기회
는 학습에 접근할 수 있는 정도이다. 이를 통해 '완전학습' 변인을 아
래와 같은 수학 공식으로 나타낼 수 있다.

$$f\left(\frac{\text{학습에 사용한 시간(지구력, 학습기회)}}{\text{학습에 필요한 시간(적성, 수업이해력, 교수의 질)}}\right)$$

완전학습을 목적으로 한 교수-학습에서 중요하게 다루어져야 할
것이 평가와 이에 따르는 계속적인 보충·심화 및 수정이다.[127] 평가는
진단적인 성격을 지녀야 하며, 진단 결과에 대한 구체적인 대처 방법
이 제시되어야 한다. 그리고 평가(진단검사)에 나타난 문제점을 학생
자신이 보충·수정하도록 기회를 마련해야 한다. 그래서 코로나19로
등교수업이 어려운 상황에서도 진단평가로 인한 학력지원대상자 교
육, 수행평가를 통한 학생 과정·결과 확인을 하는 것이다.

원격학습을 완전학습의 모델대로 시행하면 학생의 발달이 이상적
으로 이루어질까? 코로나19로 인한 팬더믹 초기에 원격수업은 학교
수업이 막힌 학생들에게 코로나 백신과 같은 역할을 할 것이라 생각
했다.

2020년 우리 학교의 경우, 초등 1~2학년 담임교사는 EBS 수업을
중심으로 학습꾸러미를 만들어 제공했다. 그리고 3~6학년 선생님은
과제식 수업 준비를 위한 자료를 직접 검색하고 제작했다. 원격수업
초기에 교사는 해당 영상에 링크를 걸거나 콘텐츠를 제공했고, 학생

은 이수율 100%, 출석에만 관심을 가졌기에 학생과의 피드백 없이 일방적인 수업이 되었다. 그래서 '집중력이 떨어지고 수업 시간에 인터넷 검색이나 소셜미디어SNS를 자주 하게 된다', '설명 중심 수업이 많아 흥미가 떨어진다', '온라인 수업 내용이 이해가 안 되고 불편하다', '선생님은 수업 이해도 확인, 평가와 과제에 대한 피드백을 하지 않는다' 등의 문제점이 등장했다.[128] 또한 콘텐츠 제작 능력의 교사별 수준차가 컸다. 연수를 통해 동영상을 스스로 제작하는 교사가 있었지만 커뮤니티에 등재된 콘텐츠를 업로드만 하는 교사도 있었다. 그래서 수업 자료의 질적 차이가 커졌다. 온라인 학습에서 초등학생의 경우 부모님의 관심 정도에 따라 과제의 양과 질에 차이가 커서 학력 간 격차가 발생했다.

그러자 각종 매체에서 일방향 원격수업의 폐해를 언급하며 쌍방향 원격수업을 강조했다. 온라인 실시간 수업을 운영하면 피드백과 관련된 문제점을 다소 해결할 수 있기 때문에 백신과 같은 역할을 하리라는 기대감이 커졌다.[129]

그래서 실시간 수업 준비를 단계적으로 진행했다. 실시간 수업에 사용할 프로그램 도구를 선정하여 학생들과 개별적으로 1:1로 접속하고 해당 날짜에 맞춰 학생들이 모두 입장했다. 수업은 출석 확인, 학습 안내, 과제 확인의 순서로 진행했다. 줌Zoom 수업의 '소회의실' 프로그램을 이용한 국어, 사회, 음악 모둠별 학습, 전자교과서를 활용한 수학 수업을 진행하기도 했다.

평가의 공정성과 내실화를 위해 교육부에서 「원격수업 학생평가 안내지침」을 제시했다. 하지만 구체적인 지침이 아닌 개괄적인 범위만 다루고 있기에 학교현장 차원의 심도 있는 협의가 필요하다. 예를 들어 동영상으로도 평가가 가능하다면, 처음부터 끝까지 모든 과정을 촬영한 것만 인정되는지, 영상 시간은 몇 분 이상이어야 하는지, 평가 범위와 수준과 기한은 어떻게 정할지 등이 있다. 동학년 협의나 학업성적관리위원회를 통해 지속적인 노력으로 조율해야 한다. 온라인 실시간 수업은 실제 학생들과 접속된 상황에서 언어로 설명하고 보조 자료를 사용하기에 더 효과적인 수업이라고 여길 수 있다. 접근성이 좋아 반복 학습이 가능한 체계적인 온라인 학습과 대면수업을 병행하면 학생들에게 더 적합한 교육이 이루어질 것으로 생각했다.

다양한 방식의 학습과 수업 방식이 고려되어야 한다

실시간 수업이 반영된 쌍방향 원격학습이 학생 발달에 완전히 이상적일까? 아쉽지만 쌍방향 원격수업에도 역시 문제점이 있다. 먼저, 자기주도적 능력이 부족한 학생들은 수업에 집중하기 어렵다. 쌍방향 원격수업에서 초등학생의 경우 부모님의 관심과 정도에 따라 과제의 양과 질에 차이가 크다. 조손 가정, 한부모 가정, 맞벌이 가정, 긴급돌봄, 학력지원대상자 학생 등의 운영 및 관리에도 어려움이 있다. 네트워크, 장비, 공간상의 문제로 접속이 끊기거나 수업에 불참하는 학생이 시간이 지날수록 늘어났다. 또한 기기 잡음으로 학생의 목소리가 들리지 않거나 교사와 학생들이 대화하는 시간의 간격 차가 발생하여 의사소통에 차질이 생겼다.

예를 들어 음악 시간에 교사와 학생이 함께 노래를 부르면 돌림노래처럼 들린다. 그래서 모둠별 활동에 지장이 있다. 처음에는 실시간 수업이 신선해서 학생들이 집중하긴 했지만 한 화면에 교사, 학생들의 얼굴이 동시에 나오기 때문에 피로도가 커졌다. 그래서 한시간 이상의 활동 시 학생들의 집중도가 현저히 떨어졌다. 이를 감안하여 비디오를 꺼 놓거나 음소거를 하는 학생들이 종종 있어 질의응답 시 반응 속도가 느렸다. 또한 채팅창에서 장난을 하는 학생을 생활지도해야 하는 경우도 발생했다. 그리고 교사의 행동이 카메라 반경으로 한정되어 있어서 다양한 동작 제시와 자료 활용에 어려움이 있었다. 게다가 플랫폼을 사설 기관에서 사용하기에 유료 전환 및 보안 문제 등이 발생했다. E-학습터처럼 교육 목적으로 활용되는 플랫폼을 제작·활용하는 일이 시급했다. 더불어 학교 관계자의 가치관과 의지에 따라 학교별·교사별 실시간 수업 사용 빈도와 질 등에 격차가 생겼다.

이로 인해 등교수업의 필요성이 커졌다. 우리 지역의 경우, 코로나 초기에는 대면 학습을 할 수 있는 상황이 아니었다. 교육 관계자는 온라인 학습으로 미래형 교육이 가능할 것이라 보았다. 하지만 등교 일수 감축으로 돌봄 문제의 심각성이 확대되고, 원격수업으로 인한 학력격차도 심화되었다. 대면수업이 학생들의 인성교육, 예술교육, 진로교육 등의 전인교육에 가장 좋다는 의견이 대세가 되었다.

코로나 팬데믹 재창궐로 교사·학생, 학생 간의 상호작용이 자연스럽게 일어날 수 있는 등교수업의 필요성은 커지고 있다. 대면수업에 비해 온라인 실시간 수업은 교사·학생 간에 피드백 활동이 상대적으로 적어 학생의 심리, 행동적인 요소를 평가하기가 어렵다. 원격수업은 공간 상태, 네트워크의 질, 교사 숙련도와 관심 등에 따라 차이가 크다. 그리고 실시간 수업은 2020년 9월 20일 기준 교육청 지침에 의하면 초등학교에서는 출석으로 인정이 안 되기 때문에 수업의 강제성이 없다. 더불어 학력지원대상자 교육, 보충·심화교육 등의 개별화 교육은 대면수업에서 효과성이 크다.

게다가 수업의 종류에 따라 교사·학생, 학생 간의 직접적인 '만남'이 필요한 경우가 있다. 학생들이 리듬악기를 함께 연주하는 음악 수업, 경청·발표와 투표를 통한 의사결정으로 학급 임원을 선발하는 자율 수업, 1:1로 학력지원대상자를 교육하는 교사의 보충수업 등은 대면수업을 통해서만 효과적으로 배움이 일어날 수 있다. 전인교육을 실현하기 위해서는 원격수업만이 아니라 대면수업이 병행되어야 한다. 그래서 현 상황과 학습의 조건을 고려하여 블렌디드 학습(on/off 교육)이 각광받고 있다.

자가면역력을 높인 건강한 교육 환경을 위하여

불안한 상황 속에서 의사결정을 하는 방법에는 무엇이 있을까? 먼저 '최적화 전략'이 있다.[130] 최적화 전략은 의사결정이 전적으로 합리적이며 문제를 완벽하게 해결할 수 있다는 것을 가정한다. 가능한 모든 대안을 수립하며 평가하여 최상의 대안을 선택하기에 백신과 같은 역할을 기대할 수 있다. 하지만 모든 관련 정보를 습득하기 어렵고, 모든 대안을 수립하고 결과를 확인하기 불가능하기 때문에 현실적으로 적용하기는 어렵다. 대안책으로 '만족화 전략', '점진적 전략', '적응적 전략'을 활용한다.[131] '만족화 전략'은 최상의 방법이 아닌 만족할 만한 해결책을 찾는 것이다. 기준, 목표, 포함 요소, 성취가 불가능한 결과를 예상한 한계 조건을 구체화하고 행동계획을 수립한다. 합리적인 대안이 확립될 때까지 문제 탐색을 한다. '점진적 전략'은 계속적 제한 비교의 전략으로 의사결정가들의 동의 여부가 적합한 대안 결정의 기준이 된다. 계획 없이 탐색과 분석을 극도로 제한하기에 그럭저럭 해 나가기muddling through로 표현한다. '적응적 전략'은 '만족화 전략'의 합리성과 '점진적 전략'의 융통성을 결합했는데, 상황에 따라 단순화된 방법을 활용하기도 한다. 이 중 어느 문제에나 해결되는 절대적인 의사결정 방법은 없다. 정보, 시간, 중요성에 근거하여 상황 적합적인 접근을 취해야 한다.

현재 코로나 사태로 인한 교육부의 의사결정은 '적응적 전략'을 활용한다. 계획을 세우지만 상황에 대한 정보가 부족하고 빠른 해결책이 요구되며 의사결정의 중요성이 커졌기 때문이다. 하향식 의사결정이기에 교사, 학부모, 학생이 대처할 시간이 부족해 학교현장은 혼란스럽고 불안하기만 하다. 코로나 재확산으로 전면 온라인 교육 실시 계획을 교사의 충분한 사전 준비 없이 TV 브리핑 방송을 통해 갑작스럽게 알게 되었다. 학교에서 교사 회의를 하는 도중에 학부모님의 연락을 받고 알게 되었으니 말이다.

교사들은 긴급하게 다음 날부터 시작할 온라인 학습 프로그램을 준비하고 업로드했다. 그러면서 '번갯불에 콩 구워 먹는다'는 말이 실감 났다. 학생에게 나눠 줄 학습꾸러미 준비뿐만 아니라 평가, 봉사활동, 영재수업 등의 수업 계획이 변경되었다. 1학기 평가를 못 하자 2학기 등교 때 평가를 하겠다고 결정이 되어 2학기에 1학기 통지표가 분배되었다. 또한 봉사활동은 이미 계획되었으니 폐지는 안 되고, 봉사활동 동영상을 시청하고 느낀 점을 쓰거나 그리는 활동을 하라고 교육청에서 안내가 왔다. 단, 초등학교 1~2학년 학생의 수준에 적합한 청소하기, 분리수거 하기는 안 된다고 한다. 교육청의 갑작스러운 결정은 교사에게 충격을 주고 학생과 학부모에게 큰 파장을 일으킨다. 코로나 팬데믹 상황임을 감안하더라도 학교교육과정·학사일정 운영 대책을 고려한 교육부의 선제적 가이드라인이 제공될 필요가 있다.

인류는 결코 병원성 미생물을 피할 수 없다. 오히려 지구상에서 공생해야 하는 운명에 처해 있다.[132] 그래서 바이러스에는 만병통치약이 없다. 손 씻기를 생활화하고 과일과 채소를 많이 먹으며 스트레스를 줄이고 친구 및 가족과 시간을 보내기 등 생활환경을 개선하고 평소에 건강을 유지해야 한다. 그래야 면역체계가 강해져 전염병을 어느 정도 예방할 수 있다. 공포심이나 자만심이 아닌 현재 위치를 파악하고 그에 맞는 해결 방법을 찾아야 한다. 마찬가지로 교육은 사회의 흐름을 피할 수 없다. 따라서 교육에도 만병통치 교육은 없다. 변화하는 상황에 맞춰 교사와 학생이 자율과 책임을 갖고 각자의 역할에 최선을 다하며 자기주도적 능력을 함양해야 한다. 결국 교사의 판단과 자율성이 수업의 질을 좌우하기 때문이다. 또한 교육 관계자들의 미래 예측에 따른 선제적 조치와 협의, E-학습터와 같은 교육 전문 플랫폼 개발, 체계적이고 주기적인 교육의 질 관리 등으로 난관을 슬기롭게 극복해야 한다. 자가면역력을 높인 건강한 교육 환경이 이루어지길 바란다.

3.
미래 학교 시나리오

코로나19가 창궐하기 전 우리 사회에서 가장 큰 화두는 제4차 산업혁명이었다. 교육 분야 역시 어떤 방향으로 발전해 나가야 할지 고민이 많았다. 그러던 와중에 코로나19 대유행으로 전 세계 각국은 의도치 않게 원격수업을 시행하게 되었고, 이는 마치 미래교육 시스템의 전초전과도 같았다. 그간 학교에서 잘 활용하지 않았던 온라인 수업 시스템이 주된 학습 도구로 활용되었고, 각종 전자장비와 통신망을 통해 학교-교사-학생이 연결되는 변혁이 일어난 것이다.

네 번의 패러다임 변화

그러나 앞서 밝힌 것과 같이, 이는 사전에 준비된 완전한 미래교육 체제가 아니었기에 여러 가지 부족함과 문제점들이 노출되었다. 그럼에도 코로나로 인해 발생한 지구촌의 위기가 역으로 미래교육의 방향을 어느 정도 가늠해 볼 기회가 되었다는 점은 부인할 수 없다. 코로나로 인해 시작된 교육 체제의 패러다임 전환으로 많은 이들이 미래 학교가 어떤 모습일지 상상의 나래를 펼치게 되었다. 미래에는 초연결 사회의 도래로 학교의 역할이 축소될 것이라는 전망도 나오고 있고, 반대로 비대면 교육 서비스가 강화되는 추세가 계속될수록 학교의 돌봄care 기능이 강조되어 학교 역할이 확대될 것이라는 전망도 동시에 나오고 있다.

여기서 흥미로운 점은 교육의 미래를 점치는 사람들이 "제4차 산업혁명 시대가 어떤 기술로 어떤 세상을 만들지"에 대해 정확히 이해하지 못한 채, 섣부른 미래 시나리오를 쓰고 있다는 사실이다. 그리고 미래를 예측하려면 무엇보다 그와 유사했던 역사적 사건을 꼼꼼히 성찰하는 일부터 선행되어야 함에도, 그런 과정을 거치지 않고 막연한 심증에 따라 미래를 전망하고 있는 게 현실이다. 어쩌면 이런 섣부른 기대와 전망은 오히려 미래 사회에 독이 될지도 모른다.

제4차 산업혁명이라는 표현을 있는 그대로 해석해 보면, 글로벌 산업 생태에 거대한 패러다임의 변화가 네 번째 발생했다는 것이다. 그렇다면 앞선 세 번의 커다란 변화는 언제 어떻게 일어났을까? 학창 시절 사회 교과서에서 한 번쯤 접해 본 기억이 날 것이다. 그때의 기억을 되새기며 간략하게 살펴보자.

제1차 산업혁명은 잘 알려진 것처럼 18세기 영국에서 시작되었다. 이때부터 기계장비가 본격적으로 도입되면서 소위 '산업화'가 시작되었으며, 인간의 단순 노동을 기계가 대체하기 시작했다. 산업이 발전하면서 이에 발맞추어 교통수단의 혁명적인 발전도 함께 일어났다. 저명한 역사학자 토인비가 '산업혁명'이라는 용어를 최초로 사용하기도 했다.

제2차 산업혁명은 1900년대 미국과 독일이 주도했다. 제1차 산업혁명이 기계장치의 등장과 경공업 중심의 변화였다면, 제2차 산업혁명은 전기, 전자, 중화학 공업 중심의 발전이었다. 그리고 제1차 산업혁명 때 교통수단이 획기적으로 발전했다면, 제2차 산업혁명 때는 전신, 전화, 라디오 등이 등장하면서 통신수단이 급격하게 발전했다. 제2차 산업혁명 시대를 겪으면서 인류가 처음으로 환경오염 문제를 인식하기 시작했다는 점에서 물질문명의 발전과 더불어 사회의식의 발전도 진보를 이룬 시대라고 평가할 수 있다.

중세 시대까지 귀족을 비롯한 상류계층의 전유물이었던 교육도 제1차, 제2차 산업혁명을 통해 학교라는 공교육 체계를 만들기 시작했다. 이때 학교교육의 목적은 주로 기계장치를 원활하게 운영할 수 있는 '숙련된 노동자'의 육성이라고 봐도 큰 무리가 없을 것이다.

제3차 산업혁명은 '디지털 혁명', '정보화 혁명', '지식 혁명' 등으로 불리기도 한다. 미래학자 앨빈 토플러는 '제3의 물결'이라는 용어로 이 시대를 표현했다. 20세기 중반 이후의 컴퓨터, 인공위성, 인터넷 등의 등장 및 확산은 인류 사회를 지식정보화 사회로 한 차원 더 진화시켰다. 사회 및 산업구조는 자연스럽게 지식정보를 중심으로 재편되었으며, 지금은 누구나 알 법한 기업인 구글, 아마존, 네이버, 카카오 등이 탄생했다. 학교라는 물리적 공간 안에서 대면을 통해서만 이루어지던 교육이 제3차 산업혁명 시대의 도래와 함께 온라인 공간을 중심으로 확장되는 현상이 나타나기도 했다. 이 시기의 학교교육은 사회화와 민주시민 육성에 주로 초점을 맞추고 진행되었다.

제4차 산업혁명 시대[8]는 응용 가능한 파괴적 기술(AI, VR, IOT, BT, 블록체인)이 만들어 가는 새로운 시대이다. 빅데이터, 인공지능 등 다양한 스마트 기술이 등장하면서 인간 고유의 영역으로 여겨지던 고도의 지적 활동 영역마저 기계가 대체하게 된 것이다. 제3차 산업혁명 시대가 기술이 지식의 영역을 담당해 주는 사회였다면, 제4차 산업혁명 시대는 기술이 지능의 영역을 담당해 주는 사회라고 볼 수 있다. 응용과학 기술은 초연결 시대를 열었고, 상상이 현실이 되는 초지능 사회를 구축해 가고 있다. 빅데이터를 활용한 생활 밀착형 산업이 각광받고 있으며 공유경제 개념 또한 큰 관심을 받고 있다. 반면에 인구구조의 변화로 인해 고령화 사회가 시작되며 숙련노동자 수가 감소했고, 학령인구 감소가 지속되며 학교 통폐합이 진행되는 중이다. 또한 세계화의 진전은 국제적 테러, 기후문제, 에너지 고갈 이슈 등을 양산하고 있으며, 노동시장 및 교육시장 개방의 압력이 가중되는 추세이다.

---

8. 현재 시점은 제3차 산업혁명이 종료된 상황은 아니며, 제4차 산업혁명 시기와 중첩되는 과도기로 보는 것이 옳을 것이다.

미래 사회의 교육 방향은 어떻게 재편될까?

그렇다면 제4차 산업혁명 시대, 즉 미래 사회의 교육 방향은 어떻게 재편될까? 교육부[2018][133]가 발표한 자료에 따르면 미래교육 사회에서는 '창조 융합형 인재'를 길러 내는 데 주안점을 둔다고 한다. 창조 융합형 인재는 크게 네 가지 지능을 겸비하도록 인재상을 제시했는데, 이를 구체적으로 살펴보면 다음과 같다.

첫째, 상황 맥락 지능이다. 이는 인지한 것을 잘 이해하고 적용하는 능력을 의미한다. 둘째, 감성 지능이다. 이는 생각과 감정을 정리하고 결합해 자기 자신 및 타인과 관계를 맺는 능력이다. 셋째, 사회 정서적 지능이다. 이는 공동체 내에서 원한만 관계를 맺고 협동하여 갈등을 해결하는 능력이다. 넷째, 신체 지능이다. 이는 개인에게 닥칠 변화와 구조적 변화에 필요한 에너지를 얻기 위해 자신과 주변의 건강과 행복을 추구하고 유지하는 능력을 의미한다.

더불어 미래창조과학부[2017]가 발표한 미래 사회의 인간에게 필요한 3대 미래 역량도 흥미롭다. 이는 '인간과 기계의 공생'을 슬로건으로 내세우고 있다는 점에서 다소 충격적일 수도 있지만, 이것이 우리 시대의 엄연한 현실일지 모른다. 인간에 가까워진 로봇, 그리고 그 로봇과의 공생관계를 구축해 갈 수 있는 미래형 인재상을 그리고 있다.[134]

논의 대상을 조금 더 좁혀 미래 학교를 생각해 보자. 미래교육에 대해서만큼이나 '미래 학교'에 대한 전망도 각양각색이다. 먼저 미래

학교의 정의부터 명확하게 내릴 필요가 있을 것이다. 다양한 주장 가운데, 김현진 외[2017]의 미래 학교에 대한 정의를 소개하고자 한다.

> 빠르게 변화하는 사회 및 기술 환경에 따라, 현재의 공교육의 문제를 해결할 뿐만 아니라 미래 사회 관점에서 예측된 공교육의 문제에 대응하고, 더 나아가 미래 사회에 준비된 인재를 양성하고자 현재의 학교 환경 및 기술, 교육 및 조직의 변화가 있는 학교를 의미한다.김현진 외, 2017: 88[135]

물론 위의 정의가 미래 학교를 설명하기에는 충분하지 않다. 사실 미래에 대해 충분한 정의를 내린다는 것은 불가능하고, 다만 종합적으로 예측과 전망이 가능할 뿐이기 때문이다. 이때 우리가 할 수 있는 것은 미래 학교에 근접했다고 평가받고 있는 특정 사례를 통해 그 모습을 유추해 보는 것이다. 이에 대표적인 미래 학교로 부각되고 있는 미네르바 스쿨(고등교육)과 비트라 스쿨(초·중등교육)을 간단히 소개하고자 한다.

미네르바 스쿨Minerva School은 2011년 기존 대학교육을 비판하며 세워진 일종의 온라인(가상) 학교이다. 미네르바 스쿨의 설립자 겸 최고경영자CEO 벤 넬슨Ben Nelson이 미국의 대학교육 시스템은 지난 한 세기 동안 발전하지 못했다고 판단하고, 기존의 대학교육 시스템에서는 시도하지 못하는 새로운 패러다임의 학교 시스템을 제안하면서 태동했다. 미네르바 스쿨은 앞서 밝힌 것처럼 온라인 공간에 존재하며, 물리적인 형태의 학교 건물과 교실은 없다.

캠퍼스가 없는 대학을 상상해 보았는가? 그리고 이 대학은 과연 성공했을까? 2016년 306명을 선발하는 신입생 모집전형에 전 세계 50개국에서 약 1만 6,000여 명이 지원했으며, 오직 1.9%만이 입학 허가를 받았다는 사실에서 그 답을 찾을 수 있을 것이다. 미네르바 스쿨은 급변하는 미래 사회에서 학생들이 성공하려면 학교에서 무엇을 어떻게 배워야 할까를 고민하며 시작된 학교이다. 캠퍼스가 없으므로 학비도 미국 명문대의 25% 수준에 불과하다. 결국 비싼 등록금을 받으며 좋은 건물을 세우고, 교육 분야가 아닌 기타 사업들에 투자하는 것에 열을 올리고 있는 기존 대학의 패러다임에서 벗어나고자 한 노력이 성공의 원동력이 된 것이다. 이와 같은 사례에서 우리가 얻을 수 있는 시사점은 근대 교육에서 벗어나려는 노력, 즉 패러다임 전환shift이다.

다음은 비트라 스쿨Vittra School 사례이다. 비트라 스쿨은 초등 및 중등학교 25곳, 어린이 7,900명, 학생 900명을 보유한 스웨덴의 영리 자유학교free school의 일종이다. 1992년 7월 스웨덴의 독립 학교 개혁이 이루어졌고, 스웨덴 정부의 교육 정책에 따라 사회적 투자Social investment가 교육 분야에 이루어진 것이 탄생 배경이다. 비트라 스쿨은 대기업 학교 체인으로 운영되어 시스템적인 교육 서비스를 제공하며, 동일한 설립 모델을 여러 지역에 복제하여 설립할 수 있는 것이 특징이다. 학생들의 성향과 교육방법을 고려하여 벽이 없는 학교, 교실과 칠판 등이 없는 것으로도 유명하다. 또한 칠판이 없는 대신 모든 수업이 웹을 통해 진행되며, 정부의 무상교육 정책에 따라 학생 한 명당 노트북 컴퓨터 한 대가 무료로 지급된다.

창의적인 공간, 교실과 칠판이 없는 공간으로 유명한 곳은 비트라 텔레폰플랜Vittra Telefonplan인데, 이는 과거 공장 지대였던 곳이 덴마크의 디자인 스튜디오 로잔 보쉬Rosan Bosch에 의해 설계되어 창의력을 배가할 수 있는 학교로 재탄생하게 되었다. 비트라 텔레폰플랜 학교는 혼자 조용히 집중할 수 있는 '케이브the cave(동굴)', 실험 등 공동 작업을 할 수 있는 '랩the lab(실험실)', 그룹 활동을 하는 '캠프파이어campfire', 놀이터인 '워터링홀the watering hole(휴게실)', 공연장 성격의 '쇼 오프the show off' 등 5개의 구역으로 나뉜다. 비트라 스쿨 사례가 소개되면서, 우리나라에서도 이와 유사한 공간혁신 사업이 본격적으로 추진되고 있으며, 학교의 디지털 생태 전환 인프라 구축 사업도 동시에 진행되고 있다.

미래 학교의 모습

한편 2001년 OECD 산하 CERI(교육연구혁신센터)에서는 'Schooling for Tomorrow Project'를 공개한 바 있다.[136] 일명 '미래 학교 시나리오'로 불리는 이 보고서는 미래의 학교 변화를 아래 표와 같이 총 여섯 가지 시나리오로 구분하여 제시하고 있다. 큰 틀에서는 현상 유지 시나리오, 재구조화 시나리오, 학교 해체 시나리오 등으로 나눌 수 있는데 이를 더 구체적으로 설명하면 다음과 같다.

현상 유지 시나리오 (Maintain the status quo)	재구조화 시나리오 (Re-schooling)	학교 해체 시나리오 (De-schooling)
[시나리오 1] 관료주의적 학교체계	[시나리오 3] 핵심적인 사회센터로서의 학교	[시나리오 5] 학습자 네트워크 및 네트워크 사회
[시나리오 2] 교사 이직-해체 시나리오 (시장 모델로의 확장)	[시나리오 4] 집중학습조직으로서의 학교	[시나리오 6] 시장 모델 심화로 인한 학교 붕괴

출처: OECD(2001). CERI(교육연구혁신센터) Schooling for Tomorrow Project.

미래 학교 시나리오

첫 번째는 '관료주의적 학교체계' 시나리오다. 이는 현재 우리나라 학교의 모습이라고 생각하면 될 것이다. 국가직 공무원 신분을 가진 교원들이 학교에 근무하고 그들은 관료주의적 체계와 사고방식으로 학교를 운영한다. 국가가 수립한 공통교육과정을 기반으로 학교교육이 이루어지며, 교원들의 자주적·전문적 교육활동에는 제약이 따른다. 따라서 교육계에 내재된 각종 문제점들을 개혁해 나가는 데 명백한 한계가 존재한다. 그러나 교육부를 중심으로 안정적인 학교 운영이 가능하며 형평성 유지가 용이하다는 장점이 있다.

두 번째는 '교사 이직-해체' 시나리오다. 이는 공교육 체제가 약화되면서 시장원리를 바탕으로 하는 다양한 교육 서비스 공급자들이 등장하는 모델이다. 당연히 교육 수요자의 요구와 만족도가 교육활동의 핵심 가치로 자리 잡게 되고, 경쟁력, 효율성, 수월성 등의 가치가 시장을 주도하는 교육을 의미한다. 우리나라에서도 신자유주의를 바탕으로 하는 5·31 교육개혁(1995년)이 진행되면서 이러한 시장원리가 교육계 전반에 작동하는 계기가 되기도 했다. 한편 '시나리오 1'의 관료주의적 학교체계에서는 국가직 공무원인 교사들이 주가 되어 교육활동을 수행했다면, '시나리오 2'의 시장 모델에서는 다양한 경력과 목적을 가진 전문직업인들이 정규직 또는 임시직 형태로 교육 현장에 투입된다는 점에서 다소 차이가 있다.

세 번째는 '핵심적인 사회센터로서의 학교' 시나리오다. 이는 학교가 단순히 학령기의 학생들만을 교육하고 돌보는 한정적 역할을 하는 것이 아니라, 지역사회와 연계를 맺고 학교의 사회적 역할을 강화하는 모델을 의미한다. 현재 우리나라에서도 '마을학습공동체', '마을학교' 등등의 개념이 각광을 받고 있다. 어쩌면 이는 학교의 역할과 기능이 평생교육과 지역사회 교육 영역까지 확장된다는 점에서 미래 학교의 가장 이상적인 시나리오 중 하나로 볼 수 있다. 물론 이런 시나리오가 구현되려면 교직원이 더 고차원적이고 폭넓은 직무수행을 해야 할 것이고, 더불어 지역사회의 각종 전문가와 활동가, 학부모들이 폭넓게 참여할 필요가 있다.

네 번째는 '집중학습 조직으로서의 학교'이다. 이는 그동안의 공교육 체계에서 학교가 기초·기본 교육을 충실히 수행하는 데에만 역점을 두었다면, 집중학습조직으로서의 학교는 여기서 더 나아가 전문적이고 고도화된 학습조직으로 재구조화되는 것을 의미한다. 이를 위해 보다 학술적이고 전문적인 교육과정을 제공하게 되며 사회적 책무보다는 교육의 질 향상을 위해 혁신해 가는 모델이다. 학습집단은 더 소규모화되는 추세가 나타나게 되고, 양질의 학습 경험을 제공하기 위해 학교에 더욱 많은 투자가 요구된다. 교원들 역시 다양한 분야에서 전문성을 확보한 전문가 집단으로 재구성되는 구조이다.

마지막으로 '학교 해체 및 학습자 네트워크 사회' 시나리오다. 이는 기존의 학교 시스템은 해체가 일어나고, 학습자들의 학습 네트워크가 학교의 역할과 기능을 대신하는 모델이다. 여러 가지 문제점들로 인해 비판받아 오던 학교가 임계점에 도달하여 해체되고, 그 대안적 기능을 학습자 네트워크가 대신하게 되는 것이다. 물리적 공간인 학교는 존재할 필요가 없게 되며, '교사'라는 직업군 역시 불필요해진다. 따라서 학습자-교수자, 학습자-학습자, 학습자-전문가 등을 이어 줄 ICT 기반의 온라인 네트워킹 시스템이 도입되어, 이를 중심으로 교육활동이 수행된다. 정규교육과 비정규교육의 경계가 허물어지며, 새로운 형태의 학습 전문가가 등장하게 된다.

2020 미래 학교 시나리오

최근 OECD[2020]는 "Back to the Future of Education: Four OECD Scenarios for Schooling"이라는 보고서를 발간하여 새로운 미래 학교교육 시나리오를 제시하였다. 다만 이 보고서는 2001년과

는 다르게 네 개의 시나리오를 제시하고 있다. 구체적으로 살펴보면, "시나리오 1: 학교교육의 확대Schooling Extended", "시나리오 2: 교육 아웃소싱Education Outsourced", "시나리오 3: 학습 허브로서의 학교 Schools as Learning Hubs", "시나리오 4: 삶의 일부로서의 학습Learn-as-you-go" 등 네 가지로 이루어져 있다.[137]

'시나리오 1'은 현재의 학교 시스템이 대체로 유지되는 가운데, 관료적 시스템이 그대로 유지되면서 학교교육에의 참여가 지속적으로 늘어나는 것을 골자로 한다. 다만 학교교육의 디지털화가 이루어지면서 학생들의 학습 자율권이 신장될 것으로 예상되고 있다. '시나리오 2'는 다양한 주체가 학교교육에 참여하면서 여러 가지 학교교육의 대안들이 제기되는 것을 골자로 한다. 홈스쿨링, 지역사회 기반 교수학습 활동 등이 그 예이다. 또한 민간 교육기관과 공공 교육기관 사이에 교육 경쟁이 일어나면서 학교의 관료적 성격이 대체로 사라지게 될 것으로 예상되고 있다. '시나리오 3'은 대부분의 학교 기능이 유지된 채, 지역사회의 활동을 지원하고 포괄적 학습이 이루어지는 공간으로 확장된다. 이때 학교는 국가가 제시하는 표준 교육과정을 그대로 따르는 형태의 교육을 하는 것이 아니라, 학습자의 수요에 맞춤형으로 학습활동이 구성된다. 끝으로 '시나리오 4'는 발전된 에듀테크를 기반으로 디지털 학습 시대가 열리게 되며, 사회적 제도로서의 학교교육이 사라지게 될 것으로 예상되고 있다. 학습기회는 언제 어디서든 주어지며, 전문직으로서 교사는 사라지게 된다. 이때 학습은 다양한 방식으로 온라인과 오프라인에서 인간 또는 정보화 기기를 통해 제공된다.

지금 당장 우리 교육이 시나리오 몇 번에 직면해 있다고 밝히기는 어렵다. 여전히 우리나라 교육은 관료주의적 성격이 강하게 드러나는 동시에, 마을학습공동체로 발전해 가기 위해 노력하는 모습도 각 지역에서 나타나고 있다. 또한 코로나19로 인해 학습자 네트워크 중심의 교육 모델로 변혁하려는 변곡점에 도달해 있기도 하다. 지금 우리 교육은 미래교육에 관한 여섯 가지 모델의 연속체continuum 안에서 계속 변모해 가는 것이다. 즉, 미래교육으로 나아가는 결정적 시기golden time에 직면해 있다고도 볼 수 있겠다.

우리는 어떤 경로로 나아가야 할까? 여러분은 어떻게 생각하십니까?

4.
현실 속의 나, 가상 속의 나

실시간 수업으로 인해 출석의 의미가 바뀌었다. 이전에는 현장에 와야 출석이 가능했지만 현재는 줌Zoom, 팀즈Teams를 활용한 프로그램으로 얼굴을 비추면 출석이 가능하다. 정보기기를 중간매체로 서로의 존재를 확인한다. 하지만 학교에서 인터넷 문제가 발생하면 모든 활동이 중단되었고, 결국 교사와 학생은 시간대를 옮겨서 실시간 수업을 해야 한다. 정보기기의 성능이 낮은 학생은 수업에서 자주 이탈되었다. 이제는 수업 내용의 질뿐만 아니라 인터넷과 기기의 유용성이 중요해졌다. 서로의 존재에 정보기기의 연결고리가 포함되었다. 먼저 출석을 통해 존재의 의미를 알아보겠다.

출석의 의미

'출석'이란 단어를 표준국어대사전에서 찾아보면 "자리(어떤 일 때문에 사람이 모인 곳이나 그런 기회)에 (뜻하거나 목적하는 방향으로) 나아가 참석하다"라고 제시되어 있다. 보통 출석은 사람과 사람과의 만남이기에 서로를 오감을 통해 인식하고 입체적으로 확인할 수 있었다. 현재의 출석은 정보화 기기로 로그인하여 자신의 대화명을 사용하여 기록을 남기거나 얼굴을 드러낸다. 이때 정체성의 문제가 생긴다. E-학습터나 클래스팅의 '출석합니다'는 과연 자신을 나타내는 것인가? 부모님이나 친구가 대신하는 것은 아닐까? 하나의 정보기기로 다양한 ID, 비밀번호로 로그인할 수 있으므로 한 사람이 여러 명의 출석을 할 수가 있다. 또한 이미지 합성과 음성 변조를 통해 내가 아닌 다른 사람으로 조작할 수 있다. 현재까지 이런 문제가 발생하지 않은 건 아직은 교사와 학생 사이에 신뢰가 있기 때문일 것이다. 해킹 방지를 위한 보안 필요성도 강조되는 이유다.

산업화 시대의 학교에서는 '개근'이 중요했다. 우등상보다 한 번도 결석하지 않고 모두 출석하여 격려했던 '개근상'이 칭송을 받기도 했다. 개근은 '근면', '성실', '정직' 등과 연관되어 있다. 그래서 이전의 학부모는 "내 자식은 조금 아파도 학교에 보냈고 통증을 견디는 것도 연습이라고 생각했었다".[138] 하지만 이젠 아프면 쉬어야 한다. 몸이 아파도 무리하게 등교하는 학생이 없도록 하겠다는 학생 건강권, 국내외 여행을 비롯해 현장체험학습의 자유권, 성적에 반영되지 않는 대학입시 등이 강조되면서 개근의 의미는 퇴색되었다. 더욱이 코로나 시대에 자가진단검사로 아픈 학생이 학교에 오지 않는 게 다른 사람을 위한 미덕이 되었다. 방역수칙 제1원칙에도 '아프면 3~4일 집에 머물기'가 있다. 독감, 메르스, 코로나 등을 비롯해 법정 감염병으로 인한 결석도 출석으로 인정되었다. 그렇다면 출석의 의미를 재해석해야 하지 않을까?

얼마 전, 7살 어린 나이에 세상을 떠난 딸을 VR(가상현실)로 구현해, 그리움을 안고 살아가는 엄마와 재회할 수 있게 한 과정을 담은 영상을 보았다.[139] VR(가상현실), VFX(특수영상) 기술, '딥러닝'(인공신경망 기반 기계학습)으로 '노을공원'의 가상공간에서 엄마와 죽은 딸이 만나는 모습을 보며 딸의 존재에 대해 의문이 생겼다. 오감으로 경험을 인식해야 진짜를 판별할 수 있을까? 정신을 통해 진짜를 판별할 수 있을까? 아니면 존재는 전혀 파악할 수 없는 것인가?

경험론자들은 선험적으로 존재하는 절대 진리의 개념을 유보하고 경험의 축적만이 인간이 진리를 획득할 수 있는 유일한 방법이라고 말했다. 유아 시절의 아이는 오감을 사용하여 존재를 느낀다. 감각운동기가 끝난 후 유아는 대상 영속성을 통해 오감을 사용하지 않아도 계속 존재함을 알 수 있다. 예를 들면 엄마가 눈에 없으면 막 울었던 유아가 경험이 쌓이면서 엄마가 눈에 보이지 않아도 공간에 있음을 알 수 있다. 이런 면에서 경험이 많은 경력자를 우대하는 풍토와 일치한다.

플라톤의 '이데아' 동굴 관점에서 보면 뒤를 돌아보거나 움직일 수 없는 인간은 동굴에 비친 그림자를 보고 사물 자체라고 인식한다고 한다. 그림자를 보며 대강의 모습을 이해할 수 있지만, 사물이 참인지를 판단하기는 어렵다는 의미이다. 우리가 사과를 먹으면 달다고 느끼는데, 달다는 것은 미각의 한 부분이지 사과 자체의 본질을 판단할 수 없다는 말이다. 마치 '장님이 코끼리 만지듯이' 일부분을 보고 전체를 판단하는 우를 범할 수도 있다. 하지만 가상공간에서의 나는 고정적이거나 유한하지 않다. 플라톤의 '이데아'에서 인간은 몸이 쇠사슬에 묶여 있는 것으로 파악했지만 가상공간에서 인간은 자유롭다. (인식하는) 주체가 달라졌기에 당연히 대상을 바라보는 관점도 달라진다.

사이버 공간에서 개인의 정체성은 다양하게 표현된다. 현실 세계에서는 다양한 모습이 하나의 고정된 실체를 나타내는 역할과 특성들로 취급되겠지만, 사이버 공간에서는 특정 개인 바로 그 자체의 모습이 실체가 된다. 복합정체성은 서로 다른 특성들이 각각 스스로가 하나의 존재로서 자신의 지위를 내세우는 것과 유사하다.[140]

스피노자의 철학은 '실체substance'와 '양태modus'라는 개념으로 요약된다. 실체는 무한히 다른 모습으로 변형하는데, 이를 '양태'라고 한다. 때에 따라서 사이버 공간에서 손오공이 머리카락을 사용해서 도술을 부리듯이 구독자, 교사, 학생, 아빠 등의 캐릭터로 변화할 수 있다. 이는 다른 것(타자)에 의존한다. 학생들과 함께할 때는 교사의 모습을 취했다가 대학원 수업을 들을 때는 학생의 모습으로 변화할 수 있다. 이처럼 각각의 양태(교사, 학생)는 상황에 맞게 실체에 의존하고 있다. 실체는 양태로 '표현'된다면[141] 가상공간에서의 나도 참된 존재의 '나'로 볼 수 있다.

현재 출석은 가상공간의 나와 현재 공간의 나를 동일한 사람으로 생각하기에 가능하다고 여긴다. 하지만 시간이 지날수록 가상공간의 나의 비중이 높아지고 있다. 단순히 코로나로 인한 일시적인 현상일까? 『1코노미』 책에서 모모 세대(more+mobile을 의미하는 신조어)로 일컬어지는 'Z세대'의 학생들은 정보화 기기의 멀티태스킹이 가능하고 이미지로 소통한다.[142] 대화보다는 휴대폰을 통한 연락이 편안하다. 인간관계에 있어 친밀감을 유지하면서 상처받지 않는 거리를 유지하고 싶을 때 정보화 기기는 적절한 역할을 한다. 청소년기에 친구와의 관계 형성을 힘들어하는 '관계권태기(관태기)'의 학생이나 각박한 현실에서 벗어나고 싶은 학생들은 가상의 나에 집중한다.

가상 속의 '나'와 현실 속의 '나'가 갈등할 때

가상공간은 인공적이다. 현대 사회의 일상 경험은 만들어지거나 인위적인 평면 사회에서 이루어진다. 우리는 평평한 종이나 스크린(컴퓨터 모니터, TV, 휴대폰 액정)에 글을 쓰고 인쇄하며 영상을 투사한다. 정보화 기기들이 제공하는 2차원의 이미지를 보면서 하루의 대부분을 보내면 3차원의 실제 세계에서 사는 시간은 줄어든다. 이렇게 평면화된 2차원의 가상 세계에 중독된 사람들이 받는 심리학적, 생리학적 영향은 파멸적일 수 있다. 실제 세계보다 가상 세계를 더 좋아한 사람은 사회적으로 방치되어 굶어 죽거나 자살하기도 한다.[143] 현실 속의 자아는 타인과의 관계 속에서 법과 질서로 제약을 받고 있지만, 가상 속의 자아는 명확한 규정과 질서의 제한이 없기에 기존에 없던 새로운 문제가 발생할 수 있다.

인터넷 중독과 게임 중독에 빠지는 학생이 늘어나고 있다. 코로나는 이런 현상을 조장하고 있다. 정보화 기기는 개인 취미(게임, 음악 감상, 인터넷 서핑 등)의 도구뿐 아니라 학습과 인간관계 연결고리 등의 관계적 역할을 병행하기에 부모님들이 방치하는 경우가 많다.

일단 가상 속의 나는 부담이 없다. 마음에 안 들면 아이디를 바꾸거나 캐릭터를 삭제하여 다시 생성할 수 있다. 수준에 맞는 과업을 해결하면서 성취력도 높아지고 재미가 있다. 향상치를 내가 노력한 대로 올릴 수 있으며, 수치화되어 있으므로 동기유발도 크다. 레벨이 높아질수록 나의 존재감도 커진다. 친구도 사귈 수 있다. 그들은 게임 속 시간을 현실의 시간에 맞춰 새해 일출을 보며 채팅창을 통해 새해 인사를 나눌 수 있다.

가상 속의 '나'와 현실 속의 '나' 사이에 갈등이 일어났을 때, 어떻게 해결해야 할까? 이전 세대는 이런 상황을 겪어 보지 않았으므로 조언을 하는 데 제한이 있다. 학생은 자아존중감, 절제력, 판단력이 미숙해서 잘못된 결정을 하는 경우가 종종 있다. 가상공간의 학생은 자신이 의도하지 않은 대로 상황이 진행되면 리셋 버튼을 누르고 다시 시작할 수 있다. 현실 세계에서도 이와 같은 방식이 적용될 수 있다고 착각하는 학생은 리셋증후군으로 범죄에 악용되기도 한다.

인공적이라는 말에는 조작이 가능하다는 의미가 포함된다. 현실 속의 나는 대중의 눈치를 보며 수치심과 죄책감을 느끼기 때문에 잘못된 행동을 조심할 수 있다. 하지만 가상 속의 나는 법과 규제가 현실보다 덜하기 때문에 잘못된 행동을 범하기가 쉽다. 사이버 공간의 댓글에 욕설이 난무하고, 비방하는 글이 많은 것을 보면 알 수 있다. 가상 속의 '나'는 진실의 내가 아닌 '가면의 나'이므로 필요할 때마다 새롭게 가상의 '나'를 만들 수 있다.

가상공간을 적극적인 교육의 '장'으로 만들어야

리얼리티 쇼가 예능 프로그램의 대세인 이유도 있다. 우리는 사람이 아닌 카메라를 통해 사물을 판단한다. 요즘 모델이나 배우 지망생은 사람의 눈이 아닌 카메라에 비친 모습을 보며 평가를 하는 경우가 많다고 한다. 카메라의 모습은 '있는 그대로'를 '진짜로' 보여 주는 것이 아니다. 연출자의 의도에 따라서 특정 상황이 부각되고 과장되거나 축소되고 왜곡될 수 있다. 그리고 가상공간은 사람들을 수동적으로 만들어 권력에 의한 감시와 통제가 이루어지기 쉽다. 가상공간과 현실의 경계가 구분되지 않아 사람들의 기억을 조작하고 왜곡하여 '빅브라더'와 같은 절대적 인물을 만들 수 있다.[144]

가상공간은 가짜뉴스를 양산하기 쉽다. 대면공간에서는 자신의 의견을 설득하고 타인의 의견을 경청하면서 조정점을 찾아내지만, 가상공간에서는 불특정 다수를 대상으로 하므로 자신의 의견만 내세울 뿐 조정할 수 있는 방법이 적다. 그래서 정보를 진실인 것처럼 속이는 확증 편향이 높아져 주관적인 기사가 제작·배포될 가능성이 크다. 정보화 기기의 특성상 제작·복제가 쉬워서 이런 현상이 늘어난다. 정보의 비대칭화와 정보 과다로 인해 제대로 비판적 사고를 하기가 어렵다.

그렇다고 가상공간을 부정해서는 안 된다. 가상공간의 입장은 자체 논리와 지형을 가지고 있는 또 다른 세계이다. 물질성의 결여에도 불구하고 가상공간은 실제로 존재하는 장소이다. 사용자는 가상공간에 물리적으로 있다는 주관적인 느낌으로 존재감을 갖는다.[145] 가상공간은 자유롭고 무궁무진하다. 현실 공간의 유한성과 대비된다. 꿈이 아닌 가상공간에서 자신을 표현할 수 있으며 예술을 표현할 수 있기에 심미적 감성을 키우고, 영속적 의미를 담아 내재적 욕구를 발산할 수 있다.

가상공간의 범위는 무궁무진하므로 제한하기보다는 바람직한 방향으로 나아갈 수 있도록 안내해야 한다. E-학습터의 '출석합니다'로 존재의 유무만 확인하는 소극적인 교육의 '장'이 아니라 자신의 생각과 느낌을 글, 그림, 사진 등의 자료로 표현하고 의견을 교환할 수 있는 적극적인 교육의 '장'이 실현되어야 한다.

실제공간과 가상공간은 대립적인 상황일까? 그렇지 않다. 건축 설계 시 VR을 활용한 문제점 해결, CCTV나 블랙박스로 사건 예방과 해결하기, 협소한 장소에서 스크린 골프나 VR 야구 게임하기, 프로 경기에서 비디오 판독으로 오심 줄이기 등의 긍정적인 역할을 할 수 있다. 인간은 자신의 감각기관을 전자기기와 연결하여 신체적 행동의 가능성을 정신적으로 표상한다. 가상공간에서 실재감을 느끼고 몸을 적응시키면서 공간의 범위가 확대된다. 실제공간의 부족한 면을 가상공간이 채워 줄 때 가치가 높을 것이다.

들뢰즈Deleuze는 '차이의 철학'에서 사물의 본질은 사물들의 접속과 만남에 따라 생성되고 쉽게 변이한다고 말한다. 이는 실제공간의 '나'와 가상공간의 '나'가 접속하는 매체와 환경에 따라 본질이 다를 수 있다는 것을 의미한다. 그리고 들뢰즈는 고정된 '지점'의 의미를 재생산하지 않고 이전과 다른 의미를 만드는 사건화의 '선'을 만드는 '유목적nomadism'을 강조한다. 이는 자기 자신 안에 차이를 만드는 것make difference, 자신을 스스로 차이화하는 과정의 중요성을 의미한다. 실제 세계의 '나'와 가상 세계의 '나'가 단지 분리된 상태에 존재하지 않고 합성할 때 성숙한 '나'가 생성될 수 있다는 말이다.

정체성에 대한 진지한 교육과 성찰이 필요하다. 기술의 발전에만 치중하지 않고 윤리와 도덕에 대한 토의·토론 교육으로 기기를 제대로 활용할 수 있어야 한다. 또한 지금 학생들에게 미디어 리터러시media literacy 교육이 강조된다. 미디어가 제공하는 정보와 콘텐츠를 비판적으로 이해하며, 자기 생각을 책임 있게 표현하고 소통하는 능력을 길러 현실·가상 속의 자아를 함양해야 한다. 칼은 사람을 고치는 도구로 사용될 수 있지만, 사람을 해치는 도구로도 사용될 수 있는 건 결국 사람의 마음가짐에 달려 있다. 실제 세계의 '자아'와 현실 세계의 '자아'를 분리가 아닌 '조화'를 통해 '확대'하기 위해서는 자신에 대한 진지한 성찰과 자아존중감이 요구된다.

5.
팬데믹과 교육열: 그 꺼지지 않는 열망

코로나19 상황에서도 학부모 상담은 진행된다. 사전 설문조사는 학부모와 상담하기 위한 기초 자료로 사용된다. 요즈음 학부모가 담임교사와 상담하기 원하는 내용 중 다수를 차지하는 것은 바로 '학업'이다. "온라인 학습에 특화된 공부 방법이 있을까요?", "이런 질문을 드려 죄송하지만, 학원 수업을 늘리는 게 도움이 될까요?", "학교 온라인 수업으로 아이의 학업능력을 향상시킬 수 있을까요?" 등 학업과 관련된 사항과 그 질문을 넘어선 걱정은 학부모 상담의 단골손님이다.

전쟁 속에서도 학교 문은 닫지 않았다

학업 일선에서 진행된 상담 내용과 상응하게 온라인 업체 및 기업의 주가는 연일 기록 행진이라는 뉴스 기사[146], 또 원격수업에 따른 사교육의 필요성 인식 조사에서의 압도적인 찬성지수[147]는 바이러스가 창궐하는 시대에도 교육열만큼은 사그라들지 않았음을 보여 준다. "전쟁 속에서도 학교 문은 닫지 않았다"[148]는 교육부 장관의 말을 생각해 보면, 우리가 교육만큼은 희망 세포이자, 미래 사회를 준비하는 필수적인 요소임을 문화적으로나 사회적으로 공유하고 있으며, 그것은 불문율이 아닐까 싶다. 그러니 학부모나 사회 구성원이 코로나19로 인한 '교육격차'나 '교육열'을 걱정하고 극복하기 위해 노력하는 것은 당연한 반응일 것이다.

한국의 교육열은 어떻게 발달해 왔으며, 우리 사회에 핵심적인 키워드로 자리 잡게 되었을까? 교육열의 개념과 그 발전 과정에 대한 많은 논의와 저서, 논문 등이 있지만, 이 글에서는 『한국 교육은 왜 바뀌지 않는가?』[Michael J. Seth, 2020]에 의존하여 논의를 이어 가고자 한다. 이 책은 지난 100여 년 동안 한국 사회에서의 교육의 변화 양상을 '교육열'로 개념화하여 설명하고 있으므로, 교육열을 이해함과 동시에 한국 사회를 고찰할 수 있다는 점에서 코로나19로 인해 나타난 현상을 사회와 연계하여 이해하는 데 큰 도움을 줄 수 있다.

우선, 교육열의 태동에 대해 살펴보자. 유교적 전통으로서 엘리트를 선발했던 과거시험이 우리나라 교육열의 시작이라고 분석하는 주장도 있으나,[149] 개인적으로 눈길을 끄는 대목은 "교육과 학문을 도덕적 권위와 동일시한 전통"[150]으로 간주하고 교사, 학자, 학생들에게 도덕적 권위와 함께 사회적 지위를 부여하는 전통은 교육을 통해 누구나 중산층 및 지도자로서 발돋움할 수 있다는 희망이 교육열의 태동에 크나큰 요소로서 작용했으리라는 점이다. 조선시대의 계층 사회가 붕괴되면서 신분을 넘어 누구나 사회적으로 인정되는 권위를 부여받을 수 있었다. 교육이 그 수단이 된다면 누가 뛰어들지 않을 수 있었겠는가. 교육열의 태동은 곧 신분에 대한 열망이자, 도덕적 권위자로 우뚝 서고자 하는 유교적 선인으로서의 정체성 형성 과정이다.

"농부가 되지 마라", "가난한 노동자가 되지 마라!" 등이 한국 사회를 특징짓는 슬로건이 되었다는 저자의 말에 따르면[151] 교육열은 계층사다리로 인식되었으며, 현재도 그렇다. 교육이라는 계층사다리는 유일하게, 공정하게, 누구나 올라탈 수 있는 것으로 느껴졌기에 비록 가난한 농부라도 자식만큼은 그 사다리에 올라타게 하고 싶었을 것이다. 개인적으로도 농부의 자식으로 태어나, 유년 시절부터 단한 번도 가 보지 못한 지방의 고등학교 이름을 들었으며, 그 학교를 가지 못하면 인생이 끝나는 것처럼 생각을 주입당했던 시절을 떠올리면 부모의 심정을 이해할 수 있다. 나는 가난하지만 너는 농부가 되지 마라! 당시 부모들의 절규와 희망은 지금도 그 모습은 변했을지라도 열망의 형태는 유사할 것이다. 1950년대의 급속한 공교육 확장으로 도시, 농촌 할 것 없이 모든 사회적 계층에서 교육에 대한 열망이 나타났다. 도시와 농촌 간 교육 성취도의 차이가 다른 나라와 비교해서도 낮았던 연구를 살펴보면, 어디서나 공부에 대한 열망은 상당히 높았으리라 짐작할 수 있다.[152]

교육열은 사회적 평등화가 진행되는 시점에서 더욱 강화된다. 조선

시대와 일제 강점기를 거쳐 신분사회 및 지배자에 복종하던 시대에서 평등화 시대로의 전환은 가히 혁명적이다. 하지만 현재도 그렇거니와 그 당시에 평등화 시대로의 천명에도 불구하고 여전히 존재하는 것은 보이지 않는 계급사회이며, 누군가에 의해 지배되는 시대라는 점을 감안하면 교육이라는 것은 평등화로의 전환이라는 급물살 속에서 불평등을 야기하는 요소임을 짐작할 수 있다. 전통적인 사회적 구별이 무너지는 세상에서는 불안이 창출되기도 하지만 새로운 기회의 형성이라는 점에서 모든 것이 가능해 보이는 세상에서 교육은 훌륭한 수단으로 작용한다. 특히 교육은 지위 상승과 명예를 부여하는데, 이때 지위 상승과 명예는 "다른 사람을 지휘할 수 있게 하는 자격"이 주어지는 것으로 간주하였다.[153] 비록 부모는 가난하고 누군가에게 무시당하고 살았지만, 내가 열심히 해서 좋은 대학을 가면 가문의 영광이 되는 것은 더 이상 그 위치에 놓이지 않는다는 것을 의미한다. 좋은 대학은 개인과 가족, 심지어는 그 지역의 영광으로 자랑거리다.

계층사다리 역할을 하는 교육

이러한 현상은 공교육 틀 내에서만 존재하지 않고 공교육 밖에서도 나타난다. 개인적인 경험에 비춰 보면 여름이면 도시 청년들이 농촌에 내려와 학교 강당에서 성인들을 대상으로 문화강좌 및 한글교

습소를 열었던 것이 생각난다. 상당수의 어른과 노인들, 방학 중이던 학생들이 참여하여 한글 공부와 노래, 풍물놀이를 하던 기억은 성인 또한 미지의 세계였던 한글을 터득함으로써 무시받지 않음과 동시에 조금이나마 교육열이라는 사회적 분위기에 편승하려던 모습이 아니었을까 싶다. 또 다른 개인 경험으로 대학생 때 야학 교사로 활동하던 시기를 떠올려 본다. 당시 검정고시를 준비하던 중·고등학생 정도의 학생 및 성인을 대상으로 일주일에 1번 정도 교습했던 경험은 지금 생각해 보면 공교육에서는 비록 부적응자로 치부되었지만, 사회에서만큼은 적정한 자격증을 소지하고자 하는 열망을 확인할 수 있는 경험이었다. 공부만이 살길이자, 사회에서 인정되고 통용되는 계층사다리이기 때문이다.

이렇듯, 공교육 내뿐만 아니라 공교육 밖에서도 누구나 올라타려는 교육을 통한 계층사다리는 어떠한 특성이 있을까? 저자에 따르면, 누구나 똑같이 보이게끔 만드는 교복 도입, 비싼 시계, 신발, 장신구의 착용 금지 등을 살펴볼 때 대부분의 한국 사람들은 교육만큼은 반드시 평등해야 한다고 느낀다는 것이다.[154]

최근 이슈가 되었던 교육에서의 공정성 논의,[155] 즉 교육 선발 공정성 이슈, 사유화되고 계층화된 중·고등 교육의 지형을 국가 책임하에 공적이고 평등한 체제로 복원하는 이슈 등을 살펴볼 때 교육에서의 공공성 및 평등성은 반드시 지켜져야 하는 것으로 공유되고 인식된다. 교육은 평등하고 민주적이어야 한다는 믿음은 19세기 말까지 한국 사회를 지배했던 엄격하고 세습적인 계급사회를 부정하는 것으

로 이해되어야 함을 저자는 주장하고 있다.[156]

  사회적으로 얻게 되는 부나 명예를 향한 욕구의 또 다른 모습은 바로 한국 사회의 구질서를 무너뜨리는 데 교육이 사용되었다는 점이다. 이때, 계급사회에서 적용되었던 차별과 차등은 평등과 균질이라는 개념으로 치환되어 적용된다. 교육은 누구에게나 공평하게 열려 있어야 하며, 교육의 내용과 질 또한 균등해야 함을 의미한다. 초창기 사립초등학교의 엘리트주의를 비판하는 학부모의 원성으로 사립초등학교 교장들이 엘리트주의와 우월감을 가지지 않겠다고 성명을 낸 것을 보면, 우리 사회가 교육에 대한 평등주의에 얼마나 민감한지를 살펴볼 수 있다.[157] 또 다른 예로서, 중등학교 입학시험 폐지 후에 추첨제를 TV로 방송하여 공평성을 입증하기 위한 노력과[158] 특정 유명 고등학교 쏠림 방지를 위한 고교평준화 정책 또한 이 같은 맥락으로 볼 수 있다.[159]

  평등하고 공정한 계층사다리는 지금 어떻게 변화되고 있나? 한숭희2019에 의하면, 평등하고 공정한 계층사다리는 공정성 게임으로 전락한다고 지적한다. 즉, 게임이라는 공식이 대입됨에 따라 공정이라는 프레임에 강자는 승자가 되고 약자는 패자가 되는 공정한 게임은 공정성을 보장하지만 평등은 보장하지 못하는 정의가 죽은 공정성이라 평가한다. 이러한 현상은 교육이 상품으로 전락하고, 학생은 소비자로 전락하는 과정에서 더욱 가속화된다. '공공성의 역설'이라고 표현되는 교육의 계층사다리는 누구나 올라타지만, 공정한 게임이라는 형태로 '능력주의Meritocracy'에 따른 '학벌주의Degreeocracy'

프레임에 갇히게 되는 악순환의 반복을 겪게 된다. 능력만이 살길이요, 도태되는 것은 능력 부족이라는 폄하로 연결되는 프레임에 교육은 수단으로 작용한다. 능력을 배양할 수 있는 환경 조성은 무엇보다 중요하다.

'희망의 부재'에서 나오는 교육열

이제 논의를 학교현장으로 돌려보고자 한다. 학부모들이 갖는 학력에 대한 불안, 매스컴의 학력격차에 따른 우려, 소위 8학군으로 불리는 곳에서의 학교 온라인 수업 또한 학원에서 진행되고 보충수업으로까지 이어진다는 뉴스 등은 능력주의 사회에서의 계층사다리 게임에서 유리한 위치를 차지하고자 하는 욕망과 연결된다.[160] 욕망이 아니라면, 최소한 계층사다리 내에서 행해지는 게임에 참여할 수 있는 최소한의 능력을 배양하기 위한 발버둥으로 이해된다. 초등학교 저학년의 경우에 학부모의 도움 없이는 진행되기 어려운 온라인 수업으로 인한 학습격차, 초등학교 고학년의 경우에 학교에서 진행되는 온라인 수업 외에도 사교육을 통해 교육 공백을 메우는 노력은 비단 초등학교에만 국한되지 않고 중·고등학교에서도 적용되는 현상이다. 이것조차 할 수 없는 부모는 사막 한가운데 자식을 그냥 버려두는 심정이지 않을까? 학부모와 상담을 해 보면 그 불안을 고스란히 느낄 수 있다.

과거의 교육열과 비교해 보면 현재의 교육열은 '희망의 부재'에서 나온 것일지도 모른다. 비록 사회적으로는 낮은 지위에 있을지 몰라도, 소를 팔고 농사를 지어 자식 하나만큼은 대도시에서 자식 농사를 성공적으로 할 수 있다는 믿음과 희망이 과거에 있었다면, 현재의 교육열은 교육 계층사다리에 뛰어들기 전부터 게임의 순위가 정해지는 형태로 변형되고 있다. 교육에 대한 믿음과 희망이 여전히 존재하지만 성공할 수 있다는 불안은 가중된 상태이자, 누군가에게는 희망이 존재하지 않는 교육열이다. 최소한으로만, 게임에 참가할 수 있도록 자식을 준비시키고자 하는 부모의 작은 희망이 그 교육열을 이어 가고 있다.

사실 교육격차 및 교육열에 따른 병폐는 오래전부터 이어져 왔다. 코로나19로 인해 교육격차는 더욱 심화되고, 교육열은 누군가에게는 더욱 커졌고 누군가에게는 꺼져 가는 불씨와 같이 변화해 왔다. 더욱이 코로나19 상황에서의 교육열은 교육에 대한 열망fever과 함께 학부모의 불안과 공포가 한층 더해져 나타난다. 과거부터 누구나 접근할 수 있었던 희망의 사다리가 경쟁의 사다리로, 이제는 올라탈 수 없는 사다리의 부재로 느껴지는 현실은 코로나19로 인해 더욱 가중된다. 우리가 이 시대의 교육열을 이해하기 위해서는 계층사다리의 부재에 따른 심정적 이해에 초점을 둬야 할 것이다.

그렇다면 우리는 교육열에 대해 어떠한 입장을 가져야 할 것인가? 우리 사회가 능력주의와 학벌주의 프레임에 갇힐 때, 개인에 책임이 전가된 형태로 능력주의와 학벌주의 프레임이 인정되고 형성되었다고 한다면, 미래에는 개인에 책임이 전가된 형태가 아닌 공동체에서 그 책임을 나눠 지는 형태로 변화되어야 한다. 마이클 샌델Michael J. Sandel, 2020[161]의 논의와 같이 누군가의 성공은 개인의 노력에 의해 결정지어지기도 하지만, 그 성공을 뒷받침하는 환경을 무시할 수 없다. 이는 태어나면서부터 결정지어지는 것이 대부분이기에 개인의 노력으로 치환되는 것은 논리적으로 맞지 않다. 이를 다르게 생각하면, 개인의 성공에는 노력보다는 '운'이 더 작용한다고 아주 거칠게 생각할 수도 있는 것이다. 따라서 교육을 통한 계층사다리에서 성공하는 것에 모두가 열광하거나 또는 개인적으로 자랑스럽게 여기기보다는 운으로 인해 성공했다는 점을 어느 정도 인정하고 겸손해지는 태도로 사회가 접근해야 할 것이다.

또한 역사에서도 살펴보았듯이, 대한민국 사회의 교육열은 절대 쉽게 꺼지지 않는 등불일 것이다. 전쟁 속에서도 식지 않았던 이 열기는 코로나19 시기에도 절대 식지 않을 것이다. 따라서 다시 한번 심기일전하여 계층사다리에 올라타려고 하는 수많은 학생과 학부모의 심정을 이해하는 정책이 수반돼야 할 것이다. 이는 비단 교육 환경과 정책만으로는 부족하고 사회적 혁신이 동반되는 변화가 있어야만 그 가능성을 엿볼 수 있을 것이다. 이 글에서 그 모든 가능성을 논할 수 없지만, 무엇보다 능력주의 사회에서 겸손이 사라진 풍토, 결과에 따라 상대를 무시하는 환경, 연대가 없는 개인주의 사회 등은 결코 불안이 가중된 교육열을 변화시킬 수 없을 것이다.

가난한 농부가 되지 마라, 아버지처럼 살지 마라! 어렸을 때부터 수도 없이 듣던 이 말은 농촌에서 대도시로 전학 왔던 나를 끊임없이 채찍질했던 부모님의 말씀이었다. 여기에는 희망이 있었고 지금도 희망을 주는 말씀이다. 자신을 헌신하면 자식이 어느 정도 사회에서 자리 잡을 수 있었던 사회적 구조는 형평과 공정이 어느 정도 신뢰를 받았다. 하지만 이제는 희망이 없는 계층사다리 내에서 고분분투할 그 누군가를 생각하면 그 심정을 감히 가늠해 볼 수 없을 정도다. 희망이 없으면 미래가 없다. 조그마한 희망을 위해 노력하는 부모님과 학생들을 위해 우리는 그 희망을 보여 줄 수 있어야 한다. 이 희망은 함께할 때 더욱 커질 것이고, 공감될 때 우리 사회에서 자리 잡게 될 것이다. 교육이 성공에 취한 사회를 겸손과 배려가 가득한 사회로, 또한 누구나 공정하면서도 평등하게 사회의 계층사다리에 올라탈 수 있게 하는 역할을 할 수 있기를 기대한다.

4장

실천

1.
자율과 책임의 교육

    처음 코로나가 발발했을 때는 코로나가 감기처럼 단순히 지나가는 유행병이라고 생각했다. 하지만 시간이 지날수록 교육 관계자들은 초조해졌다. 특히 학교현장에서 교장의 지도성에 한계가 왔다. 교장은 안전과 학습의 조화를 이루어야 한다. 교사는 학생과 대면할 수 없는 상황에서 학급을 경영해야 한다. 학부모는 가정에서 자녀의 학습을 확인해야 한다. 학생은 학교뿐 아니라 가정에서도 학습을 해야 한다.

학교 구성원들은 각자 어떤 지도성을 발휘해야 하나

    2020년 5월 중순부터 이루어진 등교수업을 병행한 원격수업은 정착화되었다. 하지만 학생의 정상적인 등교를 비롯해 여러 가지가 코로나 전 상황으로 돌아가는 일은 아직 요원해 보이고, 자율성과 책무성이 강조되는 학교현장에서 교장 혼자만이 학교 경영을 이끌기에는 한계가 있다. '자율성'과 '책무성'의 변화를 통해 교장, 교감, 부장교사, 담임교사, 학생, 학부모 등 학교 구성원들이 각자 어떤 지도성을 발휘해야 하는지 살펴볼 필요가 있다.

자율은 외부의 부당한 통제나 간섭 없이 자주적으로 선택하고 결정하며 자기 실천을 하는 것이다. '자율성'은 전문성과 밀접하기에 자율적 사고와 판단을 장려하는 교육 풍토가 조성되어야 하고 학교 구성원들이 의사결정에 적극적으로 참여할 수 있어야 한다.[162] 코로나로 인해 이전에 행해지던 교육 방식이 변화했고, 교사의 자율성이 커졌다. 교육청에서는 사회 상황에 따라 학생이 전체 수업일수의 1/3 이하 또는 2/3 이하로 등교하는 범위 안에서 학교 재량으로 교육과정을 운영하게 하였다. 교육과정의 시수, 수업 활동, 평가 방식의 변화에 맞춰 교사는 교육과정의 내용을 수정한다. 편제, 수업 시간, 수업 방식, 학생 등교일, 점심 식사 등을 학교 자체적으로 계획하고 협의하여 진행하고 있다.

학생과 학부모의 자율성도 커졌다. 8시 40분에 등교해서 14시 30분에 하교했던 학생의 생활방식이 변화되었다. 학생은 교사가 제시하는 인터넷 학습 게시판에서 집중이 잘되는 시간에 선택적으로 학습한다. 또한 학생은 이해가 안 되는 부분은 정지하여 보거나 반복적으로 학습한다. 학부모도 학생의 상황에 맞춰 자율적으로 일과표를 구성한다. 하지만 갑자기 닥친 상황이어서 미처 준비하지 못한 부분이 많다. 코로나 감염 방지로 인해 공간적 제약을 받기 때문에 가정을 제외한 공공시설을 직접 사용하지 못하고 일정 부분의 수업은 사이버 공간에서 하게 되었다.

책무는 이해 당사자들 간에 자신이 이행해야 할 책무 내용과 수행 방식에 대해 보고·설명·정당화하는 행위로서, 경우에 따라서는 그 이행 결과에 따라 보상과 제재를 가하는 활동이다.[163] 교사의 의무에 관해서는, 「초·중등교육법」 제20조에 "교사는 법령에서 정하는 바에 따라 학생을 교육한다"라고 제시되어 있다. 「국가공무원법」 제7장[164]에도 제시되어 있다.

코로나 상황에서 더욱 강조되는 것은 성실히 직무를 수행하는 의무와 소속 상관의 직무상 명령에 따르는 복종의 의무이다. 이는 뚜렷한 실체가 없는 의무이므로 매뉴얼이 아니다. 그래서 교사의 자율적인 판단 행위로 발생하는 실책은 교사에게 직접적인 타격을 줄 수 있다. 그러므로 지금과 같은 위기 상황에서 교사는 기계적으로 국가의 시책과 매뉴얼을 따르게 된다.

학생은 학교에서 마스크 쓰기, 2미터 간격 유지하기, 신체접촉 금지 등의 행동 제한으로 책무성이 커졌다. 학부모는 가정에서 학습 도우미의 역할까지 떠맡아서 책임감이 커졌다. 다른 가정과의 비교, 맞벌이로 인한 자녀 교육의 소홀로 고충을 호소하는 경우도 있다.

모든 활동에 방역지침을 따르기 때문에 행동의 제약이 크며, 코로나에 걸렸을 때 따르는 소모를 걱정하여 더욱 움츠리게 되었다. 물론 자율성만을 강조하면 방임에 빠지기 쉽고, 책무성만을 강조하면 규격화된 인간을 양성하게 될 수도 있으므로 적절하게 조절해야 한다.

각자의 전문성을 발휘하려면 자율성 행사의 결과에 대한 책무성이 수반되어야 한다.

지도자와 구성원 간의 상호작용

지도성이란 목표 달성을 위해 구성원들이 역량을 발휘하도록 선한 영향을 주는 과정이다. 현재의 지도성은 주어진 상황에서 지도자와 구성원 간의 상호작용에 의한 영향력이라고 본다. L(leadership)=f(leader)×f(follower)×s(situation) 형식으로 본다.[165] 기존에는 지도자의 특성만이 절대적으로 리더십 역량을 결정한다고 보았다. 지도자는 경험과 경륜을 지닌 존재로서 인성적, 동기적, 기술적 특성을 가지며 강력한 카리스마를 발휘하여 학교 경영을 했다. 그러다가 연구자들은 지도자의 행동에 주목하였다.

할핀Halpin은 지도자 행위를 '구조중심' 행동과 '배려중심' 행동으로 구분하여 효과적인 유형, 과업지향적 유형, 인화지향적 유형, 비효과적인 유형을 주장하였다. 그러나 행동적 접근이 조직 성과나 조직 구성원의 만족도를 연결시키지 못해 상황적 접근이 대안으로 나왔다. 상황적 접근에서 지도자의 행동은 사회적 상황에 따라 유동적이므로 어떤 상황이나 공통적으로 적용되는 지도성 유형은 존재하지 않는다.

대표적인 학자로서 허시Hersey와 블랜차드Blanchard의 상황적 지도성이 있다.[166] 지도자의 과업 행동, 지도자의 관계 행동, 조직 구성원들의 성숙 수준 등 3요소 간의 상호작용으로 지시형(telling: 높은 과업 행동과 낮은 관계 행동) → 설득형(selling: 높은 과업 행동과 높은 관계 행동) → 참여형(participating: 낮은 과업 행동과 높은 관계 행동) → 위임형(delegating: 낮은 과업 행동과 낮은 관계 행동) 순으로 변화 과정을 보여 준다.

이완결합체제로서 특징을 갖춘 학교는 코로나로 인해 조직의 독특성이 커졌다. 이를 모든 학교에 공통적으로 적용할 수는 없다. 조직 구성원들의 수준이 낮은 곳에서는 기계적 관료제의 특징을 띠고, 수준이 높은 곳에서는 전문적 관료제의 특징을 띤다. 이에 지도자는 변혁적 지도성을 활용하여 지도자와 구성원 양자 모두의 동기유발과 동기수준을 높이고 구성원들의 동기와 요구에 관심을 기울여야 한다. 그래서 구성원들이 그들의 능력을 최대한 발휘하도록 도와주어야 한다. 그리고 지도자는 권위적이 아닌 권위 있는 자세로 인간관계를 돈독하게 하고 교육 전문가로서의 역량이 필요하다. 또한 분산적 리더십이 대두되고 있다. 분산적 리더십은 학교 구성원들에게 의사결정을 포함한 다양한 권한을 위임하고, 학교 운영에 적극 참여시키는 것을 특징으로 한다.[167] 지도자는 권한위임empowerment을 통해 구성원이 학교 운영 전반에 자율적으로 참여하고 책임을 부여하여 전문가가 되도록 도와주어야 한다.

상황의 변화는 조직 구성원에 대한 인식을 변화시켜 '팔로워십followership'을 필요로 한다. 팔로워십은 조직을 구성하며 지도자를

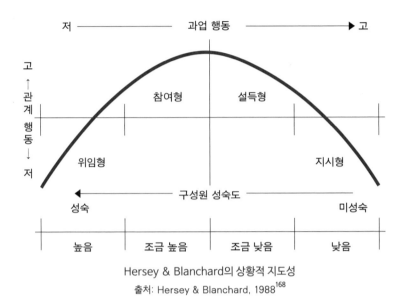

Hersey & Blanchard의 상황적 지도성
출처: Hersey & Blanchard, 1988[168]

적극적으로 인정하고 지지하는 것이다.[169] 또 비판적인 시각을 갖고 업무수행 능력을 기르며 자기관리와 책임을 다해 지도자를 돕는 것이다. 그래서 팔로워십은 조직의 긍정적인 발전을 유도하는 성향이나 행동 방식 또는 사고체계 등을 말하기도 한다. 이전의 조직에서는 실무형, 순응형 구성원이 각광을 받았다. 지도자의 명령과 지시를 잘 따르는 '예스맨'이거나 관례와 전례를 추구하여 안정성을 추구하는 게 미덕이었다. 하지만 코로나로 불확실한 상황에 처한 지도자는 이전의 경력이 무색해졌기에 리더 혼자서 조직의 효과성을 이룩할 수 없다. 그래서 지도자의 결정을 무비판적으로 수용하고 부적합한 방식으로 이행하다가 조직 전체가 난관에 봉착할 수 있다. 명확한 교수 매뉴얼이 없는 중구난방의 상황에서 교장, 교감, 부장교사도 혼란스럽기는 마찬가지다. 학교 방침이 결정되기 전에 적극적인 의사소통으로 협의를 이끌고, 결정된 사항은 따르는 게 옳다. 교사는 지도자의 지침을 명확하게 이해하여 담임교사, 학부모, 학생에게 전달하고, 이에 대한 피드백을 효과적으로 전달할 수 있어야 한다. 위기 국면에서 지도자의 지지도는 올라간다. 팔로워들이 '시스템 정당화 심리(현재의 제도와 시스템이 문제가 없고, 제대로 작동하고 있다고 정당화)'가 발동하여 내부의 모순과 갈등을 제쳐 두고, 똘똘 뭉쳐서 위기를 극복하는 게 먼저라는 마음을 갖기 때문이다. 하지만 지도자가 위기 타개를 위해 수직적이고 권위지향적인 자세를 취할 수 있기에 팔로워들의 비판적이고 감시적인 자세가 필요하다. 팔로워들은 '옹호자'로

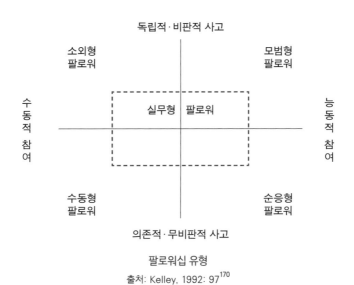

팔로워십 유형
출처: Kelley, 1992: 97[170]

서 지도자에게 격려와 열의를 보여 주면서, 때로는 '비판자'로서 지도자의 잘못된 결정을 예방하는 모범형(협력적) 팔로워의 자세를 유지해야 한다.

셀프 리더십과 부장교사 리더십

그리고 셀프 리더십Self-leadership이 필요하다. 셀프 리더십은 자기 스스로에게 선한 영향력을 발휘하는 리더십이다. 자기 목표를 설정하고 자신의 효율성을 증대시키기 위해 행동을 조절하며 자기 평가를 한다. 셀프 리더십은 타고난 것이 아니라 학습을 통해 얻어지는 것으로서 모든 사람은 나름의 셀프 리더십을 발휘할 수 있다.[171]

교사는 자신의 수업을 녹음·녹화하고 학습방에 업로드를 하며 자기 수업 분석·연구가 가능해졌다.

> 수업공개는 경력에 상관없이 누구나 부담스럽다. 부장교사로서 수업공개 역할을 맡고 내 수업을 비디오 녹화를 하며 다시 시청했을 때 나쁜 자세가 눈에 보였다. 삐딱하게 서 있고 손은 뒷짐을 지며 순회하는 모습이 무의식적으로 나왔다. 또한 발음이 불명확해서 청자에게 정확하게 전달되지 않았다. 의식적으로 단어를 명확하게 말하고 띄어 읽기를 하였다. 바른 자세, 명확한 발음 내기를 의식하면서 수업을

하였다. 공개수업 동영상을 보니 이전보다 많이 개선되었다. 이후로 영상을 계속 촬영할수록 바른 자세가 되었고 명료한 발음이 나왔다. 영상 촬영을 했을 때는 기능 습득을 위해 시간이 많이 걸렸지만 지금은 짧은 시간에 효과적으로 전달하게 되었다. 수업을 녹화하고 반성하는 자세를 취함으로써 개선된 모습이었다. _교사 김○○

또한 인터넷을 이용한 교육 기관·단체에서 자기 계발의 정보 자료를 학습하거나 전공 서적·자료를 탐독할 수 있다. 학생은 교사의 감독이 아닌 자율에 의해 학습을 하고 과제를 업로드하며 자기 평가를 한다. 학부모는 자녀의 학습진도율과 과제 이행 여부를 확인하고 조력하며 교육 책무성을 수행한다. 학습은 결국 학생이 하는 것이지만 초등학생 시절은 주변의 도움으로 더 큰 성과를 낼 수 있는 시기다. 학교 구성원이 각자 맡은 역할에 따른 책임을 수행해야 학생의 경제적·지역적 학업 편차인 '양극화'를 방지할 수 있다.

부장교사 리더십도 확대되고 있다. 부장교사는 교장을 따르는 팔로워이기도 하지만 동료 교사들을 이끄는 중간 지도자의 역할을 수행하기도 한다. 「초·중등교육법」 제19조 3항은 "학교에는 원활한 학교운영을 위하여 교사 중 교무敎務를 분담하는 보직교사를 둘 수 있다"라고 규정한다. 교장은 학교 실정과 업무의 성격을 고려해 자율적으로 부장교사를 정하고 권한과 책임을 이양한다. 부장교사는 행정상의 관리적 역할과 학교교육의 질적 역할을 위한 참모 역할을 수행한다.[172] 특히 학년 부장교사는 학년교육과정 편성·운영·평가, 학년 경영계획 수립·운영, 학년 업무분장, 학년 장학, 학년협의회 운영·활성화 등의 책임을 맡는다.[173] 수시로 변하는 교육과정에 맞춰 학교에서 한 해 연간 6시간 운영했던 '봉사' 시간을 '자율' 활동으로 바꿀지, 이 활동을 학교가 아닌 가정에서 행하게 할지는 부장교사가 판단해서 조정한다. 또한 '동아리' 활동을 가정에서도 어렵지 않게 할 수 있는 문화예술 활동으로 재구성하는 것도 부장교사의 몫이다.

공동체성과 팀워크

구성원들의 공동체성colleagueship도 강조된다. 공동체성이란, 학교 구성원 간의 협력관계로서 조직 구성원들이 서로를 아끼고 돌보는 동료의식을 의미한다. 초등학교는 동학년 교사와의 관계가 중요하다. 업무분담에 맞는 책임감도 부여되기에 더욱 그렇다. 원격학습 방법의 특수성으로 학습 내용을 영상으로 제작해야 한다. 현재 지도서를 보면 국어, 사회는 토론식 수업이 많고 체육은 단체놀이, 음악은 리코더 불기, 단소 불기 등 연주하는 부분이 있다. 이 부분을 삭제하면 지도서의 거의 절반 정도가 사라진다. 그러므로 코로나 시대에는 여러 교사가 협력하여 교육과정을 재구성해야 한다.

또한 학생-학생, 학부모-학부모 간 협력관계도 중요하다. 단절된 공간에서 관계를 유지하려면 서로가 긴밀한 연락체계를 구축하여 소속감과 유대감을 가져야 한다. 과제 상호 평가, 인성 지도, 문화 예술 교육 등으로 학생의 사회적, 정서적 감정을 충족시켜 주어야 한다.

교사는 등교수업 중에 학생의 과제 확인, 건강 상태 확인, 수업 진도 나가기, 수행평가, 생활지도 등을 한다. 온라인 학습 중에도 자가 진단 확인, 학습진도율과 과제 확인, 피드백 제공 등을 한다. 교장과 교감도 상호 협력을 통해 서로의 지도성을 발전·보완하여 학교 구성원의 성장 및 교육의 질 개선에 공헌해야 한다.

결국 지도성은 팀워크로 조화를 이룬다. 코로나 시대에는 사람들이 마스크를 쓰고 타인과 거리감을 두며 생활하지만, 코로나 극복을 위해서 서로 협력하고 연대해야 한다는 목소리도 있다. 따라서 어떤 방향으로 행동하는가에 따라 사람들을 권위적이고 수직적인 관계로 이끌 수도, 자율적이고 수평적인 관계로 이끌어 낼 수도 있다.

이를 선택하는 우리의 결정이 중요하다. 민주적 학교 풍토를 위해서는 소수가 아닌 모두가 서로에게 선한 영향력을 발휘해야 한다. 상부의 지시와 명령으로 '누군가가 해 주겠지'라는 안일한 생각으로 '따라가는' 시대는 지나갔다. 자율성에 따른 책임감으로 스스로 '개척하는' 시대가 도래하였다. 교장은 변혁적, 분산적 지도성을 발휘하여 구성원들이 능력을 최대한 발휘하도록 도와주어야 한다. 교감은 교장을 후원하고 친밀한 관계를 유지하며 철학과 비전을 공유하여 협력관계를 유지해야 한다. 부장교사는 공동체성을 발휘하여 관리자와 교사의 완충적 역할을 수행해야 한다. 담임교사는 관리자와 부장교사에게는 팔로워십, 학생에게는 지도성을 발휘해야 한다. 학생과 학부모는 학교 관계자에게 팔로워십을 통해 적극적으로 지지와 비판을 함으로써 참여해야 한다. 그리고 셀프 리더십을 통해 학습계획을 스스로 구성하고, 자기 통제로 학습에 임하며 과제 평가를 해야 한다. 각자가 맡은 역할에서 자율성에 기반을 둔 책무성을 다하고 신뢰를 바탕으로 한 의사소통과 협력하는 팀워크를 발휘해야 코로나라는 거친 물살을 헤쳐 나갈 수 있을 것이다.

2.
눈 맞춤 교육, 소통의 창

마스크를 쓰고 교실에 앉아 있는 학생들을 구별하기가 어렵다. 눈만 제외하고 얼굴의 다른 부분을 가리고 있으니 상태를 확인하기 쉽지 않다. 상대방과 공감하려면 눈을 바라볼 수밖에 없다. 오랜만에 보는 학생이라 서먹해서 다른 곳을 보기도 하지만 서로 눈을 바라보아야 상대방의 감정을 느낄 수 있다.

눈 맞춤으로 공감하는 관계, 의사소통의 길을 열어야

인간은 눈을 통해 외계의 사물과 변화를 감지한다. 시각이 대상을 보는 신경의 작용이라면 시지각은 시각에 의한 지각의 발달을 의미한다. 시각에 의한 지각은 '인지한다'라고 말하는데 시각 자극을 의미 있게 재해석하는 과정을 거친다. 눈은 모든 상황에서 정확하지 않다. 그래서 물리적 실재와 합치하지 않는 경험인 착시가 발생한다.[174] 크기나 형태, 길이나 거리, 색채나 움직임 등이 실제로 보이는 것과 다르게 보인다. 그래서 시각뿐만 아니라 후각, 청각, 촉각 등의 감각기관을 동원하여 실체를 정확하고 가깝게 느낄 수 있다.

피아제Piaget에 따르면 초등학생은 구체적 조작기로서 아동의 개별 눈높이 수준에 맞는 언어 사용과 행동을 통한 수업이 요구된다. 그리고 적절한 수준의 새로운 경험 제시와 사회적 상호작용을 위한 토론과정이 필요하다. 또한 문제 제시를 통한 동화와 조절단계를 이용한 평형화 측면으로 아동 눈높이에 맞는 교재나 교구를 제공해야 한다.

관찰은 눈 맞춤을 전제로 한다. 표준국어대사전에는 "관찰이란 사물이나 현상을 주의하여 자세히 살펴보는 행위이며 철학적 관점에서의 관찰은 적극적인 의도를 가지고 살펴보는 행위이다"라고 제시되어 있다. 관찰은 사물과 현상에 대해 문제와 관련하여 필요한 정보와 자료를 얻는 탐구의 가장 기본적인 과정이라고 정의되기도 한다.[175] 고정관념에 의해 대상을 피상적으로 보는 것을 의식적으로 경계하며 주체적으로 대상을 살펴야 한다.[176] 또한 장기간의 관찰을 통해 대상의 본질과 특성을 파악할 수 있다. 그래서 교사의 관찰은 학생들이 문제해결 과제나 심화학습 교육과정에서 실시되는 과제들을 어떻게 해결하는지 확인하고 학생의 행동 특성을 파악하기 적합하다.[177] 대상에 대한 목적의식과 관심이 있어야 눈 대충이 아닌 눈 맞춤이 이뤄진다.

시선의 차이

자신이 처한 상황이 급속도로 나빠졌을 때 사람들은 잘못을 자신으로 향하는 경우가 많다. 자신이 저지른 잘못을 심각하게 여길 때, 사람들은 수치심과 죄책감을 느낀다. 수치심과 죄책감은 자신의 언행을 관찰하고 반성하며 생기는 대표적인 자의식적 정서self-conscious emotion이다.[178] 표준국어대사전을 보면, 수치심shame은 "다른 사람들을 볼 낯이 없거나 스스로 떳떳하지 못한 마음"을 의미하고, 죄책감 guilt은 "저지른 잘못에 대해 책임을 느끼는 마음"을 의미한다. 부정적인 결과에 대한 평가의 초점이 수치심의 경우 전반적인 자기global self에, 죄책감의 경우 특정 행동specific behavior에 맞추어진다.[179] 그래서 수치심은 죄책감보다 자기 부정을 일으키므로 고통의 수준이 높다. 시선을 어디에 두느냐 따라서 회복의 속도가 달라진다.

동학년 선생님이 급하게 교실로 찾아오셨다. 반 학생이 자가진단검사를 했는데 39도로 나와 선별진료소에서 검진을 받았다는 것이다. 어떡하면 좋겠냐고 목소리가 떨리는 선생님께 안심하라고 말씀드렸다. 그렇지만 동학년 선생님뿐만 아니라 나도 하루 종일 학생의 결과에 정신이 곤두서 있었다. 코로나로 인한 사회적 부담이 큰 상황에서 교실에 코로나 걸린 학생이 있다고 하면 주변 학부모에게 민폐를 끼친다는 목소리가 들려오는 듯했다. 그리고 어디서부터 잘못되었는지 반성하며 자연스럽게 수치심도 발현되는 듯했다. 검사 결과 음성이라는 전화를 받고 한숨을 놓는 선생님과 나를 보며 책임감이 강해서 부정적인 감정도 크게 들지 않았나 싶었다. 수치심과 죄책감은 향후 자신의 행동을 개선하는 데 도움이 된다. 하지만 정도가 지나쳐 함몰되어 에너지를 소진할 필요는 없다. 전염병은 자신이 방역을 완벽히 해도 걸릴 수 있으니 긍정적인 마음을 가져야 한다.

시선에 대해서는 동서양의 차이도 존재한다. 아직 우리 사회에서는 상대방의 눈을 똑바로 쳐다보고 말하면 부담스러워한다. 특히 어른들의 눈을 똑바로 쳐다보면 건방지거나 예의 없다고 생각한다. 반면 서구권에서는 눈을 보고 대화하는 것이 자연스러우며 상대방에게 신뢰를 주는 행동이다. 브라이언 그레이저Brian Grazer[180]에 따르면 눈 맞춤은 호기심, 신뢰, 친밀감, 공감, 취약성 등의 의미 있는 관계가 성립하기 위한 출발점이다. 그리고 진심으로 존중하는 눈 맞춤을 통해 상대의 감정과 생각을 읽고, 이를 통해 성격이나 사고방식을 습득하여 깊고 공감하는 관계를 만들어 의사소통할 수 있게 한다.

원격학습의 한계

비고츠키Vygotsky 이론의 관점에서 관찰의 필요성을 언급할 수 있다.[181] 인간의 고등정신기능은 사회 상호작용을 통해서 개인 간의 수준에서 습득하고 내면화하여 개인 내의 정신기능으로 변화한다. 공유된 환경에 있던 정신기능들이 개인 내로 들어오게 되는 지점을 비고츠키는 '근접발달영역'이라고 하였다. 독자적으로 문제를 해결함으로써 결정되는 실제적 발달수준actual development level과 성인의 안내나 보다 능력 있는 또래들과 협동하여 문제를 해결함으로써 결정되는 잠재적 발달수준potential development level 간의 거리가 근접발달영역이다. 스캐폴딩scaffolding이란 더 유능한 또래, 교사, 부모가 학습자에게 적절한 안내나 도움을 제공함으로써 학습에 도움을 주어 인지 발달을 돕는 '발판' 역할을 하는 체계를 말한다. 이때 교사는 학습자를 관찰하고 대화의 시간을 가지며, 현재 수준에 적절한 도움을 제공하여 학습자들과 함께 과제에 적극적으로 참여한다. 학생들은 서로 간의 관찰과 협의를 통한 협동학습으로 학습 내용을 계획하고 토론한다. 그리고 분담하여 책임 있는 역할을 수행함으로써 개인뿐만 아니라 조직의 목표를 성취한다. 이는 원격수업으로는 한계가 있으며 대면수업의 필요성을 언급한다.

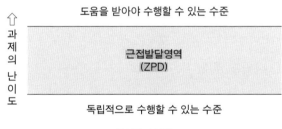

근접발달영역
Bodrova & Leong, 1998: 73[182]

의사소통은 단지 말을 주고받는 것more than words 이상이다. 특히 언어로 의사소통하기 어려운 학생이라면 아이들의 행동을 보며 의도를 알아야 한다. 자기가 원하는 사물을 바라보거나 가리킨 후에 상대방을 돌아볼 수 있다. 원하는 대상과 상대방을 번갈아 가며 눈길을 주며 관심거리를 표현할 수 있다. 또한 아이가 잘못된 행동을 했을 때 눈을 응시하고 엄하고 명확하게 말해야 한다. 아이의 반응을 살피고 상호작용을 성공적으로 하기 위해서는 눈 맞춤이 선행되어야 한다.[183]

이덕주[184]에 의하면 아이와 적절한 상호작용을 이루기 위해서 어른은 아이와 눈을 맞추고 조곤조곤 이야기를 하며, 아이가 보내는 신호에 즉각적인 반응을 보여 공감해야 한다. 샐리 워드Sally Ward[185]는 어른이 아이의 눈을 보면서 성심껏 천천히 말을 걸라고 언급한다. 하루에 30분 이상 아기와 일대일로 마주하는 시간을 마련하면 경청 능력과 주의를 기울이는 힘이 향상되기에 눈 맞춤을 강조하였다. 이때 어른들이 나누는 대화는 특별한 도움이 되지 않는다. 한 사람의 어른이 눈 맞춤을 하여 들려주는 말을 귀 기울여 듣는 아기가 많았다. 이처럼 아기 때부터 눈 맞춤 교육은 중요하다. 코로나 시대에 중요함은 더 말할 나위도 없다.

학생들이 서로의 눈을 보지 않고 대화도 하지 않은 채 손에 시선을 고정하여 정보화 기기만 보는 경우가 많아졌다. 특히 코로나로 인한 원격수업이 가정에서 진행되어 정보화 기기는 필수가 되었다. 그러므로 학생들은 스마트폰과 컴퓨터에 자주 노출되어 눈이 혹사되고 있다. 공식적인 허락을 받고 정보화 기기를 사용하는 학생들에게 과연 원격학습은 효과가 있을까?

효과적인 학습 방법으로 학습 피라미드Learning Pyramid를 확인해 보겠다. 학습 피라미드는 외부 정보가 우리의 두뇌에 기억되는 비율을 학습 활동별로 정리한 것이다. 이는 시청각 교육의 수동적 학습 방법의 효과성이 낮음을 알려 준다. E-학습터 과제방의 수업은 문제와 답이 정형화된 것이 많다. 그래서 학생은 이유와 근거에 대한 진지한 성찰 없이 지식을 수동적으로 학습할 우려가 크다. 또한 문제해결 시 정지 버튼을 누르고 스스로 고민한 후 답안을 참고해야 하는데, 그렇지 않은 학생이 많을 것이라 예상된다. 등교수업 때 학생들의 교과서를 확인하면 천편일률적인 답이 쓰여 있고, 물어봐도 제대로 답하지 못하는 경우가 많다. 수업의 양적·질적인 면뿐만 아니라

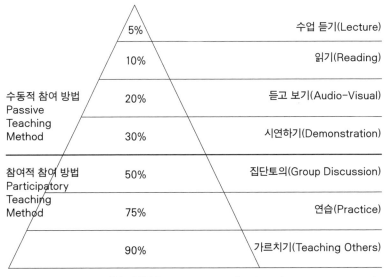

평균 기억률(Average Retention Rates)

출처: Baer, J. 2010: 15[186]

학생의 자기주도적 학습이 제대로 이루어지는지가 중요하다. 초등학생은 중고등학생에 비해 자기주도적 학습 능력이 갖춰져 있지 않은 경우가 많아 보호자의 지도가 필요하다. 이는 코로나 시대로 인해 맞벌이나 사회적 소외 계층의 자녀가 불리함을 여실히 보여 준다. 시청각 교육의 한계를 알 수 있다.

표현해서 더욱 행복하다

상대방의 얼굴을 계속 집중해서 보는 화상회의나 쌍방향 수업도 눈의 피로감을 증대시키고 있다. '언택트untact' 업무 환경으로 상대방 얼굴을 화면으로 계속 쳐다봐야 한다. 또한 화면에서 자기 얼굴을 보는 것도 피로를 일으킨다. 얼굴은 상대방의 감정이 나타나는 화면인데 그 감성 정보를 실시간으로 받아 뇌에서 처리하는 과정에서 에너지 소모가 많다.[187] 학생 25명과 실시간 수업을 하고 있다면 공간이 25개 존재하는 셈이다. 그 공간에 책과 필기도구가 함께 놓여 있다면 집중력은 더 저하된다.

얼마 전 청소년 인터넷 스마트폰 이용 습관 진단을 가정 컴퓨터로 실시하였다. 문항 중에 '하루에 인터넷을 몇 시간 정도 하십니까?'가 있었는데, 온라인 학습이 주로 실시되는 상황에서 아이러니한 질문이 아닌가! 장시간 컴퓨터와 책을 보며 공부하고 SNS를 통해 학습 안내, 건강 상태, 긴급 연락, 친구 간의 교제 등을 하니 학생들의 눈은 피곤할 수밖에 없다. 쉬는 시간에는 스마트폰을 사용하는 학생들이 많으니 눈은 더욱 혹사당하고 있다.

또한 다양한 정보를 시각이 주로 담당하기 때문에 피로하고, 정보화 기기의 한계로 복합적 감각을 느낄 수 없다. 원격수업을 통해 '정직과 봉사'에 대한 설명을 보거나 들을 수 있다. 하지만 교실에서 실제 행동을 할 수 없으므로 정직한 학생, 봉사가 투철한 학생이라고 명명할 수 없다. 독서를 할 때도 속독보다는 낭독을 통해 의미를 파악할 수 있으며, 암기를 할 때도 눈으로 보는 것보다 읽고 쓰는 행위를 통해 기억에 오래 남는다. 눈은 수박의 겉핥기처럼 본질을 파악하기 어렵다. 우리가 인간의 외면적인 모습만 보고 평가할 수 없듯이 말이다. 이때 작용하는 것이 마음의 눈이다. 마음의 눈이란 상상의 이름으로 수행 장면을 마음속으로 떠올리며 감각을 느끼는 일이다.

이젠 마음(내면)을 바라보는 눈이 필요하다.[188] 잠재의식 내부로까지 깊숙이 넘나들 수 있는 내면의 눈(마음의 눈)은 마음 저변에 깔린 심리상태를 바라본다. 2020년 7월에 진단평가를 실시했는데, 유독 시의 감상 영역에서 학생들의 오답이 많았다. 예를 들어 '팝콘이 탁탁 튀기는 소리'라는 시를 본다면 이전에는 자신이 겪은 경험이나 사건을 바탕으로 팝콘이 아닌 물이나 기름이 튀는 소리 등으로 연관할 수 있었다. 그런데 요즈음에는 팝콘 튀기는 장면을 인터넷에서 쉽게 확인할 수 있다. 개인의 실제적인 경험이 아닌 사회에서 규격화된 경험이 학생들에게 인식될까 우려가 든다. 아름다움이라는 추상적인 표현도 인터넷에서 검색어를 치면 꽃의 모습, 미인의 모습 등이 나온다. 감각을 통해 머릿속에서 상상할 시간도 없이 바로 답이 나오니 상상하기를 귀찮고 성가시게 생각할 수 있다. 물론 시를 보며 학생들이 느끼는 감정은 서로 다를 수 있다. 객관식에 답이 정해져 있는 문제가 아니라 '왜 이런 반응을 했는지' 학생들의 의견을 묻는 쌍방향의 평가도 동시에 이뤄져야 한다.

요즘 서비스업계에서는 얼굴에서 노출된 부위인 눈으로 웃는 '스마이즈smize'가 유행이다.[189] 스마이즈는 미소smile와 응시gaze를 합성한 신조어로 이마와 눈 주위 근육을 눈동자 쪽으로 집중시키고, 광대뼈를 마스크 위로 돌출되도록 끌어올려 눈웃음을 만드는 훈련이다. 학생들과 교감하는 교사들이 잘 발휘할 수 있는 인사라고 생각한다. 오늘 마스크를 쓰고 등교하는 학생들의 눈을 바라보며 행복한 감정이나 친절한 마음을 담아 눈웃음을 지어 보았다. 그리고 "안녕하세요", "어서 와요", "반가워요"라고 인사를 건넸다. 학생들과의 따뜻한 교감이 이루어지는 듯하다. '행복해서 표현하는 것이 아니라 표현하기에 행복하다'는 말을 되새긴다.

3.
예술교육 = 인간교육

코로나와 공존하는 지금 학교에서는 안전에 유의하며 예술(통합)교육을 하고 있다. 이전과 다르게 학생들은 운동장, 강당에서 마스크를 쓰고 일정한 거리를 유지한 채 체조를 한다. 그래도 학생들은 몸을 움직인다는 것 자체를 재미있어한다. 음악은 실시간 수업으로 교사가 장구를 치면 학생들이 노래를 부른다. 인터넷 연결 차로 인해 끊어지는 현상이 발생해도 가사를 바꾸어 노래를 부르는 학생들의 웃음소리가 들린다. 낙엽을 주워 도화지에 붙이고 꾸미기를 한다. 친구들끼리 낙엽을 보며 깔깔대는 웃음소리를 들으며 예술교육의 필요성을 느낀다. 우리가 예술을 추구하는 이유는 무엇일까?

아름다운 것을 좋아하며 미를 추구하는 삶

우리는 일상에서 아름다운 것을 좋아하며 미를 추구한다. 예술작품을 즐겨 감상하는 경우뿐 아니라, 자신과 주위를 꾸미고 아름다운 물건을 고르는 등 일상 행위 속에서도 인간은 근본적으로 미적 지향성을 갖고 있다. 예술작품이 지닌 영속성의 특징으로 사물의 모양은 아름다워지거나 추해진다. 그러므로 모든 사물은 어떤 방식으로든 기능적 사용(유용성)을 초월한다. 이러한 사물의 초월적인 미는 공공적으로 나타나서 보인다. 플라톤이 말하는 이데아는 정신적 또는 내적인 눈으로만 볼 수 있는 관념으로서 물질세계에 상관없이 생성되고 생존할 수 있다.[190] 미는 감각적 즐거움immediate sense, 신선한 자극을 주는 대상을 갈망하는 창조적 정서creative emotion, 전체를 이루는 부분들 간의 조화로움unity을 의미화하는 지성, 자신의 느낌과 생각을 중요시하는 개성individuality 등이 있다.

예술은 과연 무엇일까? 듀이Dewey는 예술적artistic이라는 말과 심미적esthetic이라는 말을 활용하여 하나의 경험 속에서 '행위'와 '감상'이 긴밀하게 관련을 맺고 있는 것이라고 말한다.[191] 행위로서의 예술은 생산자의 창의적이고 숙련된 활동이나 표현 능력을 나타내므로, "완벽하게 표현하고자 하는 노력", "순수하고 완벽한 솜씨"라고 정의한다. 행위로서의 예술은 물리적 도구(음악, 회화, 조소, 건축 등)나 신체(무용, 연극, 드라마 등)를 사용하는데, 보고 듣거나 만질 수 있는 결과물을 만드는 것이다. 감상은 예술작품을 즐기거나 느낌을 이야기하며 '향유'하는 것으로 소비자의 입장이다. '향유'는 '소유'와 반대적인 의미로서 작품을 찬찬히 감상하고 음미하고 공감한다는 의미이다. 예로 들면 프랑스에서는 살롱salon이라 불리는 국립미술대

전이라는 문화 행사가 있어 사람들이 거실에 모여 그림을 감상하는 일상적인 모임이 있었다고 한다.[192]

감상으로서의 경험은 바로 일상생활에서 예술을 즐기는 삶이다. 그래서 행위와 감상은 동전의 양면처럼 상생한다. 또한 예술가는 대상에 대해 관심과 애정이 있어야 한다. 기계가 물건을 만들듯이 행위만 강조되면 객관적 결과물의 예술품the product of art의 양적 생산은 높아진다. 반면 자아와 외부 세계(대상물)와 상호작용하여 새로운 의미를 이루며 완성될 때 나타나는 예술작품the work of art의 질적 가치는 저하된다.

예술은 이전부터 일상생활의 활동이 자연스럽게 작품으로 표현되었다. 그림과 조각은 건축과 연결되었고, 음악과 노래는 자신의 생각과 느낌을 표현하거나 집단생활의 의식으로 작용하였다. 연극과 운동경기도 시민들의 자긍심을 높이고 영광을 기념함으로써 사람들의 결속력을 높이기 위해서였다.[193] 예술 활동이 모방과 변형을 통해 사회적 정서나 관념을 형성하였기에 예술은 일상 경험과 긴밀하게 연결되어 있다.

'아름답다', '좋다'는 말이 필요한 교실

이전부터 학교에서 이루어지는 예술교육은 '타고난 소질'이 있는 학생에게만 즐겁고 '기능 숙달'에만 교과과정이 집중되었다. 코로나 시대의 예술교육은 더욱 한계에 직면해 있다. 보통 체육, 음악, 미술이라 일컫는 예술교과는 주로 실기수업으로 진행되는데, 현재는 온라인 수업으로 대체되는 경우가 많다. 그러니 상호작용이 아닌 주입식 교육으로 진행될 수밖에 없다. 학생들의 일상 경험과 관련된 교육이 아닌 교과서나 동영상에 나오는 예술작품을 눈으로 보고 듣기만 하는 수동적인 수업이 주로 이루어지고 있다. 사람들이 예술을 일상 행위가 아닌 미술관, 박물관, 갤러리 등에서 공연하고 전시되는 것만으로 생각하기 때문이다. 마치 예술을 위한 예술art for art's sake로, 예술을 일상생활과 단절하면 사람들의 삶과 예술의 거리가 멀어지고 결국 예술은 활력을 잃어 사람들에게 외면받는다.[194]

코로나 시대에 초등학교 교실에서는 '맞다', '바르다', '잘했다'라는 지식과 선한 행위를 권장하는 일은 중요하게 의식된다. 반면에 미적 감각과 아름다움의 느낌을 소중히 여기는 '아름답다', '좋다'라는 말은 잘 들리지 않는다. 또 미적 평가는 음악, 미술, 체육 등 예술교과와 관련되는 상황에만 한정되곤 한다. 마스크와 거리두기로 인한 표현의 제한으로 학생들의 사고력 저하도 함께 일어나고 있다.

코로나 시대에는 생명체가 연약하고 불완전한 취급을 받는다. 육체는 통제되고 규제되기 때문에 감각이 차가운 대접을 받는다. 하지만 인간에게 감각은 중요하다. 감각은 대상을 인식하여 인간과 외부세계와 관계를 맺고 참여하는 통로가 된다. 인간은 감각을 통해 인지, 정서, 행동까지 통합적으로 연결된다. 아기들은 오감을 통해 대상을 인지하고 감정을 표현하며 이것이 행위로 연결된다. 학교에서는 오감을 활용한 역할놀이와 체험학습이 강조되었다. 이처럼 학생들의 직접적인 참여를 이끌어 낼 수 있도록 교사의 동기유발이 중요하다.

이전에는 초등학교에서도 예체능 과목에 객관식 시험이 있었다. 주로 이론을 물어보는 게 많아서 의미를 모른 채 암기하곤 했다. 교육과정이 바뀌고 현재는 실기교육만 강조되어 이론을 중요하게 여기지 않는 추세다. 이론이란 이해, 통찰력과 관련된 것이다. 무턱대고 암기할 내용은 아니지만 무심코 지나가서도 안 된다. 식물에 대해 이론적으로 전혀 몰라도 색, 형태, 냄새만으로 꽃을 즐길 수 있다. 그러나 식물의 개화를 이해하려면, 토양, 공기, 수분, 햇빛 등의 상호작용에 관련된 지식을 알아야 한다. 학생의 작품을 보았을 때 색감이 좋다, 형태가 특이하다, 달콤한 냄새가 풍기는 듯하다 등으로 단순한 느낌만 표현하기 쉽다. 하지만 균형, 통일, 조화, 리듬 등의 미적 개념을 갖고 작품을 볼 때 통찰력 있는 평가가 가능하다. 또한 학생(행위자)의 생각과 느낌을 이해하려면 가정 배경, 학교생활, 취미와 특기, 고민 등의 경험[195]을 알아야 한다. 그래야 학생들의 작품을 심도 있게 파악할 수 있다.

이론(지식)과 실기(기능)는 분리되지 않고 통합되어야 한다. '아는 만큼 보인다'는 말도 있듯이, 코로나 시대에 학생 간의 물리적 거리는 더욱 멀어졌지만 심리적 거리를 가깝게 해야 한다. 또한 '평가'는 작품에 대한 맥락적 지식과 비평적 판단력을 함양하는 과정이 필요하다. 아이들이 예술을 경험하고 표현함으로써 느끼는 자유와 즐거움이 어른 기준의 평가로 약화되지 않도록 주의해야 한다.[196]

예술은 단순히 재현하고 받아들이기에 그치면 발전할 수 없다. 이전의 예술교육이 재미없었던 이유도 교과서 내용을 무심코 배우듯이 유명한 작품을 재현하고 사고 없이 답습하는 데 그쳤기 때문이다. 예술에는 기능적 요소뿐만 아니라 사고도 중요하다. 과학적 인식은 명확한 목표를 가지고 목표가 달성되면 인식 과정이 끝난다. 반대로 예술적 사고는 목적에 구속하지 않고 자유로운 상태로서 대상 자체를 바라본다. 과학자는 대상과 거리를 두고 객관적으로 보려고 하기 때문에 상징, 언어, 수학적 기호 등을 사용한다. 하지만 예술가는 그가 다루는 질적 특성을 지닌 대상을 가지고 계속적·심층적으로 사고하며 창작한다. 예술작품은 사고의 결과물로서 행위와 의미가 선택, 명료화, 변형, 응축을 통해 형상화된다.

감상도 단지 주어진 것을 받아들이는 정도에 그치지 않고 경험자가 아는 경험 전체에 비추어 새로운 의미를 지각하는 것이다. 예술적 사고는 천재적 소질이 있거나 행운에 의해 주어지는 것이 아니다. 대상을 수용하여 창작 또는 감상의 행위로 이어지려면 오랜 기간의 훈련과 숙성이 필요하다. 과거, 현재, 미래는 서로 연결되고 묶여 있다.

예술가는 과거 속에 축적되고 인상적인 경험을 바탕으로 제작의 단계와 결과물을 예상하며 현재 작업을 한다. 학생들이 성인이 되어서도 예술적 사고를 유지하려면 예술 활동에 지속적으로 노출되어야 한다. 그래서 코로나 시대의 불안, 분노, 욕구를 언어만이 아닌 다양한 재료를 활용하여 표현하고 감상할 수 있는 기회가 부여되어야 한다. 예술적 사고는 외부 세계에 대한 관심, 애정, 아름다움 등의 정서와 행위로까지 연결되어 인간의 삶을 풍족하게 할 수 있다.

인간의 예술적 사고와 활동은 잠재울 수 없다

예술적 사고는 예술작품이 시대에 상관없이 계속 이어지게 한다. 듀이는 "예술작품이야말로 공동의 경험을 제공하여 장애 없이 의미 소통을 위한 유일한 매체이다"라고 말했다. 아렌트Arendt는 공동 감각common sense을 내재적 세계성이라며 화가나 조각가, 시인, 음악가 그 누구든 간에 예술가는 세계 사물을 생산한다고 말했다.[197] 공동 감각은 인간들이 서로 함께 묶여 있음을 깨닫게 해 준다. 하지만 사람은 개별성individuality이 다르기 때문에 자신의 느낌과 생각에 따라 다양하게 반응한다. 경험을 한 뒤 학생들이 그림을 그리거나 글을 쓸 때도 주제, 내용, 방식을 모두 다르게 표현하는 것을 보면 알 수 있다. 듀이는 자아(인간)와 세계(자연)가 상호작용을 하면서 창조적 변화를 이룩한다고 말한다. 시대와 환경에 따라 다르게 표현될 뿐 인간의 예술적 사고와 활동은 잠재울 수 없다.

그래서 코로나 시대에 예술은 풍부하고 다양해질 수 있다. 인간이 환경과의 균형 상태가 깨져 갈등이 생기면 긴장과 혼란이 발생한다. 이때 갈등을 해결하고 균형 상태에 이르는 완결 과정이 심미적 경험을 갖게 되어 예술로 승화할 수 있다. 격리 기간에 자율적으로 도예나 악기 연주 등을 시작하는 사람이 늘거나 동영상 제작 및 공유로 예술의 범위가 확대되었다는 기사가 있다.[198] 학교현장에서는 마스크나 가림막이 안전과 방역의 목적이 아닌 자신의 생각과 느낌을 표현하는 매체로 활용될 수 있다. 하나의 경험으로 완성된 예술작품은 다른 경험의 시작이 되어 선순환을 이룬다. 인간의 사고도 동화, 조절, 평형화가 이루어져 이전과 다르게 성장한다.

루돌프 슈타이너Rudolf Steiner가 "교육활동은 예술이 되어야 한다"라고 말했듯이,[199] 교육과정은 학생 발달단계에 맞춰 서로 듣고 말하며 몸을 움직이도록 구성되어야 한다. 예술교육은 학생들의 인지능력을 향상시킨다. 학생들이 노래에 맞춰 율동을 하기 위해서는 소리를 내어 동작을 외우고 연습을 통해 규칙적인 리듬을 익히며 가사를 익히느라 언어에 호기심을 갖는다. 또한 학생들은 온몸을 이용해 자신의 느낌을 표현하면서 심미적 감성, 자신감, 공동체 의식을 향상한다. 더불어 예술교육은 인간에 대한 이해와 관심을 느끼며 '인간을 배우는 교육'을 실현한다. 코로나로 인해 많은 이들이 예술의 위기를 말한다. 하지만 예술이 '인간을 배우는 교육'이라면 우리 인간의 삶이 영위되는 한 예술은 영원할 것이다.

학생들이 운동회, 학예회, 미술 전시회를 하는 날이면 오랜 준비로 힘들었어도 웃고 활기찬 모습이 가득했다. 이런 모습이 신기해서 연습을 끝낸 학생들에게 소감을 물었다. "공연 전의 기분은 어떠니?" "떨리지만 설레요"라는 말이 가슴에 와닿았다. 학생들이 열성적으로 몰두하는 모습을 보며 발도르프Waldorf 교육에서 학생들을 참여적인 방식으로 이끌어 낸다는 말이 이해가 되었다.

참여적 방식이란 기쁨과 괴로움 속으로 들어가는 것인데, 단순한 지식이 아닌 감정으로 느끼는 교육이 필요하다는 의미이다. 발도르 프 교육에서는 "나는 누구인가?", "다른 사람과 나의 관계는 무엇인 가?", "삶의 의미란 무엇인가?"를 중요시한다. 이를 통해 정체성, 타인 과의 관계, 철학의 방향으로 나아간다.

예술교육을 통해 학생은 자신의 마음을 관찰하고 표현활동을 통해 즐거움과 심미적 감성을 함양한다. 그리고 옆 사람과의 통일성을 생각하고 남을 배려하면서 소속감, 공동체 의식을 배운다. 더불어 학생은 자신감이 향상되고, 도전의식이 생기며, 어려운 일이 있어도 포기하지 않고 헤쳐 나가는 용기를 갖추었기에 긍정적인 삶의 태도를 갖는다. 인간 경험에서 아름다움과 표현 재료·기술이 만나며 열정과 창조성이 결합되는 곳에 예술이 나타난다. 예술은 성별, 세대, 지역의 구분 없이 인간이라면 누구나 향유할 수 있다. 예술은 미적 사고·감정·행동을 자극하여 성장의 계기가 되고 구성원을 결속시켜서 삶을 이상적이고 가치 있게 만든다.

회복과 치유의 교육

　얼마 전 미국에서 민간 우주 수송 시대의 본격적인 개막을 알릴 스페이스X사의 '펠컨9' 로켓이 발사되었다. 스페이스X사는 유인 우주선을 실은 로켓을 발사하게 되면 대서양 해상에 드론 선박을 띄워 로켓의 추진체를 회수한다. 로켓을 우주 상공으로 보낼 때 시간과 비용이 많이 드는 것이 추진체이다. 이전에는 우주선이 추진체와 분리되면 추진체는 바다 상공으로 떨어져 소모할 수밖에 없었다. 하지만 스페이스X사는 추진체를 원하는 지점에 떨어뜨려 다시 활용할 수 있게 만들었다. 이제 우주선을 이전보다 자주 우주 상공으로 보낼 수 있게 될 것이다. 우주선에 '리사일런스resilence'라는 이름이 붙은 것은 코로나19의 시련을 극복하자는 의미도 있지만 추진체를 다시 활용한다는 의미도 포함되어 있다.

코로나 이후 우리의 모습은?

회복recovery은 원래의 상태로 돌이키거나 원래의 상태를 되찾는 것을 말한다. 물체마다 탄성이 다르듯이 사람에 따라 회복력은 다르다. 괴롭고 어려운 처지로 최악의 상황까지 떨어졌다가 강한 회복력으로 도약하는 사람들은 대부분 원래 있었던 위치보다 높은 곳까지 올라간다. 그래서 회복력이 높은 사람은 '마음의 근력'이 강한 사람을 뜻하기도 한다. 치유healing는 치료를 받아 나은 그 상태를 말한다. 치료treatment가 누군가(의사)에 의해 병이나 상처를 낫게 하는 행위로 외면적 조치에 중점을 둔다면, 치유는 치료를 전제로 병의 근본 원인이 제거된 상태로 내면적 조치까지 포함하는 개념이다.

회복과 치유는 원래의 상태로 되돌아온다는 공통점이 있지만, 타인의 도움 여부에 따라 차이가 있다. 코로나로 인해 우울하고 불안했던 학생이 등교수업과 실시간 수업 등을 통한 안정적인 환경 구성으로 '스스로' 이전의 상태로 되돌아오면 회복과 관련이 깊다. 그리고 담임교사나 전문상담교사 등 '타인'의 도움이 필요하다면 치유와 관련이 깊다. 사람마다 성격, 면역력, 가정환경, 가치관, 의지 등이 다르기 때문에 회복과 치유의 속도도 개별적으로 다르며, 회복과 치유 중에 하나만 작용하거나 동시에 작용하기도 한다.

'원래의 상태로 되돌아간다'를 물리적인 개념의 일(W)로 생각한다면 움직인 거리가 0(없음)을 의미한다. 그래서 일을 하지 않은 상태와 같다. 하지만 심리적 상태는 다르다. 성취, 성장, 성숙, 인내 등의 긍정적인 요소뿐만 아니라 무기력, 좌절, 회피, 불만 등의 부정적인 요소가 작용할 수 있다. 버스가 멈추면 승객이 앞으로 쏠리며 현재의 상태를 유지하듯이, 사람들은 심리적인 안정감을 중요시하여 현재의 상태를 유지하려고 한다. 현재 우리는 불안정한 세계에 살고 있다.

코로나19는 우리가 예방적 대처를 하기 전에 갑자기 생활환경을 송두리째 바꾸어 버렸기 때문에 사람들은 혼란스럽다. 학교 관계자들은 대화를 할 때 장애물인 마스크로 인해 의사표현에 한계가 있다. 그리고 학교교육과정에서 휴식 시간과 예체능 활동을 줄이고, 수업 일수를 등교일이 아닌 원격수업까지 고려하게 되었다. 심리적 상태도 마찬가지다. 코로나19는 종식될 것처럼 보였다가도 다시 기승을 부려 사람들의 불안을 가중시키고 희망을 꺾어 버리고 있다. 그래서 사람들에게 무기력, 불만, 우울감, 분노를 일으키고 있다.

심각한 문제는 사람들이 회복하거나 치유하지 않고 현 상황에 적응하며 지낸다는 것이다. '이건 어쩔 수 없는 일이야', '내가 할 수밖에 없는 일이야', '해도 안 되는데 그냥 이렇게 살지'라는 수동적인 삶은 지시적인 통제에 길들여지기 쉽다. 황사나 미세먼지가 발생하거나 의료업계나 방역업계에서 주로 사용되었던 마스크가 이젠 남녀노소 구별하지 않고 필수 착용품이 되어 버렸다. 그리고 5인 이상 사모임 집행금지 및 신고 시 포상금 지급 등의 방역 우선 조치가 취해지고 있다. 안전이라는 명목 아래 사람들은 기본권과 사생활 침해를 당연시하고 있다. 어쩌면 사람들은 이전의 마스크 없이 지냈던 삶, 모임을 통해 친밀감과 사교감을 향상시켰던 삶, 등교수업을 당연시했던 삶 등을 망각한 채 현재 주어진 상황과 제도 안에서 순응하고 만족하며 살아갈지 모른다.

코로나를 극복하여 회복하거나 치유되었을 때, 원래의 위치와 비교해서 우리는 심리적으로 어디에 있을까? 크게 보아 이전보다 낮은 위치에 있는 사람, 처음과 같은 상태에 있는 사람, 이전보다 높은 위치에 있는 사람이 있을 것이다.

처음보다 낮은 위치에 있는 사람은 코로나 이후에 감정적으로 지치고 부정적 사고에 매몰되어 학교교육을 잘 따라가지 못할 것이다. 처음과 같은 상태의 사람은 코로나 이후에도 교육에 변화 없이 이전처럼 동일하게 할 것을 요구한다. 이전보다 높은 위치에 있는 사람은 고통과 괴로움에서 회복하거나 치유되어 인생을 보는 안목이 넓어지고 일상의 작은 행복에 감사하는 태도를 가질 것이다. 학교라는 존재의 소중함을 알고 등교수업에서 덜 중요하게 여겼던 친교, 놀이, 게임, 이야기 등 사회성 함양 수업의 필요성을 느꼈을 것이다. 또한 그들은 원격수업을 등교수업의 일시적 대체가 아니라 병행하여 운영하는 것이라 여길 것이다. 그래서 원격수업을 학교와 가정에서 연계성 있게 활용하여 학생들에게 풍족한 수업을 가져다줄 것이다. 코로나 극복 전후를 비교했을 때, 학생의 외양적인 모습보다 심리적인 변화에 따라 퇴보, 정체, 성장의 모습이 달라져 있을 것이다.

감정, 배움, 관계-학생들의 심리적 성장을 자극하는 구체적인 방법

교사가 학생들의 심리적 성장을 이끄는 출발점은 무엇일까? 우리는 교육에 대해 생산론적 관점이 아니라 존재론적 관점을 가져야 한다. 삶을 생산성의 관점에서 바라보면, 미래에 불안감을 느끼고 효율성에 집착하여 조직에 공헌하는 사람만 인정받고 그렇지 않은 사람은 낙오되었다고 생각하게 된다. 교육에 생산성의 관점을 적용하면, 학생의 개별적 특성보다는 학업능력과 교실 헌신도에 집중하여 학업성취력이 높거나 학급 구성원에게 도움을 주는 학생을 '모범'의 대상으로, 그렇지 않은 학생은 '교정'의 대상으로 바라게 된다.

하지만 코로나로 인해 분리된 상황에서 사람들은 타인을 존재론적 관점으로 바라보게 되었다. 공기의 존재처럼 당연시했던 등교수업, 생활지도, 학급운영 등에 변화가 일어나 학교, 학생과 교사의 역할과 의무가 아니라 필요성과 가치에 대해 깊이 생각하게 되었다. 아무것도 도움을 주지 못한다고 해서 인간의 가치가 줄어드는 게 아니라, 함께 있는 것만으로도 큰 힘을 지니고 행복감을 유지한다는 생각을 가질 수 있다.[200]

학교에서 지식, 인성, 진로, 민주시민교육 등을 통해 학생들에게 가치와 사고를 제공하여 학생들이 빨리 습득하느냐의 '생산성'의 가치가 아니라 학교가 있음으로써 교사와 학생이 모이고 함께 생활할 수 있는 것만으로도 소중한 '존재'의 가치를 느낄 수 있다.

교사가 학생들의 심리적 성장을 자극하는 구체적인 방법을 감정,

배움, 관계 측면에서 알아보겠다.

첫째, 학생들의 감정 성장을 위해서 교사는 학생과 부모와 원활한 의사소통 체계를 갖추어야 한다. '거울뉴런'이라 불리는 뇌세포는 자신의 감정이나 욕구에 대응할 뿐만 아니라 다른 사람의 행동에 대응할 때 활성화된다.[201] 그래서 해당 학생에 맞는 맞춤형 감정 도움을 제공해야 한다.

같은 상황에서도 의연하게 상황에 대처하는 학생이 있는 반면, 겉으로 보기에 상황을 극복하는 것처럼 보여도 사춘기와 맞물려 감정 기복이 심해 감정을 회복하지 못하고 극단의 경계에 이르는 학생이 있기 때문이다. 교사는 일반 학생의 경우에 대면·비대면으로 자주 만나서 대화할 수 있는 분위기를 제공해야 한다. 그리고 학생들이 자신의 감정을 적절하게 표현하도록 격려하고 지지하여 감정을 회복하도록 도와주어야 한다. 또한 교사는 심리적 검사, 관찰, 상담 등을 통해 감정조절 능력이 부족하다고 판단되는 학생은 부모에게 즉시 알려 문제점을 파악하고, 전문가의 협조도 고려해야 한다.

더불어 가정에서 자녀와 함께하는 시간이 많은 보호자에게도 관심을 가져야 한다. 이전의 가정에서는 돌봄의 개념이 컸다면 지금은 돌봄에 학습까지 포함하기에 보호자의 부담이 커졌다. 그래서 보호자들이 스트레스, 분노, 갈등이 심화되어 가정 분위기가 불안하면 학생에게도 부정적인 영향을 끼칠 수 있다.

교사는 학부모의 부담을 덜어 주기 위해 SNS(E-알리미, E-학습터, 학급 홈페이지, 학급 게시판 등)를 통해 학습을 안내하고, 학생들이 자기주도적인 학습이 가능하도록 학습 과제와 자료를 제공하며, 보호자와 긴밀한 연락체계를 유지해야 한다.

담임선생님과 상담을 하기 전, 오랜만에 딸아이와 학교 이야기를 했는데 교실에서 외롭다고 말했어요. 등교수업일이 적어 학교에서 친구들과 이야기를 별로 하지 않고 쉬는 시간에 혼자서 책을 보는 경우가 많다고 해요. 같은 아파트에 사는 부회장과 사귀고 싶어 하지만 워낙 내성적이라 먼저 말을 못 건네요. 제가 직장에 나가서 아이와 이야기할 시간이 없고, 딸아이가 어린 동생을 챙기는 경우라 부모님께 부담을 주지 않으려고 자신의 감정을 솔직하게 이야기를 하지 못했어요. 저번에 핸드폰으로 줌Zoom이 안 된 경우에도 선생님이 알려 주시지 않았다면 몰랐을 거예요. 선생님 말씀대로 아이의 관심 사항, 친구 관계, 학업 등에 대해 자주 이야기하고 필요하면 전문 기관에 가서 심리검사를 하고 상담을 하려고요. 코로나 시대에 아이와 소통해야겠다고 다짐합니다. _학부모 김○○

둘째, 학생들의 배움 성장을 위해서는 교사의 전문적인 수업 노력과 열의가 필요하다. 우선 교사는 원격수업을 이해해야 한다. 학교현장에서 블렌디드 학습을 테크놀로지 활용 수업이나 온라인 학습과 동일시하고 테크놀로지 자체에 집중하여 보여 주기식으로만 활용되

지 않도록 유의해야 한다.[202]

실물화상기로도 가능한데 굳이 미러링을 활용하는 경우, 학생 출석 및 학습 안내에만 그치는 쌍방향 수업 등이 이루어질 수 있기 때문이다. 그리고 E-학습터에 과제 업로드, 쌍방향 수업, 등교수업 등을 복합적으로 시행하고 있기에 과목에 맞는 내용을 선별하고 조직하는 능력이 필요하다. 예를 들어 수학은 개념 이해가 중요하므로 대면수업으로 강의와 평가를 중심으로 운영하고, 심화·보충학습을 원격수업으로 구성할 수 있다. 반면 과학과 사회는 온라인 사전 학습을 통해 개념을 이해하고 대면수업 때 실험·발표하는 수업으로 구성할 수 있다. 게다가 교사는 학생들이 오개념이 발생하지 않도록 확인과 평가를 지속적으로 시행해야 한다. 거꾸로수업flipped learning을 예로 들면, 교사는 제작한 영상을 보여 주고 대면수업 때 토론과 협의를 진행한다. 하지만 개념 이해가 완벽히 되지 않은 상태에서 학생 토론식 수업만 진행하면 오개념이 강화되기 쉽다. 그래서 교사의 설명식 수업으로 학생들의 정확한 개념과 원리 이해가 우선되어야 하며, 개념과 원리를 바탕으로 학생들의 토의·토론수업으로 발전해야 한다.

또한 수업의 양이 부담되지 않는지도 고려해야 한다. 과정 부담 1.5배 증가 신드롬course and a half syndrome은 온라인 과정이 오프라인 과정의 일부를 대체하는 것이 아니라 오프라인 과정에 추가되면서 블렌디드 학습 시 과제가 더 많아지는 현상을 의미한다.[203]

2020년 1학기에 대부분의 학교는 E-학습터 학습으로 학생 출석 확인을 하였다. 이후 실시간 수업의 강조로 교육부는 '주 1회 1시간 이상 하라'는 공문을 학교현장에 보냈다. 대응책으로 교사는 E-학습터에 자료를 탑재하고 중복된 내용을 실시간 수업으로 진행하기도 하였다. 게다가 출석이 실시간 수업으로 가능한지, 실시간 수업에 참석하지 못한 학생은 학습결손을 어떻게 보완해야 할지에 대한 심도 있는 협의가 필요하다.

더불어 실시간 수업에 활용되는 기기와 플랫폼의 안정성과 보안성도 고려하는지, 사설 교육만큼의 콘텐츠 수준과 양에 적합한지 등을 검토할 필요가 있다. 이를 통해 학생들은 학업에 자신감과 성취력을 높여 저하된 학력을 자발적으로 회복하거나 교사의 도움으로 치유할 수 있다.

2020년 2학기 때부터 실시간 원격수업을 하고 있습니다. E-학습터에 자료가 있는데 굳이 실시간 원격수업을 할 필요가 있냐고 말하는 동료 교사도 있었지만, 교육은 만남이 우선적으로 충족된다고 생각하기에 계속 유지하고 있습니다. 그리고 동료 교사의 조언대로 필요 없는 중복을 막고자 수학은 학생들과 대면수업을 중심으로 하되 이해가 부족한 학생만 E-학습터에서 복습합니다. 그리고 나머지 과목은 핵심적인 부분만 전달하고 궁금한 사항은 다음 실시간 수업에 질문하거나 선생님께 SNS로 연락합니다. 서버 연결 불안, 컴퓨터 접속 미숙, 학생들의 불필요한 채팅 등의 문제가 존재했지만, 지금은 등교수업 이상으로 학생들이 수업에 열의를 갖고 있습니다. 그래서 등교수업 때에는 학생들이 직접 수행하는 과정평가, 과학 실험, 발표, 타악기 연주, 만들기, 적절한 거리를 둔 모둠별 활동 등에 집중하고 있습니다. 쉬는 시간에도 학습을 하기보다는 방역수칙을 지키며 친구들과 서로 이야기하며 친교를 나누도록 권장하고 있습니다. 1학기 때 틀에 짜인 규칙 준수와 방역을 중요시 여긴 태도에서 방역을 준수하되 친구들과 사회성 함양을 고려한 여유 있는 태도로 임하니 학생들도 경직된 반응에서 부드러운 반응으로 바뀌어 있었습니다. _교사 이○○

셋째, 학생들의 관계 성장을 위해서는 교사와 학생들이 원활한 의사소통과 가상공간의 적절한 활용이 이루어져야 한다. '회복적'이라는 말은 '응보적'이라는 말과 대비되어 생활지도에서 주목받고 있다.[204]

응보적 생활지도는 처벌이 가하는 순응적 요소와 즉각적 행동 수정에 교육적 의미가 있다. 하지만 당사자인 학생이 자기반성과 성찰이 아닌 수치심, 부정적인 감정만 일으켜서 폭력적 행동 패턴을 강화하는 경우가 컸다.

회복적 생활교육은 처벌로 사건을 급하게 마무리하기보다 문제와 갈등의 당사자들이 공동체와 함께 피해를 회복하는 과정을 만들어 교육과 성장의 기회로 삼는 방식이다. 회복적 접근 방식은 원래의 온전한 상태를 회복함과 동시에 미래의 삶을 선택할 수 있도록 당사자들의 삶을 서로 직면하게 한다. 그래서 개인과 공동체의 관계를 건전하게 만든다. 이를 위해 교사는 당사자들끼리 갈등을 해결할 수 있는 존중과 신뢰의 환경을 구성하고, 갈등은 또래갈등해결자를 포함한 당사자들끼리 해결하여 교실을 안전한 공간으로서의 수직적 관계가 아닌 수평적인 공동체를 만든다.

코로나19의 확산을 막기 위한 방역수칙이 강조되어 법과 조례를 강화하고 이를 어길 시에 강력하게 처벌하는 '응보적' 사회 분위기가 가득하다. 응보적인 사회 분위기에 교실까지 휩쓸리지 않도록 학생들의 '회복적'인 생활지도가 더욱 필요하다.

> 얼마 전 청소 방법에 대한 학급회의를 하였습니다. 봉사 동아리 학생이 하면 좋겠다, 조를 정해서 돌아가면서 하면 좋겠다 등 여러 의견이 나왔지만 2학기 임원 3명이 등교일마다 청소하는 것으로 압도적으로 정해졌습니다. 이 결과를 보며 코로나 시대에 학생들은 귀찮고 불편한 일은 회피하거나 집단의 목소리에 무의식적으로 동조한다는 것을 알았습니다. 자유, 공정, 평등 등에 대해 학생들과 이야기하며 주제에 대해 학생들이 다시 생각할 수 있는 시간을 주었습니다. 회의를 다시 진행한 결과, 자율적으로 청소하겠다는 의견이 채택되었습니다. 그때부터 학생들의 행동이 달라졌습니다. 학생들은 쉬는 시간이나 수업 시간 학습을 마친 후

자율적으로 자기 자리를 빗자루와 쓰레받기를 가지고 청소를 하였습니다. 학생들을 다그치거나 시키기보다는 충분히 대화하고 사고하며 결정하도록 기다려 주어야 합니다. 이는 온라인 학습이나 자율학습에서는 배울 수 없는 경험입니다. 경청, 발표, 동의와 반박, 채택 등의 민주적인 의사결정 과정의 기본 조건은 말이 자유롭게 오고 갈 수 있어야 한다는 것입니다. _교사 하○○

매체의 특성에 적합한 공간을 제공하여 타인의 의견을 경청하고 공감하는 수업이 이루어져야 한다. 격리된 상황에서 타인과의 관계를 유지하기 위해서는 실제로 만나는 데에 한계를 고려하여 가상공간을 활용해야 한다. 사람들은 가상공간에 물리적으로 있다는 주관적 느낌으로 존재감을 가질 수 있다. 교사는 가상공간을 단순한 지식 학습에 그치지 않고 자신의 생각과 느낌을 표현하는 예술교육까지 연계시켜야 한다. 그래서 학생들이 심미적 감성을 함양하고 타인을 이해하는 적극적인 교육의 '장'으로 활용하게 한다. 그럼으로써 교사와 학생, 학생 간의 관계를 회복하거나 치유할 수 있다.

학생들에게 새로운 자극을 던졌습니다. 학예회를 온라인에서 하기로 말입니다. 2020년 12월 초부터 공지하고 원격수업 후에도 계속 홍보하였습니다. 또한 부모님의 지원과 격려를 부탁하며 12월 23일에 온라인 학예회를 했습니다. 퀴

즈, 리코더·바이올린·피아노·칼림바 연주, 마술, 랩, 비트박스, 댄스, 시 낭독 등의 다양한 끼와 재능을 보여 주었습니다. 소리가 가끔 끊기거나 하울링이 있기는 했지만 편안한 가정에서 몰입하여 공연하는 모습은 제게 신선한 충격을 주었습니다. 교사와 학생의 만남은 코로나 상황에서도 계속 이어질 수 있습니다. 그래서 교사가 조금만 노력하여 교육 환경만 조성한다면 학생들은 얼마든지 능력을 발휘할 수 있다고 여깁니다. 이 행사를 통해 교사와 학생, 학생 간의 관계가 친밀해졌다고 생각합니다. _교사 신○○

인간의 불안한 감정은 연민을 느끼게 하거나 내가 부족하여 다른 사람과 협력해야 한다는 공감을 이끌어 내어 공동체를 형성하였다. 비 온 뒤에 땅이 굳어지듯 인간은 어려운 상황에서도 놀라운 치유력과 회복력으로 진화하고 생존하며 창의적으로 난관을 해결했다.[205] 원하지 않은 상황이나 실패와 마주했을 때 어떻게 인식하고 행동하느냐에 따라 인생의 경로가 결정된다. 주어진 상황을 객관적으로 받아들이고, 자신의 가치를 스스로 인정해야 한다. 그리고 '지금 순간'에 최선을 다하는 의지를 갖고 문제 해결에 집중해야 한다. 그러면 회복력과 치유력은 향상된다. 이를 통해 학생들은 스페이스X사의 로켓처럼, 상황에 유연하게 대처하여 자신이 원하는 목표에 도달함으로써 모두에게 긍정적인 영향력을 발휘할 수 있을 것이다.

5.
페다고지

    팬데믹 이후의 학교교육은 어떤 모습으로 변화할까? 이 질문에는 학교교육이 팬데믹으로 변화할 수도 있고, 그렇지 않을 수도 있다는 의미가 내포되어 있다. 팬데믹이 휩쓸고 지나간 이후 학교교육은 꼭 변해야 하는가? 아니면 본연의 자리를 찾아갈 것인가? 정답은 누구도 알 수 없겠지만, 학교교육의 겉모습은 변화할지라도 그 본질은 변하지 않을 가능성이 커 보인다.

학교교육의 본질은 무엇인가

    이번 기회를 통해 과연 학교교육의 본질은 무엇인지, 변화해야 할 부분과 변해서는 안 되는 부분이 무엇인지에 대한 공론의 장이 펼쳐지길 기대한다. 여기서는 학교교육에 한정하여 글을 전개하지만, 학교교육을 넘어 국내에서 전개되는 다양한 형태의 교육을 고려해 보아야 할 것이다.

이 글은 팬데믹 이후 학교교육에서 변화해야 할 부분과 변하지 말아야 할 부분을 브라질의 교육학자 파울로 프레이리Paulo Freire의 저서 『페다고지』를 통해 제시하고자 한다. 『페다고지』는 성인교육을 위해 저술된 책이지만, 교육에 대한 통찰은 학교급에 관계 없이 적용할 부분이 많다. 1921년 브라질 헤시페에서 태어난 프레이리는, 8살 때인 1929년에 세계 경제 대공황의 여파가 브라질까지 휩쓸고 지나가자 자신의 가정의 몰락과 주변의 가난한 이들을 보며 비참한 현실에 눈을 뜨게 된다. 20살에 헤시페 대학교 법학부에 진학하고, 그때부터 학생들에게 포르투갈어를 가르치는 일을 시작한다. 프레이리 하면 떠오르는 문해교육이 이때부터 싹을 틔우기 시작한 것이다. 1959년 「브라질의 현실과 교육」이라는 논문으로 박사학위를 받은 후 헤시페 대학교 정교수가 되고, 정부가 추진한 국가문해 프로그램 총괄 책임을 맡는 등 문해교육 실천 활동에 적극 관여하게 된다. 1964년 브라질에 군부 쿠데타가 일어나면서 체포되어 70여 일 동안 투옥되었다가, 이후 프레이리는 기나긴 망명길에 오르게 된다. 이때 『페다고지Pedagogy of the Oppressed』를 저술하였다. 1968년에 '피업악자들을 위한 교육학'이라는 이름으로 출판된 이 책은 제목처럼 억압받는 대중의 자유로운 삶과 해방을 위해 쓰인 책이다.

이 시점에 이 책을 주목하는 이유는 무엇일까? 『페다고지』에서 중요하게 다룬 '인간화'와 '해방'에서 그 의미를 찾고자 한다. 팬데믹 이후에 학교교육에서 규율 강조, 불안 증가, 소통 부재 등 다양한 문제가 제기되고 있다. 특히, 『페다고지』에서 중요한 교육 요소로 주목하고 있는 '대화'가 사라진 교실은 과연 무엇을 의미할까? 대화의 실종은 '인간화'를 가로막는 가장 큰 걸림돌이다. 대화를 통해 세상과 소통하고 서로를 이해할 수 있는 '생각-말'의 실종은 프레이리가 지적한 우리 삶의 주체로 살아가는 과정, 자율적인 인간 본연의 모습을 살아가는 과정의 '인간화' 과정이 무너지는 것을 의미한다. 즉 물리적 억압이나 비물리적(문화·사상·정치 등) 억압에서 벗어날 수 있는 '해방'의 과정이 상실됐음을 의미한다.

대화가 사라진 교실에서 '억압자'와 '피억압자'가 탄생한다면?

팬데믹 이후의 학교현장을 바라보면 교사와 학생의 관계가 '설명적narrative'인 성격을 띠고 있다. 물론 팬데믹 전에도 이런 현상이 보이긴 했다. 프레이리는 '설명적'인 성격을 이렇게 표현하고 있다.

> 설명하는 주체(교사)와 인내심을 가지고 그 설명을 듣는 객체(학생)는 설명의 내용은 가치관이든, 현실의 경험적 차원이든 상관없이 설명되는 과정에서 생명력을 잃고 무미건조해지는 경향이 있다. 교육은 '설명병'을 앓고 있다.[206]

팬데믹 이후 대화가 사라진 교실에서 우리가 주목해야 할 현실은,

학교현장을 '고정적이면서 정태적이며, 구획화되고, 예측 가능한 것처럼' 이야기하고 있다는 점이다. 비단, 학교 내에서뿐 아니라 학교 밖에서도 학교교육을 쉽사리 예단하고 컨트롤 대상으로 여긴다는 사실이다.

교실에서의 교사와 학생의 관계가 고정적이면서 정태적일 때 억압자와 피억업자가 탄생할 수도 있다. 우선, 대화가 사라진 교실 내에서 다루어지는 지식의 형태는 고정적이다. 다시 말해 지식은 변화하지 않으며, 새롭게 생성되지 않는 총체이기에 새롭게 재창출할 필요가 없다는 의미이다. 교사는 단순히 '억압자'의 위치에서 지식을 주입하기만 하면 되고, 학생들은 인내심을 가지고 잘 소화하면 된다. 이는 사물이 변화와 운동보다는 고정과 결정에 더욱 주목하는 변증법의 반대 형태를 띤다고 볼 수 있다. 지식은 곧 세계이자 실재라기보다는 고정불변의 그 무엇이기에 대화가 사라져도 전달만 잘하면 된다. 아니, 전달을 잘하기보다는 제시만 해도 학생들의 인내심에 따라 그 성과는 달라질 것이다. "지식은 창조와 재창조를 통해서만 생겨나며, 인간은 끊임없고 지속적인 탐구 정신을 통해 세계 속에서, 세계와 더불어, 또 타인과 더불어 살아나갈 수 있는 것이다."[207] 이 책의 내용 중 사르트르를 인용한 "의식과 세계는 한꺼번에 잠든다"라는 말은 대화가 없는 교실에서의 '나'의 죽음을 뜻할 것이다.

팬데믹으로 인해 대화가 사라진 교실에서 '억압자'와 '피억압자'가 탄생한다면, 그 이후의 결말은 어떻게 될 것인가? 불행하게도 '피억압자'의 탄생은 미래의 '억압자'의 출현을 예고하는 것이다. 따라서 프레이리는 양측 모두의 인간화를 위해서 노력해야 한다고 말한다. 그렇게 하지 않으면 언젠가 피억압자가 억압자를 동경하여, 또는 억압자의 형태를 내면화하여 자신도 모르게 억압자의 모습을 띠게 된다는 것이다. 이런 문화가 지속되면 그 사회가 피억압자를 양산하고 억압자를 추앙하는 사회가 될 수 있다는 추론이 가능하다. "그들은 인간이 되는 것을 이념으로 삼지만, 그들에게 인간이 된다는 건 곧 억압자가 된다는 뜻이다. 이것이 바로 그들의 생각하는 인간성의 모델이다."[208] 이러한 상황에 익숙한 피억압자에게 '자유'를 선물하는 것은 오히려 그들에게는 '자유의 공포'로 다가온다. 명령과 지시에 길들여진 피억압자에게 자유란 도리어 억압자에게 얻었던 이미지를 재생산하는 자율과 책임성을 요구하는 것이다.

체 게바라Che Guevara가 주창한 '새로운 인간'의 탄생은 어떻게 가능할 것인가? 프레이리는 아이러니하게도 억압자가 아닌 피억압자의 역할의 중요성을 강조한다. 억압자를 변화시키고 사회를 변화시킬 수 있는 것이 바로 피억압자가 세상을 바라볼 수 있는 관점의 변화이다. 그것이 바로 교육이 해야 할 역할인 것이다. 대화가 없는 교실에서는 행동만이 지나치게 강조되고 성찰이 부족할 수 있는 상황이 빈번히 발생할 것이다. 『페다고지』에서는 이 경우 '행동주의activism'로 전도될 경향성이 높다고 평가한다. 이러한 행동주의는 참된 프락시스를 부정하고, 오히려 대화 또한 불가능하게 만든다. 악순환이 반복되는 것이다. 이러한 악순환은 이분법을 생성하고, 이는 거짓된 사고 형태를 낳는다, 결과적으로 또 다른 이분법을 생성하게 되는 것이다. 이를 타파하는 것이 교육의 역할이며, 비판적인 관점으로 자신을 바라보고 연대를 통해 실천하는 프락시스의 과정을 위해 나아가는 것이 인간화 과정이다. 이는 피억압자가 억압자와 함께 나아가야 하는 것이다. 억압자는 자신의 현실을 스스로 바꾸지 못한다. 피억압자는 세상과 억압자를 '사랑'하는 마음으로 이를 행해야 한다.

희망이 없으면 대화도 없다

교실에서 대화가 사라지고 행동주의에 빠질 경우, 학생들은 '참된 말'을 하지 못한다. 프레이리는 교실에서 참된 말을 하는 것이 바로 '일work이며 프락시스praxis'[209]라고 한다. 인간은 침묵의 세계에 살수록 거짓의 세계에 살게 되는 것이다. 성서에서 아담이 세상에서 가장 먼저 한 일이 세상에 이름을 붙여 주는 일이었던 것처럼, 프레이리 또한 인간적으로 살아간다는 것은 '세계에 이름 짓고 변화'시키는 것이라고 언급한다.[210] 세상에 이름 짓는다는 것은 어떤 의미인가? 그것은 세상을 바라보고 스스로 정의를 내릴 수 있다는 것, 정의를 내리면서 문제의식을 가질 수 있다는 것, 그럼으로써 참된 말을 할 수 있다는 것, 참된 말을 통해 변혁할 수 있는 단서를 마련하는 것, 그로 인해 변화를 추구하는 것. 이 모두가 프레이리가 말한 일이며 프락시스의 본질이다. 또한 이름 짓기는 세상에 공감한다는 것을 의미한다. 공감은 '상호주체성'을 인정한다는 의미이자, '소통과 대화'의 강조를 내포한다. 우리는 누군가와 소통하고, 대화를 통해 힘을 얻고, 공감도 하고, 세상을 변혁할 수 있는 원동력을 생성한다. 이러한 교육적 태도가 없는 교사나 교육 풍토, 또는 잃어버릴 수밖에 없는 환경일 때 우리는 교육에서 미래를 발견할 수 없을 것이다.

팬데믹으로 인해 또는 이전에도 우리 교육 현실은 '사랑'이라는 이름으로 병적인 모습을 보여 왔다. 이러한 사랑은 우리에게 어떠한 것을 선사하였나? 그것은 '지배자에게는 사디즘으로, 피지배자에게는 마조히즘'[211]으로 나타났을 것이다. 이것이 파괴적 사랑이 아니었나 다시 생각해 볼 필요가 있다. 진정한 사랑은 '두려움'이 아닌 '용기'를 기반으로 하고, 용기는 다시 다른 사람으로의 사랑을 양산한다. 이러한 사랑은 세상과 세상을 살아가는 사람과의 대화를 통해 완성된다. 교육자나 학생이나 세상을 사랑할 수 없으면 세상과의 단절을 선언할 수밖에 없다. 이는 곧 대화가 없어짐을 의미한다.

우리 교육은 끊임없이 대화를 생산하고 있는가? 아니면 대화 단절을 시도하는가? 이는 곧 사랑이 있는가, 없는가로 생각할 수 있는 문제다. 나 혼자만 변혁적인 자세를 지니고 있다고 세상에 이름을 지을 수는 없다. 모두가 함께해야 세상에 이름을 부여하는 작업을 할 수 있다. 하지만 대화와 규율의 굴레를 벗어나지 못하는 이 상황에서, 더욱 악화되고 있는 교육 현실 속에서 세상을 사랑하고, 일할 수 있음을 기대할 수 있을까?

우리는 '휴머니스트'가 되어야 한다. 진정한 휴머니스트가 될 때, 우리가 처한 교육 현실에서 무엇을 바꾸고 지속해야 하는지를 살필

수 있다. 세상과 사람을 사랑하는 휴머니스트를 기르는 일, 이것이 교육이 해야 할 일이고, 이는 팬데믹이 도래하더라도 변하지 말아야 할 중요한 요소이다. 진정한 대화를 통한 사랑과 겸손, 신념에 뿌리를 둔 수평적 관계에서 상호 신뢰가 싹 트는 구조이다. 고정된 실체로서의 지식을 전달하는 수준에 그친다면 대화의 실정과 이를 통한 수직적 구조의 확립은 자라나는 학생들의 정체성을 형성하기에 충분조건이 될 것이다. 단순히 마스크를 쓰고 있고 대화를 할 수 없다는 사실만으로 과대 해석하는 것으로 보일 수도 있겠으나, 이는 분명 팬데믹을 통해 드러나는 우리 교육의 현실임을 다시금 생각해야만 한다.

자라나는 우리 학생들이 피억압자로 성장하는 것을 반대한다. 다시 억압자로 변태하는 것도 원하지 않는다. 이를 위해 우리는 현실을 정태적인 실체가 아닌 변화와 역동적인 실체로 바라보길 원한다. 행동과 사고가 분리되지 않는 비판적 사고를 할 수 있는 미래 세대가 자라나길 바란다. 마스크를 벗어 던지는 날 '대화'가 가능한 것이 아니라 그전부터 제거됐던 '대화'를 살리기 위해 교육자부터 달라져야 한다. 프레이리의 말을 빌리자면, 억압자는 자신의 현실을 바라보지 못한다. 우리가 우리의 현실을 직시하지 못한다면 억압자로 남아 있으리라는 것을 반증한다. "희망이 없으면 대화도 없다."[212] 우리에게는 희망이 있는가? 그렇다면 대화를 시도하자. 이것이야말로 우리 교육 현실에서 변해야 할 부분이며 또한 변하지 말아야 할 제1원칙이다.

6.
상생과 협력의 교육학: 세계시민교육

코로나19로 인해 국내 교육 현황에 대한 우려의 목소리가 높아지고 있다. 교육격차에 따른 불평등, 빈곤층 자녀의 영양 상태 등 우리 사회는 코로나19로 인해 더욱 불편한 현실과 마주하고 있다. 코로나19 사태는 특히 취약한 계층과 보살핌이 필요한 학생들에게 더욱 가혹하게 접근하고 있다. 위급한 상황은 약한 곳을 파고든다. 더 깊숙이, 때로는 잔인하다고 느낄 정도다. 이는 비단 국내에만 한정된 것이 아니라 전 지구적으로 발생하는 현상이다.

"에티오피아는 안녕하지요?"

오랜 친구들이 걱정되어 연락을 취해 봤다. 2008년 2년 동안 동아프리카 에티오피아에서의 봉사활동으로 연이 닿게 된 에티오피아 교사들을 통해 에티오피아의 현실을 들어 보았다. 약 13만 명의 감염자가 발생한 최빈국 에티오피아[213]의 상황은 어떠한가? 그들은 어떻게 이를 극복하고 있는지가 궁금하였다.

"오랜만에 안부 전합니다. 모두 건강한지요? 에티오피아는 안녕하지요? 저는 다행히 무사합니다."

10년 지기 친구인 꺼짤라Ketsela가 반갑게 인사를 전해 주었다.

"아슈Ashu, 저희는 건강합니다. 신의 은총이 한국까지 닿았군요. 다행히 에티오피아도 확진자가 많이 줄었습니다. 신이 저희를 도왔습니다."

신실한 에티오피아 정교도 신자인 꺼짤라는 신의 힘에 의지하면서 하루하루를 사는 것처럼 보였다. 꺼짤라는 약 2,000만 명의 학생들이 2020년 3월 16일부로 시행된 학교 폐쇄로 인해 가정학습을 진행하고 있으며,[214] 그로 인해 교육이 원활히 진행되지 않고 있음에 걱정을 드러냈다. 세계은행World Bank 교육통계에 따르면,[215] 에티오피아 초등학교 학교 등록률이 2015년 기준으로 96%에 도달했다는 점에서, 어렵게 달성한 초등교육 보편화인데 에티오피아가 이번 사태로 그 동력을 상실하지 않을까 우려스러웠다.

"가정학습은 어떻게 진행되고 있나요?"

나의 질문은 자연스레 가정학습으로 연결되었다. 한국과 같이 원격수업을 진행하는지, 아니면 다른 형태의 교육이 진행되는지가 궁금하였다. 다행스럽게 에티오피아에서도 원격학습이 진행되고 있다는 소식이 전해졌다. 하지만 그 대상은 주로 도시 지역 학생들에 한정된다. 해당 학년도 7학년에서 12학년으로, 중요 과목을 위주로 하루에 45분 정도로 한정하여 제공된다고 한다. 문제는 원격학습이 주로 전기가 잘 공급되는 대도시에 한정된다는 점이며, 지방 학생들과 농촌 지역 학생들의 원격학습 접근성은 각각 29%에서 11% 정도라고 하니, 에티오피아의 교육 형평성 문제는 심각해 보인다.[216]

꺼짤라의 걱정은 여기서 멈추지 않았다. 가정학습이 진행됨에 따라 대부분의 학생들이 방치 상태와 다를 바 없다고 하였다. 따라서 이 학생들이 대부분 거리로 나와 생계 전선에 뛰어드는 게 현실이다. 초등교육 보편화로 인해 학령기 학생들의 생계 전선 참여가 줄었지만, 그 비율이 다시 높아졌을 것으로 판단된다. 값싼 노동력 착취가 부활하고 있는 듯하다. 버스에서 버스비를 걷고, 껌을 팔고, 구두를 닦고, 공장에서 일하러 학생들이 거리로 쏟아져 나온다는 것은 성인의 일자리를 대신한다는 의미이자, 노동력을 착취당한다는 것으로 이해될 수 있다. 집에서 놀아 봤자 차라리 돈이나 벌자는 심리가 팽배해져 있다는 말은 생계로 내몰리는 학생들이 많다는 의미이다. 이는 초·중등 학생에 한정된 문제가 아니다. 대학교 또는 대학원이 폐쇄됨에 따라 고등교육 참여자들도 대거 직업 전선으로 나오면서 실업률이 증가함과 동시에 값싼 노동력 시장이 확대되는 악순환이 전개된다.[217]

학교가 문을 닫자 발생한 문제는 또 있다. 바로 여학생 교육이다. 1987년 약 27%였던 여학생 비율이 2017년 86%로 증가하였고, 초등학교의 남학생 대 여학생 비율이 0.90, 중등학교의 비율은 0.87이라는 점에서 에티오피아는 양성평등 교육 실현에 가장 앞선 국가로 분류된다. 하지만 코로나19로 인해 가정경제가 악화되면서 자연스레 여학생보다는 남학생을 학교로 보내려는 경향성이 높아지고, 여학생의 조혼 풍습이 부활하는 경향이 나타난다는 보고가 있다. 대부분 가정에서 설거지, 빨래, 청소, 보육 등 허드렛일을 도맡고 있는 여학생들이 학교에 가지 않는다는 것은, 부모 입장에서는 가정일을 여학생에게 전가할 수 있으니 어찌 보면 잘됐다고 하는 사람도 있다고 한다. 가정일에 얽매이면서 가정폭력 증가, 여자는 집에 있어야 한다는 기존 가치관이 더욱 강화되는 듯 보인다.[218]

이뿐 아니라 코로나19로 인해 약 400만 명의 어린이가 영양 불균형 및 영양실조 상태에 놓이고, 취약한 위생시설로 인해 아동들이 코로나19로부터 더욱 내몰리게 된다는 우려는 더욱 현실이 되어 가는 듯하다.

이러한 문제점에도 불구하고, 꺼짤라의 희망 섞인 메시지가 기억에 남는다.

"아슈, 그럼에도 불구하고 최근 8학년이 중등학교 입학시험을 실시했어요. 코로나19에도 많은 학생들이 낙오 없이 시험을 쳤다는 점을 감사하게 생각합니다."

에티오피아에서 중등학교 입학시험은 큰 의미로 작용한다. 공부를 지속할 수 있다는 점과 고등교육으로의 발판을 마련한다는 점에서 에티오피아 국민의 교육열을 여실히 보여 준다. 마치 1970~1980년대 한국의 교육열을 보는 듯, 10년 전에 느꼈던 교육열을 에티오피아 교사를 통해 다시 전해 듣는다.

더 나은 세상을 꿈꾸는 사람을 만드는 교육

코로나19로 인해 국내나 국외나 어려움을 겪고 있는 것은 비슷하다. 꺼짤라와의 연락을 통해 한국의 교육 상황을 전하면서 아픔과 어려움을 공유하고 서로 이해해 줄 수 있는 친구가 멀리에도 존재한다는 점을 알려 주는 계기가 되었다. 같은 교사로서 다른 맥락적 상황을 공유한다는 것과 이를 통해 서로의 감정을 드러내고 이해한다는 것은 또 다른 의미에서 교육적 교류이다. 때로는 물자와 지식의 교류보다 감정적 공유가 그들이나 우리에게도 도움이 될 때가 있다. 공감한다는 것, 그리고 함께 이 어려움을 헤쳐 가자고 서로 격려하는 것 모두가 이 시대에 우리가 지녀야 할 가치가 아닐까 싶다.

향후 학교교육은 어떤 것에 치중해야 할까? 서로의 처지에 대한 공감 능력 배양, 문제를 더욱 비판적으로 바라보고 이해할 수 있는 능력 향상, 공감하는 감성적 능력과 비판적 사고를 바탕으로 실천하고 힘을 합쳐 연대하는 능력을 키워야 할 것이다. 코로나19로 인해 서로 간의 불신, 공포, 낙인효과, 교육격차, 불평등 문제 등 다양한 문제와 이해관계가 발생하고 있다. 이는 사회 곳곳으로 파고들었으며, 자라나는 학생의 정체성 형성에도 영향을 줄 수 있다. 교육을 통해 희망을 본다는 것은 어떤 의미일까. 계층사다리로의 진입이 아니라, 교육을 통해 코로나19 이후에는 온전한 사회와 인격을 형성할 수 있다는 희망이 되어야 한다.

코로나19를 겪은 학생들이 더 관심을 넓혀 나의 삶뿐 아니라 우리 사회 곳곳에 새로운 관심을 기울이고 공감할 수 있길 바란다. 국내를 넘어 국제 사회로 관심과 이해를 넓히고, 공감할 수 있는 능력은 세상을 새롭게 바라보는 비판적 사고를 키워 줄 수 있을 것이다. 예를 들어, 심각한 어려움을 겪고 있는 난민캠프로 관심을 넓혀 볼수 있다. 이를 통해 왜 난민이 될 수밖에 없었는지, 코로나19로 인해더욱 가중되는 어려움은 무엇인지, 우리가 함께 공감하고 연대할 수있는 것은 무엇일지를 함께 고민해 보자. 이것은 학생 개인뿐 아니라미래 사회의 지구촌을 변화시킬 수 있는 작은 움직임이 될 수 있다. 또 다른 예로, 코로나19로 인해 발생하는 환경오염에 대한 관심 확장은 일상생활에서의 자원 재활용 및 환경오염으로 인해 유발되는각종 동물 피해와 기후변화 등을 종합적으로 고려해 볼 수 있다. 관심의 확장은 더 나은 세상을 꿈꾸는 사람을 기른다.

군이 정의 내리자면, 이러한 교육을 '세계시민교육'이라 할 수 있다. 유네스코는 세계시민교육을 "학습자들이 더 포용적이고, 정의롭고, 평화로운 세상을 만드는 데 이바지할 수 있도록 필요한 지식, 기능, 가치, 태도를 길러 주는 교육"이라 정의한다. 이 교육을 통해 길러지는 세계시민성Global Citizenship은 "인류 공동의 보편적 가치를 바탕으로 하는 초국가적인transnational 소속감이나 연대감을 말하며, 지역·국가·세계적으로 정치·경제·사회·문화가 상호의존적으로 연계되어 있음"이 내재된 것을 의미한다.[219]

코로나19는 초국가적인 현상으로 개별 국가나 지역에 국한된 것이아니다. 즉, 코로나19는 전 세계의 문제이며 함께 공유할 수 있는 감정을 지니고 있다. 전 세계적으로 학생들이 교육을 받지 못하고 있으며, 빈부격차가 증대되고, 소외 계층에 그 피해가 가중된다. 코로나19는 공유하거나 공감하지 못하면 결코 해결되지 못한다. 운이 좋게 이 어두운 터널을 지나더라도 그 잔여물은 세계 곳곳에 남아 있을 것이다. 그 짐을 우리는 함께 지고 나가야 한다. 그렇지 않으면 그 피해 또한 고스란히 그 누군가에게 전가될 것이다. 세계시민교육을 통해 조금이나마 짐을 함께 지고 격려하며 나아갈 수 있는 교육이 반드시 전개되어야 한다.

최근 한 음료 광고에 바다 쓰레기를 청소하는 부부가 등장하였다. 누구의 칭찬이나 경제적 이득이 없음에도 이 부부는 지속적으로 바닷속으로 직접 들어가 해양 쓰레기를 청소하는 것을 당연하게 여겼다. 그럼에도 이 광고는 다음과 같은 질문을 남긴다. 과연 이렇게 한다고 해서 바다가 깨끗해질까요? 미약한 개인의 힘으로 드넓은 바다를 청소한다고 해서 그 효과가 있을까? 부질없는 짓이지 않을까? 하지만 이 부부의 대답을 통해 향후 세계시민교육을 해야 하는 당위성을 찾게 된다. "적어도 우리가 지나온 길만큼은 깨끗해지니깐요."

코로나19라는 2년의 시간이 지나가고 있다. 지금 필요한 것은 코로나19가 휩쓸고 간 자리를 정확한 눈으로 바라보는 일이다. 그리고 할 수 있다면 힘을 합쳐 회복시키는 데 온 힘을 쏟을 때이다. 비록 우리의 힘은 미약하지만 적어도 우리가 지나온 길만큼은 변화가 될 수 있도록, 아니 변화가 되지 않더라도 변화를 일으킬 미래의 주역을 기르는 데 지혜를 모을 때이다. 아픔이 있는 곳에 공감을, 분노가

있는 곳에 화해를, 더 나은 세상을 위해 관심을 기울이는 사회가 될
수 있는 교육이 바로 희망이자, 미래의 교육이 돼야 한다.

나가며

코로나로 인한 팬데믹 시대는 이제 끝날 기미가 보이고 있다. 교육부에서는 2021년 11월부터 위드 코로나 정책에 의해 전면 등교를 준비하고 있다. 하지만 예측하기 힘든 코로나 재창궐로 정상적인 등교수업이 가능할지 의문이다. 정책이 늦거나 급격하게 나올수록 불안한 사람은 학교현장을 담당하는 교사이다. 이럴수록 교사는 코로나가 휩쓸고 간 자리를 정확한 눈으로 바라보며 현재 자신의 상황을 정확히 아는 게 필요하다. 그리고 교사는 교육 관계자(학생, 학부모, 동료 교사 등)와 힘을 합쳐 치유하고 회복하는 데 노력해야 한다.

지금까지 4개의 장을 통해 미시적으로는 인간의 특성, 거시적으로는 학교제도와 시민사회에 이르기까지 다양한 영역으로 논의를 확장하여 제시하였다. 이 책의 1장인 '코로나19 시대 우리 학교 들여다보기'는 팬데믹 시대 학교현장에서 일어나는 사례를 중심으로 구성했다. 의도하지 않은 상황이 발생했을 때 사람들은 불안과 공포를 느낀다. 개인의 감정이 공동의 감정으로 전환되면 소속감과 유대감의 긍정적인 감정을 느낄 수도 있지만 차별과 혐오의 부정적인 감정을 느낄 수도 있다. 사람들은 '거리두기'로 인해 친밀감보다는 고립감을 느끼게 됐으며, 마스크 착용은 민주적 의사소통에 제한을 주어 인간관계의 부재로 이어졌다. 또한 '팬데믹과 교직사회 갈등'에서 다양한 양상의 갈등을 살펴보았는데, 사람들이 서로 만나 자기의 생각과 마음을 나누고 교감한다면 벌어지지 않았을 갈등도 다수 포함되어 있다. 이에 더해 코로나 시대 사람들 사이에는 개인주의에 바탕을 둔 얇은 신뢰가 형성되어 정서적으로 연대된 '돌봄'의 관계가 구축되지 못하였다.

2장 '가까이서 멀리서'는 학교현장에서 발생한 현상들을 '학교조직, 교육행정, 리더십'이라는 관점에서 고찰하였다. 우선, 학교에 대한 인식론적 불일치가 심화되는 시점에서, 교육의 본질적인 기능이 있다는 '토대론'과 시대가 요구하는 사회적 기능을 중시하는 '정합론'이 등장하였다. 또 물리적 변화가 사회적 환경 변화를 선도하여 발생한 예측 불가능한 상황에서 학교장의 역량과 리더십, 승진 시스템에 대해 성찰해 보았다. 한편, '자유로부터의 도피' 이론과 연계하여 교사는 상반된 태도를 견지한다. 교사 자신의 자율성을 지키고 싶어 하지만 한편으로 불분명한 책임을 지기엔 부담을 느끼기 때문에 국가의 매뉴얼(통제)을 필요로 한다는 것이다.

더불어 우리는 교육자치가 사회관계와 제도를 형성하는 역사적 전환점에 있다. 코로나 위기를 딛고 교육자치가 새로운 경로를 마련하여 성장하게 되는 기회로 작용할 것인지, 무기력함을 넘어 권위주의 시대로 회귀할 것인지 갈림점에 서 있다. 게다가 우리는 행정상 취해야 하는 숫자의 상징성을 알고 숫자 이면에 숨겨져 있는 '행간'을 읽을 수 있는 통찰력이 필요하다. 이제 우리는 코로나를 퇴치할 대상이 아닌 공존하는 존재로 바라보기 시작했다. 역설, 딜레마, 양가성의 관점에서 개인의 신체와 마음의 공존, 사회적 가치의 공존, 학교 안 학생과 교사의 공존 의미를 되새겨야 한다.

3장 '성찰'은 더 확대된 시각으로 현상을 고찰한다. 팬데믹 시대에서의 인간성, 교육의 의미, 미래교육, 교육열 등 기존의 교육을 지탱하고 있는 교육 철학 및 관념에 도전하는 방식으로 전개된다. 팬데믹 시대의 사람들은 사회가 주는 공포 때문에 스스로의 정체성이 아닌 '타자'와 마주하는 삶을 살며 힘들어한다. 그래서 스스로 취약함을 인정하고 상대방을 인정하는 포용적인 사고가 필요하다.

현재 '코로나 백신'처럼 교육의 근본 병을 없애 줄 '만병통치 교육'이 존재할까? 미래형 교육이라고 불렸던 원격수업을 막상 시행해 보니 등교수업만큼의 실효성이 없었다는 점이 증명되었다. 물론 실시간 쌍방향 수업이라는 획기적인 방책이 나왔지만 직접 얼굴을 마주 보고 이야기하는 실재성만큼의 효과성은 없었다. 결국 만병통치 교육이란 없고 학생의 자기주도적 능력을 높이는 건강한 교육 환경이 필요함을 실감하게 되었다.

또 미래의 학교는 현재의 현상 유지 또는 재구조화, 그리고 학교 해체 중 하나의 길로 나아갈 가능성이 크다. 시장 반영, 돌봄 확대, 네트워크 변화, 마을학습공동체의 정책 반영 등으로 인해 계속 변모

될 것이다. 그리고 가상공간이 실제공간처럼 중요해진 때에 정체감 형성에 대한 진지한 교육과 성찰이 필요하다. 우리는 교육열을 주제로 과거 및 현재의 교육에 내재된 폭력성을 드러내고 코로나로 인한 팬데믹 시대에 기존의 것들이 확대 재생산된다는 점을 비판한다. 이에 능력주의와 학벌주의에 대한 반성이 필요하고 현재의 성공은 개인의 '노력'도 있지만 여러 사람의 도움으로 인한 '운'도 작용했다는 점을 인정하고 겸손한 태도를 지녀야 한다.

4장 '실천'에서는 팬데믹 시대의 교육을 통해 고찰된 교육의 의미 중 회복해야 할 과제를 선정한 후, 그에 따른 대안으로서의 교육적 관점을 제시한다. 이에 따라 자율과 책임, 소통, 예술, 치유와 회복, 대화와 비판적 역량, 세계시민교육 등에 대해 다루었다.

이제 교육은 어떻게 변화해야 하나? 코로나 시대에는 기존 사고의 대전환이 이루어졌다. 미래의 교육이라고 생각했던 원격수업을 시도하였고, 시행착오 끝에 결국은 원격수업보다 대면수업이 더 효과적이라는 본래적 사고로 되돌아왔을지도 모른다. 또 이전의 학교가 사회에서 요구하는 교육 내용을 의무적으로 받아들이는 곳이었다면, 앞으로는 내가 배우고 싶은 것을 배우고 스스로 학교에 가고 싶어 하는 장소가 되어야 한다는 지향점도 발견했다. 이 과정에서 우리는 미시적, 거시적으로 교육의 본질을 고찰해야 한다.

그렇다면 미시적 관점으로 보는 교육의 본질은 무엇인가? 먼저, 교육은 '인간의 존엄성'을 근원적 가치로 두어야 한다. 이전에는 대중을 처벌과 훈육하는 방법으로 억압했다면, 코로나 시기에는 거리두기, 마스크 착용, 5인 이상 집합 금지 등의 규율을 내세워 대중을 억압하고 있다. 억압은 인간의 육체와 감정을 통제하여 인간의 존엄성을 상실시킨다. 우리는 지금 코로나가 휩쓸고 간 인간성의 부재를 의식하고 이를 회복시켜야 한다. 이를 통해 우리는 자유, 소통, 공감, 협력 등 인간의 기본적 가치에 관심을 기울이는 사회를 만들 수 있다.

시계추가 흔들리면서 균형을 이루듯이, 우리는 공동체의 '공익'과 개인의 '정체성'이 어떻게 균형을 이루어야 하는지 지속적으로 고민해야 한다. 또한 우리는 변화하는 세계 속에서 당연하게 받아들이던 주장에 의심하는 비판적 태도를 갖추어야 한다. 기득권자의 의견을 비판 없이 그대로 수용하는 순응적인 자세보다는 기득권자가 현실을 직시하도록 비판적 감시와 견제를 행하는 '팔로워십' 자세가 필요하다.

역사적으로 보면 사람들은 계급의 존재를 당연시했던 봉건주의 세상에 의심을 품어 '자유'라는 기본권을 이끌어 냈고, 소수의 기득권의 부당성에 대한 의심을 알리면서 '평등'이라는 기본권을 이끌어 냈다. 앞으로도 우리는 사회 문제에 늘 의문을 제기하고 공론화해야 한다. 현재 우리는 코로나19 바이러스의 치명률과 특성을 정확하게 파악하기보다는 거리두기, 마스크 교육, 코로나 검사, 원격교육, 백신 접종 등의 코로나 방지 대책에만 충실하게 따르는 데 집중하고 있는 듯하다. "코로나19 바이러스는 삶을 위태롭게 할 정도로 치명적인 질병을 일으키는 바이러스다"라는 기본 전제를 의심할 필요가 있다.[220]

어쩌면 기본 전제가 틀렸을 시에 우리는 과도한 의학, 사회, 교육

대처로 가벼운 병을 무서운 병으로 키워 막대한 비용을 지불하는 '과유불급過猶不及'의 우를 범할 수 있기 때문이다. 비판적 태도를 갖추기 위해서는 다른 사람의 입장을 수용하는 개방성, 자신의 의견이 틀릴 수 있다는 겸허함, 잘못된 방책을 수정하는 유연성 등이 발현되는 사회 분위기 조성이 필요하다.

한편, 거시적 관점의 교육제도의 본질은 무엇인가? 현대의 교육제도는 사회적·정치적 시스템과 매우 밀접한 관계를 맺고 있으며, 학교라는 플랫폼을 통해 민주공화국의 주체인 시민을 성장시켜 배출하는 핵심 메커니즘이다. 과거 고대 또는 중세 시대까지만 해도 교육은 일부 계층의 전유물이었기에 국가적 개입이 제한적이었으며, 개인 대 개인 사이에 도제식 사교육이 주로 이루어졌다. 그러다 시민혁명 이후 공교육이 자리 잡으면서부터 어느 분야보다 국가적 통제가 적극적으로 행해지게 되었다. 국가는 주로 학교제도를 통해 교육제도 전반을 운영하고 있다.

따라서 지금은 학교에서 "무엇을 가르치고 배우는가?", "누가, 어떻게 가르치는가?", "누구에게 어떤 교육 기회를 부여할 것인가?"와 같은 질문들이 누구도 쉽게 간과할 수 없는 우리 사회의 핵심 어젠다agenda가 되었다. 이를 더욱 여실히 증명한 사례가 이번 코로나19로 인한 전 사회적, 교육적 팬데믹 현상이었다. 우리는 팬데믹을 겪으며 교육의 가치에 대해 성찰하게 되었고, 또한 교육제도의 기능과 역할에 대해 고민하게 되었다. 이는 아마도 교육사에 길이 남을 중대한 사건으로 기록될 것이다.

예측하기 어려운 상황에서 교육제도의 본질적인 합의를 이끌어 내려면 교육 관계자 간의 '대화'가 필요하다. 이때는 폭력적 태도가 아니라 사랑의 자세로 임해야 한다. 실체나 현상에는 절대적인 선이나 악이 존재하지 않는다. 선과 악이 공존하고 있기에 의견을 자유롭게 피력할 수 있어야 한다. 이것이 자유민주주의 사회의 기본 전제이기 때문이다. 투명하고 다양한 의견이 공유되는 분위기 속에서 개인의 자율성과 다양성이 보장되어야 교육자치를 실현할 수 있다. 학교에서도 스스로 생각하고, 판단하고, 책임지는 교육 민주주의가 근본이 되어야 한다. 피동적으로 위에서 내려오는 지침만을 따르려고 하지 말고, 학교 구성원인 교사와 학생, 학부모가 대화를 통해 핵심 어젠다를 함께 고민하고 참여해야 '교육 주체가 진정한 주인이 되는 학교'를 만들 수 있다.

필자들은 이 책에 실린 글을 쓰면서 '3의 법칙'의 위력을 실감했다. '3의 법칙'이란 같은 행동을 하는 사람이 세 명이 되면 사람들에게 관심을 제공하고, 그 행동에 함께 참여할 수 있는 동기인 '동조'를 이끌어 낸다는 의미다. 이 책의 공동 저자인 우리 세 명의 협의는 고안된 동료적 협력관계Contrived Collegiality가 아니라 조정된 동료적 협력관계Arranged Collegiality가 담긴 교사학습공동체의 모습을 보여 주었다. 우리 모임에서는 교육 현상에 대한 만담을 주제로 대화가 시작되었는데, 점차 시사 주제에 대한 논의로 발전하였다. 우리는 매

주 1회 만나 정해진 주제에 대해 각자가 조사한 자료를 발표하고 협의하였다. 회의가 끝나고 나면 머리가 확 트이는 듯한 느낌을 받았다. 생각과 지식을 공유하며 배움의 폭이 확장되었고, 사회적 현상에 대한 의견을 나누면서 이성과 감성을 조율하게 되었다. 이러한 과정이 쌓여 역사상 유례없는 '코로나19로 인해 바뀐 교육 현실'을 '철학적 사고'에 근거하여 학교현장의 모습에 비춰서 반영하는 책을 세상에 선보이게 되었다.

이 책을 쓰면서 우리는 교육 현상에 대한 '철학적 사고'의 중요성을 알았다. 교육 현상에 대한 단기적 처방은 예상치 못한 풍선효과를 일으켜 일을 그르치게 만들 수 있다. 따라서 교육 문제를 해결하려면 눈에 보이지 않는 근원적인 이유를 알고 어떤 교육적 사고를 하는 게 좋은지 고민해야 할 것이다. 이 책에는 코로나로 인한 팬데믹 교육 현상과 본질의 시작, 과정, 끝이 드러나 있다. 그리고 현장 교사들의 고충, 땀, 슬기가 '하나의 경험'으로 담겨 있다. 감히 동료 교사들의 의식과 목소리를 대변하였다고 자부할 수 있다.

니체Nietzsche가 말한 '영원회귀永遠回歸, Ewige Wiederkunft'처럼 사건의 끝은 새로운 시작을 의미한다. 팬데믹은 코로나와 천연두 같은 전염병, 전쟁, 혁명, 기후변화 등에 따라 이전에도 발생했고 앞으로도 또 발생할 수 있을 것이다. 이 책이 코로나 시대에만 한정되지 않고 미래의 팬데믹 현상을 효과적으로 극복할 수 있는 '교육 지침서'가 되길 바란다. "학교는 없어도 돼?"라고 묻는 이들에게 학교 안에서 행해지는 교육의 의미를 되새겨 볼 기회가 되기를 기대해 본다.

주석

1. '위험'을 다룬 학자들 논의는 울리히 벡(1997), 배리 글레스너(2005), 지그문트 바우만(2008)의 글을 참고하라.
2. 박형신·정수남(2015). 감정은 사회를 어떻게 움직이는가. 한길사, 54-55.
3. 박형신·정수남(2015). 위의 책, 106-119.
4. 박형신·정수남(2015). 위의 책, 122-123.
5. 잭 바바렛(2009). 감정과 사회학. 박형신 옮김. 이학사, 15.
6. 교육부(2019). 유·초·중등 및 특수학교 코로나19 감염예방 관리 안내.
7. 김수정(2006). 영아기 애착발달에 대한 이론적 탐색. 아동복지연구, 4(4), 175-187.
8. Liberman, N., Trope, Y., and Stephan, E.(2007). Psychological distance. In A. W. Kruglanski & E. T. Higgins (Eds.), Social Psychology: Handbook of Basic Principles. New York: Guilford Press.
9. 조범상(2019). 4피트. 알에이치코리아.
10. 신홍임(2017). 심리적 거리와 의사결정. 한국심리학회지: 사회 및 성격, 31(4), 103-123.
11. 엘리엇 애런슨·티모시 D. 윌슨·로빈 M. 아케르트·사뮤엘 R. 소머스(2018). 사회심리학(Ed 9). 고재홍·김민영·박권생·최윤정 옮김. 시그마프레스.
12. 조재성(2020). 코로나19: "사회적 거리두기"와 새로운 도시. 도시정보(457), 49-51.
13. 시사인(2020. 6. 12). 「코로나19가 드러낸 '한국인의 세계'-갈림길에 선 한국편」, https://www.sisain.co.kr/news/articleView.html?idxno=42165
14. 시사인(2020. 6. 12). 위의 글.
15. 전근배(2020). 국가의 거리: 코로나19와 장애인의 삶, 그 현황과 대책. 비판사회정책, 68, 173-207.
16. 한국과학창의재단(2020). 초등학교 원격수업 학생평가 안내자료집.
17. 토드 로즈(2018). 평균의 종말. 정미나 옮김. 21세기북스.
18. 야마구치 슈(2019). 철학은 어떻게 삶의 무기가 되는가?. 김윤경 옮김. 다산초당.
19. 최경준·함승환(2016). 학교장 교수지도성에 대한 학교장-교사 평가 일치도에 미

치는 문화적 맥락의 효과: 권력거리와 개인주의 문화 차원을 중심으로. 교육행정학연구, 34(1), 311-344.

20. 이윤식·김병찬·김정휘·박남기·박영숙(2007). 교직과 교사. 학지사.

21. 이윤식(2003). 주요국의 학교경영 혁신과 학교장의 역할. 인천대학교 교육대학원 논문집(7), 51-63.

22. 이윤식·김병찬·김정휘·박남기·박영숙(2007). 앞의 책.

23. Bowlby, J.(1969). Attachment & Loss Vol 1.: Attachment. New York. Basic Book.

24. 김수정(2006). 영아기 애착발달에 대한 이론적 탐색. 아동복지연구, 4(4), 175-187.

25. 서정화·이윤식(2015). 교육자의 리더십과 교육선교. 정우문화사.

26. 강철(2020). 코로나19 팬더믹 상황에서 메시지는 어떻게 소통되어야 하는가?: '격리 중 자기돌봄'과 '감염병확산방지를 위한 거리두기'라는 표현을 사용하자!. 철학, 143, 87-109.

27. 오마이뉴스(2020. 6. 16).「장시간 마스크 착용으로 고통 호소한 제주 교사, 끝내 사망해」, http://www.ohmynews.com/NWS_Web/View/at_pg.aspx?CNTN_CD=A0002650483

28. 서울신문(2020. 5. 16).「"N95 마스크 쓰고 달리기 시험" 중국 중학생 사망」, https://www.seoul.co.kr/news/newsView.php?id=20200506500047

29. 시사인(2020. 6. 18).「'학교를 왜 가야 하나' 답해야 하는 시간」(제666호), https://www.sisain.co.kr/news/articleView.html?idxno=42227

30. 김명희(2020). 세계보건기구의 마스크 사용 지침에 대한 한국 보건당국의 이행 분석과 함의: 코로나바이러스 감염병을 중심으로, 10(8), 77-86.

31. 김상수(2020). 코로나 미스터리. 에디터.

32. 오마이뉴스(2020. 9. 3).「1일 확진자 7천 명, 그럼에도 프랑스인들이 태연한 이유」, https://news.naver.com/main/ranking/read.nhn?mid=etc&sid1=111&rankingType=popular_day&oid=047&aid=0002283463&date=20200903&type=1&rankingSeq=9&rankingSectionId=104

33. CBC News(2020. 8. 8).「Thousands rally in downtown Montreal to protest Quebec's mandatory mask rules」, https://www.cbc.ca/news/canada/montreal/anti-mask-march-montreal-aug-8-1.5679598

34. 진동섭·이윤식·김재웅(2011). 교육행정 및 학교경영의 이해. 교육과학사.

35. 매체는 메시지를 운반하는 수단을 의미한다. 대화, 전화, 컴퓨터, 라디오, TV, 메모, 편지, 전보, E-mail, 신문 등이다.

36. 메시지가 따라가는 일상적인 통로 형태이다. 수직적 채널(권위 위계를 상하로 통하는 형태)과 수평적 채널(동등한 권위 위계 수준을 가로지르는 형태)이 있다.

37. 유지영(2014). 초등학생의 학습된 무기력 감소를 위한 놀이중심 집단상담 프로그램의 개발 및 효과 검증. 박사학위논문. 경북대학교 대학원.

38. 진동섭·이윤식·김재웅(2011). 앞의 책.

39. 이지연(2011). 청소년의 역경과 자아탄력성이 학습된 무기력에 미치는 영향. 대구카톨릭대학교 교육대학원. 석사학위논문.

40. 야마구치 슈(2019). 앞의 책.

41. 한국일보(2020. 10. 6). 「코로나 블루, 레드… 그다음은?」, https://www.hankookilbo.com/News/Read/A2020100514080001206?did=NA에서 2020. 11. 5. 인출.

42. 이동훈·김예진·이덕희·황희훈·남슬기·김지윤(2020). 코로나바이러스(COVID-19) 감염에 대한 일반대중의 두려움과 심리, 사회적 경험이 우울, 불안에 미치는 영향. 한국심리학회지: 상담 및 심리치료, 32(4), 2119-2156.

43. 유영국(1992). 교육조직의 갈등관리에 관한 연구. 박사학위 논문. 단국대학교 대학원.

44. Owens, R. G.(2004). Organizational Behavior in education(8th ed.). Boston: Allyn & Bacon.

45. Horowitz, Leonard M.(1996). The study of interpersonal problems: A Leary legacy. Journal of Personality Assessment, 66(2), 283-300.

46. 김가을·권정혜·양은주(2013). 대인관계갈등에서의 회피적 갈등대처방식이 우울에 미치는 조절효과: 온오프라인 환경과 성차를 중심으로. 한국심리학회지: 여성, 18(2), 279-294.

47. 채효정(2020). 전환을 위한 마그나 카르타, 가난한 민주주의. 크리킨디센터전환교육연구소(편). 코로나 이후의 전환, 148-161.

48. 시사인(2020. 6. 12). 「코로나19가 드러낸 '한국인의 세계'-갈림길에 선 한국편」, https://www.sisain.co.kr/news/articleView.html?idxno=42165

49. 마사 누스바움(2011). 학교는 시장이 아니다. 우석영 옮김. 궁리, 63.

50. 마사 누스바움(2011). 위의 책, 66-67.

51. 심성보(2018). 한국 교육의 현실과 전망: 세계교육의 담론과 운동 그리고 민주시민교육. 살림터, 163-165.

52. 마티아스 슈토이프(2008). 현대인식론 입문. 한상기 옮김. 서광사.

53. 박선형(2000). 교육행정의 자연론적 정합론에 대한 분석적 고찰. 경주대학교 논문집, 13, 133-154.

54. 박선형(2000). 위의 글, 133-154.

55. 한상기(2014). 토대론 대 정합론 논쟁과 직접적 정당화. 동서철학연구, 71, 463-485.

56. 이반 일리치(1970). 학교 없는 사회. 박홍규 옮김(2009). 생각의나무.

57. 존 듀이(1916). Democracy and Education. 이홍우 옮김(2007). 교육과학사.

58. 이현애(2020). 코로나19가 호출한 노동과 몸 그리고 교육. 오늘의 교육, 56, 59-63.

59. 이수광(2020). 체제전환의 교육 철학. 제3회 경기교육포럼 자료집, 1-27.

60. 이혜정(2020). 학습복지의 재개념화. 제3회 경기교육포럼 자료집, 28-53.

61. 서울대학교 교육연구소(1995). 교육학용어사전. 하우동설.

62. Burns, J. M.(1978). Leadership. New York: Harper & Row.

63. Sergiovanni, J. J.(1990) Value-Added Leadership: How get extraordinary performance in schools. New York: Harcourt Brace Jovanovich.

64. 조대연(2010). 학교장의 직무역량에 대한 요구분석. 한국교원교육연구, 27(4), 293-315.

65. 김영래(2018). 독일의 교장 임용제도. 한독교육학회 2018년 춘계학술대회 자료집, 1-20.

66. 박영숙·양승실·황은희·허은정·김갑성·김이경·전제상·정바울(2017). 교직환경 변화에 따른 교원 정책 혁신 과제(I): 교원 양성 및 채용 정책의 혁신 과제. 한국 교육개발원(RR 2017-06).

67. 박남국(2020). 초등학교 교육과정 자율성에 관한 연구: 지침과 공문서 분석을 중심으로. 석사학위논문. 부산대학교 대학원.

68. 교육부(2018). 2019 교육부 업무보고 자료.

69. 한국일보(20. 5. 7). 「교육부 이어 교육청들도 "등교수업 교장이 알아서"」, https://www.hankookilbo.com/News/Read/202005061682060202

70. 시사 IN(2020. 6. 12). 「코로나19가 드러낸 '한국인의 세계'-갈림길에 선 한국 편(제664호)」, https://www.sisain.co.kr/news/articleView.html?idxno= 42165

71. Ikenberry, G. John.(1988). Conclusion: An Institutional approach to American Foreign Economic Policy. International Organization, 42(1), 219-243.

72. Krasner, Stephen D.(1984). Approaches to the State: Alternative Conceptions. Comparative Politics, 16(2), 223-246.

73. 사공영호(2015). 제도와 철학. 대영문화사.

74. 김성천·김요섭·박세진·서지연·임재일·홍섭근·황현정(2018). 학교자치. 테크빌

교육.

75. 생텍쥐페리(2009). 어린 왕자. 박성창 옮김. 비룡소.

76. 오세헌(2015). 디지털 이미지의 풍화 패턴에 관한 연구. 석사학위논문. 서울대학교 대학원.

77. 이진경(2016). 철학과 굴뚝 청소부. 그린비.

78. 로렌조 리오라몬티(2015). 숫자는 어떻게 세상을 지배하는가. 박지훈 옮김. 더좋은책.

79. 한광희(2020). 만성질환 처방 약물을 중심으로 서술한 약물처방 중심 공중보건과 제약 마케팅의 역사(제레미 A. 그린. 숫자, 의학을 지배하다). 의료와 사회(10), 167-183.

80. 측정 도구를 사용하여 자료를 측정 가능한 숫자로 바꾸는 것을 '척도'라고 부른다(우수명, 2015: 38). 척도에는 명목척도(nominal scale), 서열척도(ordinal scale), 등간척도(interval scale), 비율척도(ratio scale)가 있다. 명목척도는 성별, 연령, 학력, 종교, 취미로서 속성을 분류할 목적으로 숫자를 부여한 척도이다. 이 숫자는 계량적 의미를 갖지 못한다. 서열척도는 크기의 크고 작음, 양의 많고 적음, 선호도의 높고 낮음 등과 같이 순서관계를 밝혀 주는 척도이다. 예를 들어 동화, 소설, 시 장르에 대하여 가장 선호하는 순서대로 1, 2, 3의 숫자를 부여하는 것이 서열척도이다. 그런데 1, 2, 3의 의미는 선호 순서는 알 수 있지만 1이 2보다 얼마만큼 더 선호되는지는 알 수 없다. 등간척도는 IQ와 온도처럼 서열화된 척도이며 척도 간의 간격이 같은 척도이다. 비율척도는 키, 몸무게, 수입 등으로 등간척도의 속성을 가지며 절댓값 0이 존재한다.

81. 이기홍(2017). 숫자로 통치한다. 사회과학연구, 56(2), 421-449.

82. 한광희(2020). 앞의 글.

83. 이기홍(2017), 앞의 글, 421-449.

84. 엘리엇 애런슨·티모시 D. 윌슨·로빈 M. 아케르트·사뮤엘 R. 소머스(2018). 앞의 책.

85. 토드 로즈(2018). 앞의 책.

86. 이진경(2016). 앞의 책.

87. 토드 로즈(2018). 앞의 책.

88. Rose, N.(1991). Governing by numbers. Accounting Organizations and Society 16(7), 673-692.

89. 이기홍(2017). 앞의 글, 421-449.

90. 안서원·도경수(2003). 불확실성의 표현방식에 다른 방향성 지각이 선택에 미치는 영향: 숫자 대 어휘 표현. 한국심리학회지: 실험, 15(2), 161-179.

91. 엘리엇 애런슨·티모시 D. 윌슨·로빈 M. 아케르트·사뮤엘 R. 소머스(2018). 앞의 책.

92. 엘리엇 애런슨·티모시 D. 윌슨·로빈 M. 아케르트·사뮤엘 R. 소머스(2018). 앞의 책.

93. 엘리엇 애런슨·티모시 D. 윌슨·로빈 M. 아케르트·사뮤엘 R. 소머스(2018). 앞의 책.

94. 안서원·도경수(2003). 앞의 글, 161-179.

95. 이기홍(2017), 앞의 글, 421-449.

96. 한나 아렌트(2020). 인간의 조건. 이진우 옮김. 한길사.

97. 야마구치 슈(2019). 앞의 책.

98. 안서원·도경수(2003). 앞의 글, 161-179.

99. 생텍쥐페리(2009). 어린 왕자. 박성창 옮김. 비룡소.

100. 생텍쥐페리(2009). 위의 책.

101. 재러드 다이아몬드(2014). Guns, Germs, and Steel(총 균 쇠). 김진준 옮김. 문학사상사.

102. 이진경(2016). 앞의 책.

103. 예병일(2020). 세상을 바꾼 전염병. 다른.

104. 이예슬(2020). 혁신학교 정책의 패러독스: 정책 확산 과정에서 나타난 교원들의 경험을 중심으로. 박사학위논문. 고려대학교 대학원.

105. 이진경(2016). 앞의 책.

106. 감염은 미생물이 우리 몸에 들어와 별다른 반응을 보이지 않는 상태이며 질병은 병원체들이 인체 내에서 발전하고 증식하며 인체의 구조나 기능에 부정적인 영향을 미치는 상태이기에 구별하여 사용되어야 한다. '무증상 감염'은 감염이 질병으로 발전하지 못한 상태이기에 무증상 감염자를 환자라고 부를 수 없다(김상수, 2020: 143-144).

107. 이진경(2016). 앞의 책.

108. 푸코는 통제와 훈육의 기술이 학교와 군대, 공장에서 개인들을 길들이고 (훈육)통제하는 모델이 되어 "사회 전체가 하나의 감옥"이라고 말하였다.

109. 캐너스(2018. 4. 6). 「캐나다와 미국의 차이점, 2018 세계행복지수는?」, https://post.naver.com/viewer/postView.nhn?volumeNo=14680273&memberNo=5659552에서 2020. 10. 15. 인출.

110. 나와 다카시(2017). 글로벌 성장 기업의 법칙. 오세웅 옮김. 스타리치북스.

111. 김현미(2019). 유학의 교육 기능 회복을 위한 『중용(中庸)』의 현대적 해석 방향 모색: 주희와 정약용의 해석을 바탕으로. 동학철학연구 (0)98, 135-166.

112. 조선일보(2020. 9. 18). 「코로나 8개월⋯ 당신의 감정은 어떠신가요?」, https://www.chosun.com/culture-life/health/2020/09/18/XJE67GT55BC7ZFEWVDSRIGUAIU/

113. 남상훈(2018). 글로벌 리더십 콘서트. 북캠퍼스.

114. 김현미(2019). 앞의 글.

115. 조선일보(2020. 9. 12). 「살려면 배신하라"⋯ 악당 조커의 '갈라치기'는 왜 실패했나」, https://www.chosun.com/national/weekend/2020/09/12/FUR77LEORREGTGR3X6FP5F6K7Q/?utm_source=twitter&utm_medium=sns&utm_campaign=news

116. 한나 아렌트(2020). 앞의 책.

117. 조주영(2018). '취약성' 개념을 통한 상호주관적 인정관계의 재구성: 인정에 대한 버틀러의 논의를 중심으로. 한국여성철학, 30, 36.

118. 조주영(2018). 위의 글, 36.

119. 조주영(2018). 위의 글, 39.

120. 조주영(2018). 위의 글, 46-50.

121. 주디스 버틀러(2013). 윤리적 폭력비판: 자기 자신을 설명하기. 양효실 옮김. 인간사랑, 76-77.

122. 주디스 버틀러(2008). 불확실한 삶: 애도와 폭력의 권력들. 양효실 옮김. 경성대학교출판부, 75-76.

123. 1950~1960년대에 임산부들의 입덧 방지용으로 판매되었다가 부작용으로 기형아 출산이 늘자 금지된 약(위키백과).

124. 이윤식(2019). 유치원·초등·중등 교원능력개발을 위한 자율장학론. 학지사.

125. 이윤식(2019). 위의 책.

126. 정영희(2008). 학습성취도 분석을 통한 단계별 완전학습 시스템 구현 연구. 석사학위논문. 한양대학교 대학원.

127. 김창걸·이규영(2006). 교육학 개론, 형설출판사.

128. 조선일보(2020. 9. 14). 「중·고교생 23%, 원격수업하다 SNS 딴짓」, https://www.chosun.com/national/education/2020/09/14/X7LC5UM7SZFVPOSNNRWUHYMG5I

129. 조선일보(2020. 9. 24). 「원격수업 천차만별⋯ '혼공학교'(학생 혼자 공부, 집에서 종일 방치)는 '줌학교(zoom으로 쌍방향 수업·관리)'가 부럽다」, https://www.chosun.com/national/education/2020/09/24/AT755N SMMVAM3GG4ZBWCPEMKVE/

130. 웨인 K. 호이·세실 G. 미스켈(2013). 교육행정: 이론, 연구, 실제. 오영재·신현

석·양성관·박종필·가신현 옮김. 아카데미프레스.

131. 웨인 K. 호이·세실 G. 미스켈(2013). 위의 책.

132. 예병일(2020). 앞의 책.

133. 교육부(2018). 4차 산업혁명과 미래교육. 교육부통합연수 시스템.

134. 미래창조과학부 미래준비위원회, KISTEP, KAIS(2017). 10년 후 대한민국, 미래 일자리의 길을 찾다. 지식공감.

135. 김현진·김은영·이은상·계보경(2017). 미래학교 설립·운영 모델 개발 연구: 연구보고 CR 2017-6. 한국교육학술정보원.

136. OECD(2001). Schooling for Tomorrow Project. CERI(교육연구혁신센터).

137. OECD(2020). Back to the Future of Education: Four OECD Scenarios for Schooling, Educational Research and Innovation, OECD Publishing, Paris, https://doi.org/10.1787/178ef527-en.

138. 조선일보(2018. 2. 3).「개근상이 사라진다」, https://www.chosun.com/site/data/html_dir/2018/02/02/2018020201540.html

139. 조선일보(2020. 2. 7).「세상 떠난 딸과 VR로 재회… 시청자 울린 MBC '너를 만났다'」, https://www.chosun.com/site/data/html_dir/2020/02/07/2020020701224.html

140. 황상민(1999). 사이버공간의 심리. 박영사.

141. 이진경(2016). 앞의 책.

142. 이준영(2017). 1코노미. 21세기북스.

143. 배리 윌리엄 힉맨(2019). 평면의 역사. 박우정 옮김. 소소의책.

144. 이수진(2015).「헝거 게임」속 몸의 전유와 리얼리티 쇼의 정치 전략: "진짜야 가짜야?". 현대영미 소설, 22(3), 175-201.

145. 최혜실(2004). 가상공간의 환상성 연구: 동서양 영혼관의 비교를 중심으로. 인문콘텐츠 8, 215-237.

146. 이데일리(2020. 10. 27).「코로나19에도 식지 않는 교육열… 교육株 '쑥'」, https://www.edaily.co.kr/news/read?newsId=01292326625937184

147. 머니투데이(2020. 10. 3).「교육열·재력 따라 다른 원격수업?… 커지는 학습격차 어쩌나」, https://news.mt.co.kr/mtview.php?no=2020100215075578413

148. 교육부(2020. 8. 11).「포스트 코로나 교육 대전환을 위한 6차 대화」, https://www.moe.go.kr/mnstrBoardView.do?boardID=430&boardSeq=81536&lev=0

149. 마이클 J. 세스(2020). 한국 교육은 왜 바뀌지 않는가?. 유성상·김우영 옮김. 학지사, 8.

150. 마이클 J. 세스(2020). 위의 책, 41.

151. 마이클 J. 세스(2020). 위의 책, 158.

152. 마이클 J. 세스(2020). 위의 책, 159.

153. 마이클 J. 세스(2020). 위의 책, 159.

154. 마이클 J. 세스(2020). 위의 책, 248.

155. 한숭희(2019). 「교육개혁, 이제는 고등평생학습개혁에 사활을 걸어라」. 교육비
    평, 44, 124.

156. 마이클 J. 세스(2020). 앞의 책, 218.

157. 마이클 J. 세스(2020). 앞의 책, 225.

158. 마이클 J. 세스(2020). 앞의 책, 233.

159. 마이클 J. 세스(2020). 앞의 책, 237.

160. 한겨레(2020. 9. 17). 「대치동은 원격수업도 학원에서… 커지는 학습격차 어쩌
    나」, https://www.hani.co.kr/arti/society/schooling/962544.html

161. 마이클 샌델(2020). 공정하다는 착각. 함규진 옮김. 와이즈베리.

162. 이윤식(2019). 앞의 책.

163. 박선형(2013). 교육책무성: 개념과 원리 및 쟁점, 31(2), 117-150.

164. 취임 시 선서, 성실 의무, 복종의 의무, 직장 이탈 금지, 친절·공정의 의무, 종교
    중립의 의무, 비밀 엄수의 의무, 청렴의 의무, 외국 정부의 영예 등을 받을 경우 대
    통령의 허가를 받아야 하는 의무, 품위 유지의 의무, 영리 업무 및 겸직금지의무,
    정치 운동의 금지, 집단 행위의 금지 의무가 있다.

165. 진동섭·이윤식·김재웅(2011). 앞의 책.

166. 진동섭·이윤식·김재웅(2011). 앞의 책.

167. 신범철(2020). 교원승진제도의 탈제도화 현상. 박사학위논문. 고려대학교 대
    학원.

168. Hersey, P. & Blanchard, K. H.(1988). Management of organizational
    behavior: Utilizing human resources(5td Ed.). Englewood Cliffs, NJ:
    Prentice-Hall.

169. 요시다 덴세(2009). 조직을 성공적으로 이끄는 리더십 & 팔로워십. 구현숙 옮
    김. 멘토르.

170. Kelley, R. E.(1992). The power of followership: How to create leaders
    people want to follow, and followers who lead themselves. New York, NY:
    Doubleday.

171. Manz, C. C.(1992). Self-leadership… the heart of empowerment. The
    Journal for Quality and Participation, 15(4), 80-89.

172. 이윤식(2019). 앞의 책.

173. 고병면(2017). 교장·교감의 변혁적 리더십, 학년 부장교사 리더십, 교사 셀프리 더십, 동학년 교사 팀웍, 학교조직효과성 간의 구조적 관계. 박사학위논문. 인천대 학교 대학원.

174. 윤주은(2012). 시각적 착시가 나타나는 작품 분석을 통한 중학교 미술 감상지 도 연구. 석사학위논문. 고려대학교 대학원.

175. 이진명(2012). 인지발달이론에 따른 디자인교구 개발에 대한 연구: 초등학교 3, 4학년 디자인 교육과정을 중심으로. 석사학위논문. 국민대학교 대학원.

176. 교육인적자원부(2007). 초등학교 교사용 지도서(과학6-2). 한국교육과정평 가원.

177. 신윤주(2011). 관찰추천에서 나타난 과학영재행동특성의 경향: 교사 추천서와 학생 자기소개서 분석을 중심으로. 박사학위논문. 서울대학교 대학원.

178. Lewis, M.(1992). Shame: the exposed self. New York: The Free Press.

179. 송수민(2007). 수치심경향성과 죄책감경향성의 비교: 심리적 특성과 상황적 변 인에 따른 차이. 박사학위논문. 한양대학교 대학원.

180. 브라이언 그레이저(2020). 눈을 맞추자 인생이 달라졌다. 박선령 옮김. 토네 이도.

181. 진미현(2009). Vygotsky 이론에 기초한 미술과 교수-학습 프로그램이 미술학 습동기와 미술학업성취도에 미치는 영향: 초등학교 3학년을 대상으로. 석사학위 논문. 이화여자대학교 대학원.

182. Bodrova, E. & Leong, D. J.(1998). Adilt Influences on Play. in Fromberg. D. P. & Bergen, D.(1998). Play from Birth to Twelve and Beyond: Contexts, Perspectives, and Meanings.

183. 펀 서스먼(2017). 우리 아이 언어치료 부모 가이드. 이로미·조아라·박혜원 옮 김. 수오서재.

184. 이덕주(2019). 말이 늦은 아이 속이 타는 부모. 물주는아이.

185. 샐리 워드(2003). 베이비 토크. 민병숙 옮김. 마고북스.

186. Baer, J.(2010). Lectures may be more effective than you think: The learning pyramid unmasked. The International Journal of Creativity & Problem Solving, 20(2), 7-21.

187. 조선일보(2020. 8. 4). 「상대 얼굴 계속 집중하는 '화상회의' 피로감」, https:// www.chosun.com/site/data/html_dir/2020/08/03/2020080303661.html

188. 김현희(2003). 내면의 눈을 통한 제 현상의 공존: 사실성, 단순성, 전통미, 선묘 와 색감의 강조를 중심으로. 석사학위논문. 인하대학교 대학원.

189. 조선일보(2020. 8. 28). 「'스마일' 안 보여요 '스마이즈' 하세요」, https://www.
    chosun.com/site/data/html_dir/2020/08/28/2020082800152.html
190. 한나 아렌트(2020). 앞의 책.
191. 존 듀이(2018). 경험으로서 예술. 박철홍 옮김. 나남.
192. 안현배(2016). 미술관에 간 인문학자. 어바웃어북.
193. 존 듀이(2018). 앞의 책.
194. 존 듀이(2018). 앞의 책.
195. 듀이는 인간이 하나의 유기체로서 환경에 적응해 가는 모든 과정이라고 말했다.
196. 켄 로빈슨·루 애로니카(2015). 학교혁명. 정미나 옮김. 21세기북스.
197. 한나 아렌트(2020). 앞의 책.
198. 조선일보(2020. 8. 27). 「코로나 이후의 시대… 모든 사람이 예술가 될 것」,
    https://www.chosun.com/site/data/html_dir/2020/08/27/2020082700257.
    html
199. 르네 퀘리도(2017). 발도르프 공부법 강의. 김훈태 옮김. 유유출판사.
200. 기치미 이치로(2018). 마흔에게. 전경아 옮김. 다산초당.
201. 리제 반 서스테렌·스테이시 콜리노(2020). 감정 회복력. 김미정 옮김. 유노북스.
202. 마이클 혼·헤더 스테이커(2017). 블렌디드. 장혁·백영경 옮김. 에듀니티.
203. 재러드 스타인·찰스 R. 그레이엄(2016). 블렌디드 러닝 이론과 실제. 김도훈·
    최은실 옮김. 한국문화사.
204. 정진(2016). 회복적 생활교육 학급운영가이드북. 피스빌딩.
205. 리제 반 서스테렌·스테이시 콜리노(2020). 앞의 책.
206. 파울로 프레이리(2018). 페다고지(50주년 기념판). 남경태·허진 옮김. 그린비,
    89.
207. 파울로 프레이리(2018). 위의 책.
208. 파울로 프레이리(2018). 위의 책, 58.
209. 파울로 프레이리(2018). 위의 책, 110.
210. 파울로 프레이리(2018). 위의 책, 110.
211. 파울로 프레이리(2018). 위의 책, 112.
212. 파울로 프레이리(2018). 위의 책, 114.
213. UN 기준 1인당 GDP 1,000달러 이하를 기준으로 최빈국으로 분류한다.
214. 정확히는 2,600만 명의 학생들이 학교 폐쇄로 인해 가정학습을 진행하고 있다
    (World Bank News, 2020).
215. https://data.worldbank.org/indicator/SE.PRM.ENRR.FE?locations=ET
216. https://www.unicef.org/ethiopia/stories/ethiopia-keeping-children-

learning-during-covid-19

217. United Nations Ethiopia(2020). 「Socio Economic Impact of Covid-19 in Ethiopia」. United Nations.

218. United Nations Ethiopia(2020). 「Socio Economic Impact of Covid-19 in Ethiopia」. United Nations.

219. 유네스코 아시아태평양 국제이해교육원(2015). 세계시민교육 교수학습 길라잡이. 유네스코 아시아태평양 국제이해교육원, 15.

220. 김상수(2020). 앞의 책.

참고 문헌

강철(2020). 코로나19 팬데믹 상황에서 메시지는 어떻게 소통되어야 하는가?-'격리 중 자기돌봄'과 '감염병확산방지를 위한 거리두기'라는 표현을 사용하자!. 철학, 143, 87-109.

고병면(2017). 교장·교감의 변혁적 리더십, 학년 부장교사 리더십, 교사 셀프리더십, 동학년 교사 팀웍, 학교조직효과성 간의 구조적 관계. 박사학위논문. 인천대학교 대학원.

교육부(2018). 2019 교육부 업무보고 자료.

교육부(2018). 4차 산업혁명과 미래교육. 교육부통합연수 시스템.

교육부(2019). 유·초·중등 및 특수학교 코로나19 감염예방 관리 안내.

교육인적자원부(2007). 초등학교 교사용 지도서(과학6-2). 한국교육과정평가원.

기치미 이치로(2018). 마흔에게. 전경아 옮김. 다산초당.

김가을·권정혜·양은주(2013). 대인관계갈등에서의 회피적 갈등대처방식이 우울에 미치는 조절효과: 온오프라인 환경과 성차를 중심으로. 한국심리학회지: 여성, 18(2), 279-294.

김명희(2020). 세계보건기구의 마스크 사용 지침에 대한 한국 보건당국의 이행 분석과 함의: 코로나바이러스 감염병을 중심으로, 10(8), 77-86.

김상수(2020). 코로나 미스터리. 에디터.

김성천·김요섭·박세진·서지연·임재일·홍섭근·황현정(2018). 학교자치. 테크빌교육.

김수정(2006). 영아기 애착발달에 대한 이론적 탐색. 아동복지연구, 4(4), 175-187.

김영래(2018). 독일의 교장 임용제도. 한독교육학회 2018년 춘계학술대회 자료집, 1-20.

김창걸·이규영(2006). 교육학 개론, 형설출판사.

김현미(2019). 유학의 교육 기능 회복을 위한『중용(中庸)』의 현대적 해석 방향 모색: 주희와 정약용의 해석을 바탕으로. 동학철학연구 (0)98, 135-166.

김현진·김은영·이은상·계보경(2017). 미래학교 설립·운영 모델 개발 연구: 연구보고 CR 2017-6. 한국교육학술정보원.

김현희(2003). 내면의 눈을 통한 제 현상의 공존 : 사실성, 단순성, 전통미, 선묘와 색감의 강조를 중심으로. 석사학위논문. 인하대학교 대학원.

나와 다카시(2017). 글로벌 성장 기업의 법칙. 오세웅 옮김. 스타리치북스.

남상훈(2018). 글로벌 리더십 콘서트. 북캠퍼스.

로렌조 리오라몬티(2015). 숫자는 어떻게 세상을 지배하는가. 박지훈 옮김. 더좋은책.

르네 퀘리도(2017). 발도르프 공부법 강의. 김훈태 옮김. 유유출판사.

리제 반 서스테렌·스테이시 콜리노(2020). 감정 회복력. 김미정 옮김. 유노북스.

마사 누스바움(2011). 학교는 시장이 아니다. 우석영 옮김. 궁리.

마이클 샌델(2020). 공정하다는 착각. 함규진 옮김. 와이즈베리.

마이클 J. 세스(2020). 한국 교육은 왜 바뀌지 않는가?. 유성상·김우영 옮김. 학지사.

마이클 혼·헤더 스테이커(2017). 블렌디드. 장혁·백영경 옮김. 에듀니티.

마티아스 슈토이프(2008). 현대인식론 입문, 한상기 옮김. 서광사.

미래창조과학부 미래준비위원회, KISTEP, KAIS(2017). 10년 후 대한민국, 미래 일자리의 길을 찾다. 지식공감.

박남국(2020). 초등학교 교육과정 자율성에 관한 연구: 지침과 공문서 분석을 중심으로. 석사학위논문. 부산대학교 대학원.

박선형(2000). 교육행정의 자연론적 정합론에 대한 분석적 고찰. 경주대학교 논문집, 13, 133-154.

박선형(2013). 교육책무성: 개념과 원리 및 쟁점, 31(2), 117-150.

박영숙·양승실·황은희·허은정·김갑성·김이경·전제상·정바울(2017). 교직환경 변화에 따른 교원 정책 혁신 과제(Ⅰ): 교원 양성 및 채용 정책의 혁신 과제. 한국교육개발원(RR 2017-06).

박형신·정수남(2015). 감정은 사회를 어떻게 움직이는가. 한길사.

배리 글래스너(2005). 공포의 문화. 연지희 옮김. 부광.

배리 윌리엄 힉맨(2019). 평면의 역사. 박우정 옮김. 소소의책.

브라이언 그레이저(2020). 눈을 맞추자 인생이 달라졌다. 박선령 옮김. 토네이도.

비고츠키(1994). 사회속의 정신: 고등심리과정의 발달. M. Cole 외 편. 조희숙 외 옮김. 성원사.

사공영호(2015). 제도와 철학. 대영문화사.

샐리 워드(2003). 베이비 토크. 민병숙 옮김. 마고북스.

생텍쥐페리(2009). 어린왕자. 박성창 옮김. 비룡소.

서울대학교 교육연구소(1995). 교육학용어사전. 하우동설.

서정화·이윤식(2015). 교육자의 리더십과 교육선교. 정우문화사.

송수민(2007). 수치심경향성과 죄책감경향성의 비교: 심리적 특성과 상황적 변인에 따른 차이. 박사학위논문. 한양대학교 대학원.

신범철(2020). 교원승진제도의 탈제도화 현상. 박사학위논문. 고려대학교 대학원.

신윤주(2011). 관찰추천에서 나타난 과학영재행동특성의 경향: 교사 추천서와 학생 자기소개서 분석을 중심으로. 박사학위논문. 서울대학교 대학원.

신홍임(2017). 심리적 거리와 의사결정. 한국심리학회지: 사회 및 성격, 31(4), 103-123.

심성보(2018). 한국 교육의 현실과 전망: 세계교육의 담론과 운동 그리고 민주시민 교육. 살림터.

안서원·도경수(2003). 불확실성의 표현방식에 다른 방향성 지각이 선택에 미치는 영향: 숫자 대 어휘 표현. 한국심리학회지: 실험, 15(2), 161-179.

안소니 기든스(1991). 포스트모더니티. 이윤희·이현희 옮김. 민영사.

안현배(2016). 미술관에 간 인문학자. 어바웃어북.

야마구치 슈(2019). 철학은 어떻게 삶의 무기가 되는가?. 김윤경 옮김. 다산초당.

엘리엇 애런슨·티모시 D. 윌슨·로빈 M. 아케르트·사뮤엘 R. 소머스(2018). 사회심리학(Ed 9). 고재홍·김민영,·박권생·최윤정 옮김. 시그마프레스.

예병일(2020). 세상을 바꾼 전염병. 다른.

오세헌(2015). 디지털 이미지의 풍화 패턴에 관한 연구. 석사학위논문. 서울대학교 대학원.

요시다 덴세(2009). 조직을 성공적으로 이끄는 리더십 & 팔로워십. 구현숙 옮김. 멘토르.

우수명(2015). 마우스로 잡는 SPSS 22. 인간과 복지.

울리히 벡(1997). 위험사회: 새로운 근대(성)을 향하여. 홍성태 옮김. 새물결.

웨인 K. 호이·세실 G. 미스켈(2013). 교육행정: 이론, 연구, 실제. 오영재·신현석·양성관·박종필·가신현 옮김. 아카데미프레스.

유네스코 아시아태평양 국제이해교육원(2015). 세계시민교육 교수학습 길라잡이. 유네스코 아시아태평양 국제이해교육원, 15.

유영국(1992). 교육조직의 갈등관리에 관한 연구. 박사학위 논문. 단국대학교 대학원.

유지영(2014). 초등학생의 학습된 무기력 감소를 위한 놀이중심 집단상담 프로그램의 개발 및 효과 검증. 박사학위논문. 경북대학교 대학원.

윤주은(2012). 시각적 착시가 나타나는 작품 분석을 통한 중학교 미술 감상지도 연구. 석사학위논문. 고려대학교 대학원.

이기홍(2017). 숫자로 통치한다. 사회과학연구, 56(2).

이덕주(2019). 말이 늦은 아이 속이 타는 부모. 물주는아이.

이동훈·김예진·이덕희·황희훈·남슬기·김지윤(2020). 코로나바이러스(COVID -19) 감염에 대한 일반대중의 두려움과 심리, 사회적 경험이 우울, 불안에 미치는 영향. 한국심리학회지: 상담 및 심리치료, 32(4), 2119-2156.

이반 일리치(1970). 학교 없는 사회. 박홍규 옮김(2009). 생각의나무.

이수광(2020). 체제전환의 교육 철학. 제3회 경기교육포럼 자료집, 1-27.

이수진(2015). 「헝거 게임」 속 몸의 전유와 리얼리티 쇼의 정치 전략: "진짜야 가짜야?". 현대영미소설, 22(3), 175-201.

이예슬(2020). 혁신학교 정책의 패러독스: 정책 확산 과정에서 나타난 교원들의 경험을 중심으로. 박사학위논문. 고려대학교 대학원.

이윤식(2003). 주요국의 학교경영 혁신과 학교장의 역할. 인천대학교 교육대학원 논문집(7), 51-63.

이윤식·김병찬·김정휘·박남기·박영숙(2007). 교직과 교사. 학지사.

이윤식(2019). 유치원·초등·중등 교원능력개발을 위한 자율장학론. 학지사.

이준영(2017). 1코노미. 21세기북스.

이지연(2011). 청소년의 역경과 자아탄력성이 학습된 무기력에 미치는 영향. 대구카톨릭대학교 교육대학원. 석사학위논문.

이진경(2016). 철학과 굴뚝 청소부. 그린비.

이진명(2012). 인지발달이론에 따른 디자인교구 개발에 대한 연구: 초등학교 3, 4학년 디자인 교육과정을 중심으로. 석사학위논문. 국민대학교 대학원.

이현애(2020). 코로나19가 호출한 노동과 몸 그리고 교육. 오늘의 교육, 56, 59-63.

이혜정(2020). 학습복지의 재개념화. 제3회 경기교육포럼 자료집, 28-53.

자크 아탈리(2018). 어떻게 미래를 예측할 것인가. 김수진 옮김. 21세기북스.

재러드 다이아몬드(2014). Guns, Germs, and Steel(총균쇠). 김진준 옮김. 문학사상사.

재러드 스타인·찰스 R. 그레이엄(2016). 블렌디드 러닝 이론과 실제. 김도훈·최은실 옮김. 한국문화사.

잭 바바렛(2009). 감정과 사회학. 박형신 옮김. 이학사.

전근배(2020). 국가의 거리: 코로나19와 장애인의 삶, 그 현황과 대책. 비판사회정책, 68, 173-207.

정영희(2008). 학습성취도 분석을 통한 단계별 완전학습 시스템 구현 연구. 석사학위논문. 한양대학교 대학원.

정진(2016). 회복적 생활교육 학급운영가이드북. 피스빌딩.

조대연(2010). 학교장의 직무역량에 대한 요구분석. 한국교원교육연구, 27(4), 293-315.

조범상(2019). 4피트. 알에이치코리아.

조재성(2020). 코로나19: "사회적 거리두기"와 새로운 도시. 도시정보(457), 49-51.

조주영(2018). '취약성' 개념을 통한 상호주관적 인정관계의 재구성: 인정에 대한 버틀러의 논의를 중심으로. 한국여성철학, 30, 35-59.

존 듀이(1916). Democracy and Education. 이홍우 옮김(2007). 교육과학사.

존 듀이(2018). 경험으로서 예술. 박철홍 옮김. 나남.

주디스 버틀러(2008). 불확실한 삶: 애도와 폭력의 권력들. 양효실 옮김. 경성대학교 출판부.

주디스 버틀러(2013). 윤리적 폭력비판: 자기 자신을 설명하기. 양효실 옮김. 인간 사랑.

주디스 버틀러(2016). 주디스 버틀러, 지상에서 함께 산다는 것: 이스라엘 팔레스타인 분쟁, 유대성과 시온주의 비판. 양효실 옮김. 시대의창.

지그문트 바우만(2008). 쓰레기가 되는 삶들. 정일준 옮김. 새물결.

진동섭·이윤식·김재웅(2011). 교육행정 및 학교경영의 이해. 교육과학사.

진미현(2009). Vygotsky 이론에 기초한 미술과 교수-학습 프로그램이 미술학습동기와 미술학업성취도에 미치는 영향: 초등학교 3학년을 대상으로. 석사학위논문. 이화여자대학교 대학원.

채효정(2020). 전환을 위한 마그나 카르타, 가난한 민주주의. 크리킨디센터전환교육연구소(편). 코로나 이후의 전환, 148-161.

최경준·함승환(2016). 학교장 교수지도성에 대한 학교장-교사 평가 일치도에 미치는 문화적 맥락의 효과: 권력거리와 개인주의 문화 차원을 중심으로. 교육행정학연구, 34(1), 311-344.

최혜실(2004). 가상공간의 환상성 연구: 동서양 영혼관의 비교를 중심으로. 인문콘텐츠 8, 215-237.

켄 로빈슨·루 애로니카(2015). 학교혁명. 정미나 옮김. 21세기북스.

토드 로즈(2018). 평균의 종말. 정미나 옮김. 21세기북스.

파울로 프레이리(2018). 페다고지(50주년 기념판). 남경태·허진 옮김. 그린비.

펀 서스먼(2017). 우리 아이 언어치료 부모 가이드. 이로미·조아라·박혜원 옮김. 수오서재.

프랭크 푸레디(2009). 우리는 왜 공포에 빠지는가? 공포문화 벗어나기. 박형신·박형진 옮김. 이학사.

프랭크 푸레디(2013). 공포정치: 좌파와 우파를 넘어서. 박형신·박형진 옮김. 이학사.

한광희(2020). 만성질환 처방 약물을 중심으로 서술한 약물처방 중심 공중보건과 제약 마케팅의 역사. 제러미 A. 그린. 숫자, 의학을 지배하다. 의료와 사회(10), 167-183.

한국과학창의재단(2020). 초등학교 원격수업 학생평가 안내자료집.

한나 아렌트(2020). 인간의 조건. 이진우 옮김. 한길사.

한상기(2014). 토대론 대 정합론 논쟁과 직접적 정당화. 동서철학연구, 71, 463-485.
한숭희(2019). 교육개혁, 이제는 고등평생학습개혁에 사활을 걸어라. 교육비평, 44, 121-154.
황상민(1999). 사이버공간의 심리. 박영사.

Baer, J.(2010). Lectures may be more effective than you think: The learning pyramid unmasked. The International Journal of Creativity & Problem Solving, 20(2), 7-21.

Bodrova, E. & Leong, D. J.(1998). Adilt Influences on Play. in Fromberg. D. P. & Bergen, D.(1998). Play from Birth to Twelve and Beyond: Contexts, Perspectives, and Meanings.

Bowlby, J.(1969). Attachment & Loss Vol 1.: Attachment. New York. Basic Book.

Burns, J. M.(1978). Leadership. New York: Harper & Row.

Diener, E., Lucas, R. E. & Oishi S.(2002). Subjective well-being: the science of happiness and life satisfaction. In Snyder, C. R. & Lopez, S. J. (Ed.), The handbook of positive psychology(2nd) (pp.463-473) New York: Oxford University Press.

Green, R. L.(2009). Practicing the Art of Leadership: A Problem-Based Approach to Implementing the ISLLC Standards(3rd ed.). Boston: Allyn & Bacon.

Hersey, P. & Blanchard, K. H.(1988). Management of organizational behavior: Utilizing human resources(5td Ed.) . Englewood Cliffs, NJ: Prentice-Hall.

Horowitz, Leonard M.(1996). The study of interpersonal problems: A Leary legacy. Journal of Personality Assessment, 66(2), 283-300.

Ikenberry, G. John.(1988). Conclusion: An Institutional approach to American Foreign Economic Policy. International Organization, 42(1), 219-243.

Kelley, R. E.(1992). The power of followership: How to create leaders people want to follow, and followers who lead themselves. New York, NY: Doubleday.

Krasner, Stephen D.(1984). Approaches to the State: Alternative Conceptions. Comparative Politics, 16(2), 223-246.

Lewis, M.(1992). Shame: the exposed self. New York: The Free Press.

Liberman, N., Trope, Y. and Stephan, E.(2007). Psychological distance. In A. W.

Kruglanski & E. T. Higgins (Eds.), Social Psychology: Handbook of Basic Principles. New York: Guilford Press.

Manz, C. C.(1992). Self-leadership ... the heart of empowerment. The Journal for Quality and Participation, 15(4), 80-89.

OECD(2001). Schooling for Tomorrow Project. CERI(교육연구혁신센터).

Owens, R. G.(2004). Organizational Behavior in education(8th ed.). Boston: Allyn & Bacon.

Robbins, S. P.(2005). Essentaials of Orgaizatiomal Behavior(8th ed.). New Jersey: Prentice Hall.

Rose, N.(1991). Governing by numbers. Accounting Organizations and Society 16(7), 673-692.

Sergiovanni, J. J.(1990) Value-Added Leadership: How get extraordinary performance in schools. New York: Harcourt Brace Jovanovich.

United Nations Ethiopia(2020). Socio Economic Impact of Covid-19 in Ethiopia. United Nations.

신문 기사

교육부(2020. 8. 11). 「포스트 코로나 교육 대전환을 위한 6차 대화」, https://www.moe.go.kr/mnstrBoardView.do?boardID=430&boardSeq=81536&lev=0 에서 2020. 11. 28. 인출.

머니투데이(2020. 10. 3). 「교육열·재력따라 다른 원격수업?… 커지는 학습격차 어쩌나」, https://news.mt.co.kr/mtview.php?no=2020100215075578413에서 2020. 11. 25. 인출.

서울신문(2020. 5. 16). 「N95 마스크 쓰고 달리기 시험" 중국 중학생 사망」, https://www.seoul.co.kr/news/newsView.php?id=20200506500047에서 2020. 12. 25.인출.

서울신문(2020. 9. 30). 「AI쌤 등장·학급 인원 줄이기… 코로나 장기화 해법 찾는 교육계」, https://www.seoul.co.kr/news/newsView.php?id=20200930018001 에서 2020. 11. 1. 인출.

시사인(2020. 6. 12). 「코로나19가 드러낸 '한국인의 세계'-갈림길에 선 한국 편」, https://www.sisain.co.kr/news/articleView.html?idxno=42165 에서 2020. 12. 20. 인출.

시사인(2020. 6. 18). 「학교를 왜 가야 하나' 답해야 하는 시간(제666호)」, https://www.sisain.co.kr/news/articleView.html?idxno=42227에서 2020. 11. 30. 인출.

오마이뉴스(2020. 6. 16). 「장시간 마스크 착용으로 고통 호소한 제주 교사, 끝내 사망해」, http://www.ohmynews.com/NWS_Web/View/at_pg.aspx?CNTN_ CD=A0002650483에서 2020. 12. 20. 인출.

오마이뉴스(2020. 9. 3). 「1일 확진자 7천 명, 그럼에도 프랑스인들이 태연한 이유」, https://news.naver.com/main/ranking/read.nhn?mid=etc&sid1=111&ranking Type=popular_day&oid=047&aid=0002283463&date=20200903&type=1&ra nkingSeq=9&rankingSectionId=104에서 2020. 12. 20. 인출.

이데일리(2020. 10. 27). 「코로나19에도 식지 않는 교육열… 교육株 '쑥'」, https:// www.edaily.co.kr/news/read?newsId=01292326625937184에서 2020. 11. 23. 인출.

조선일보(2018. 2. 3). 「개근상이 사라진다」, https://www.chosun.com/site/data/ html_dir/2018/02/02/2018020201540.html 에서 2020. 12. 2. 인출.

조선일보(2019. 1. 18). 「카카오에 간 미네르바 2학년들… '작심 100일' 앱 밑그림 바꿨다」, https://www.chosun.com/site/data/html_dir/2019/01/18/2019 011800374.html에서 2020. 12. 20. 인출.

조선일보(2020. 2. 7). 「세상 떠난 딸과 VR로 재회… 시청자 울린 MBC '너를 만났다'」, https://www.chosun.com/site/data/html_dir/2020/02/07/202002070 1224.html에서 2020. 11. 25. 인출.

조선일보(2020. 8. 4). 「상대 얼굴 계속 집중하는 '화상회의' 피로감」, https://www. chosun.com/site/data/html_dir/2020/08/03/2020080303661.html에서 2020. 9. 20. 인출.

조선일보(2020. 8. 27). 「코로나 이후의 시대… 모든 사람이 예술가 될 것」, https:// www.chosun.com/site/data/html_dir/2020/08/27/2020082700257.html에서 2020. 9. 25. 인출.

조선일보(2020. 8. 28). 「'스마일' 안 보여요 '스마이즈' 하세요」, https://www. chosun.com/site/data/html_dir/2020/08/28/2020082800152.html에서 2020. 10. 18. 인출.

조선일보(2020. 9. 12). 「살려면 배신하라"… 악당 조커의 '갈라치기'는 왜 실패했나」, https://www.chosun.com/national/weekend/2020/09/12/FUR77LEOR REGTGR3X6FP5F6K7Q/?utm_source=twitter&utm_medium=sns&utm_ campaign=news에서 2020.10.30. 인출.

조선일보(2020. 9. 14). 「중·고교생 23%, 원격수업하다 SNS 딴짓」, https://www. chosun.com/national/education/2020/09/14/X7LC5UM7SZFVPOSNNRWUH YMG5I/에서 2020. 10. 5. 인출.

조선일보(2020. 9. 18). 「코로나 8개월… 당신의 감정은 어떠신가요?」, https://www.chosun.com/culture-life/health/2020/09/18/XJE67GT55BC7ZFEWVDSRIGUAIU/에서 20202. 10. 20. 인출.

조선일보(2020. 9. 24). 「원격수업 천차만별… '혼공학교'(학생 혼자 공부, 집서 종일 방치)는 '줌학교(zoom으로 쌍방향 수업·관리)'가 부럽다」, https://www.chosun.com/national/education/2020/09/24/AT755NSMMVAM3GG4ZBWCPEMKVE/ 2020. 10. 10. 인출.

캐너스(2018. 4. 6). 「캐나다와 미국의 차이점, 2018 세계행복지수는?」, https://post.naver.com/viewer/postView.nhn?volumeNo=14680273&memberNo=5659552에서 2020. 10. 15. 인출.

한겨레(2020. 9. 17). 「대치동은 원격수업도 학원에서… 커지는 학습격차 어쩌나」, https://www.hani.co.kr/arti/society/schooling/962544.html에서 2020. 11. 26. 인출.

한국일보(2020. 5. 7). 「교육부 이어 교육청들도 "등교수업 교장이 알아서"」, https://www.hankookilbo.com/News/Read/202005061682060202에서 2020. 8. 17. 인출.

한국일보(2020. 10. 6). 「코로나 블루, 레드… 그다음은?」, https://www.hankookilbo.com/News/Read/A2020100514080001206?did=NA에서 2020. 10. 6. 인출.

CBC News(2020. 8. 8). 「Thousands rally in downtown Montreal to protest Quebec's mandatory mask rules.」, https://www.cbc.ca/news/canada/montreal/anti-mask-march-montreal-aug-8-1.5679598에서 2020. 11. 28. 인출.

참고 사이트

위키백과: https://ko.wikipedia.org/wiki

표준어국어대사전: https://stdict.korean.go.kr/main/main.do

UNICEF: https://www.unicef.org/

World Bank Data: https://data.worldbank.org

World Bank News(2020. 9. 3): 「Education in Ethiopia Gets Boost from the Global Partnership for Education with $15 million for COVID-19 Response」. https://www.worldbank.org/en/news/press-release/2020/09/03/education-in-ethiopia-gets-boost-from-the-global-partnership-for-education-with-15-million-for-covid-19-response에서 2021. 1. 5. 인출.

삶의 행복을 꿈꾸는 교육은 어디에서 오는가?

● **교육혁명을 앞당기는 배움책 이야기** 혁신교육의 철학과 잉걸진 미래를 만나다!

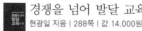

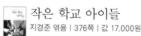

프레이리의 사상과 실천
사람대사람 지음 | 352쪽 | 값 18,000원
2018 세종도서 학술부문

혁신학교, 한국 교육의 미래를 열다
송순재 외 지음 | 608쪽 | 값 30,000원

페다고지를 위하여
프레네의 『페다고지 불변요소』 읽기
박찬영 지음 | 296쪽 | 값 15,000원

노자와 탈현대 문명
홍승표 지음 | 284쪽 | 값 15,000원

선생님, 민주시민교육이 뭐예요?
염경미 지음 | 244쪽 | 값 15,000원

어쩌다 혁신학교
유우석 외 지음 | 380쪽 | 값 17,000원

미래, 교육을 묻다
정광필 지음 | 232쪽 | 값 15,000원

대학, 협동조합으로 교육하라
박주희 외 지음 | 252쪽 | 값 15,000원

입시, 어떻게 바꿀 것인가?
노기원 지음 | 306쪽 | 값 15,000원

촛불시대, 혁신교육을 말하다
이용관 지음 | 240쪽 | 값 15,000원

라운드 스터디
이시이 데루마사 외 엮음 | 224쪽 | 값 15,000원

미래교육을 디자인하는 **학교교육과정**
박승열 외 지음 | 348쪽 | 값 18,000원

흥미진진한 아일랜드 전환학년 이야기
제리 제퍼스 지음 | 최상덕·김호원 옮김 | 508쪽 | 값 27,000원
2019 대한민국학술원우수학술도서

폭력 교실에 맞서는 용기
따돌림사회연구모임 학급운영팀 지음
272쪽 | 값 15,000원

그래도 혁신학교
박은혜 외 지음 | 248쪽 | 값 15,000원

학교는 어떤 공동체인가?
성열관 외 지음 | 228쪽 | 값 15,000원

교사 전쟁
다나 골드스타인 지음 | 유성상 외 옮김
468쪽 | 값 23,000원

시민, 학교에 가다
최형규 지음 | 260쪽 | 값 15,000원

교육과정, 수업, 평가의 일체화
리사 카터 지음 | 박승열 외 옮김 | 196쪽 | 값 13,000원

학교를 개선하는 교장
지속가능한 학교 혁신을 위한 실천 전략
마이클 풀란 지음 | 서동연·정효준 옮김 | 216쪽 | 값 13,000원

공자뎐, 논어는 이것이다
유문상 지음 | 392쪽 | 값 18,000원

교사와 부모를 위한
발달교육이란 무엇인가?
현광일 지음 | 380쪽 | 값 18,000원

교사, 이오덕에게 길을 묻다
이무완 지음 | 328쪽 | 값 15,000원

낙오자 없는 스웨덴 교육
레이프 스트란드베리 지음 | 변광수 옮김
208쪽 | 값 13,000원

끝나지 않은 마지막 수업
장석웅 지음 | 328쪽 | 값 20,000원

경기꿈의학교
진흥섭 외 지음 | 360쪽 | 값 17,000원

학교를 말한다
이성우 지음 | 292쪽 | 값 15,000원

행복도시 세종,
혁신교육으로 디자인하다
곽순일 외 지음 | 392쪽 | 값 18,000원

나는 거꾸로 교실 거꾸로 교사
류광모·임정훈 지음 | 212쪽 | 값 13,000원

교실 속으로 간 이해중심 교육과정
온정덕 외 지음 | 224쪽 | 값 13,000원

교실, 평화를 말하다
따돌림사회연구모임 초등우정팀 지음
268쪽 | 값 15,000원

학교자율운영 2.0
김용 지음 | 240쪽 | 값 15,000원

학교자치를 부탁해
유우석 외 지음 | 252쪽 | 값 15,000원

국제이해교육 페다고지
강순원 외 지음 | 256쪽 | 값 15,000원

선생님, 페미니즘이 뭐예요?
염경미 지음 | 280쪽 | 값 15,000원

평화의 교육과정 섬김의 리더십
이준원·이형빈 지음 | 292쪽 | 값 16,000원

학교를 살리는 회복적 생활교육
김민자·이순영·정선영 지음 | 256쪽 | 값 15,000원

 수포자의 시대
김성수·이형빈 지음 | 252쪽 | 값 15,000원

 교사를 위한 교육학 강의
이형빈 지음 | 336쪽 | 값 17,000원

 혁신학교와 실천적 교육과정
신은희 지음 | 236쪽 | 값 15,000원

 새로운학교 학생을 날게 하다
새로운학교네트워크 총서 02 | 408쪽 | 값 20,000원

 삶의 시간을 잇는 문화예술교육
고영직 지음 | 292쪽 | 값 16,000원

 세월호가 묻고 교육이 답하다
경기도교육연구원 지음 | 214쪽 | 값 13,000원

 혐오, 교실에 들어오다
이혜정 외 지음 | 232쪽 | 값 15,000원

 미래교육, 어떻게 만들어갈 것인가?
송기상·김성천 지음 | 300쪽 | 값 16,000원
2019 세종도서 교양부문

 혁신교육지구와 마을교육공동체는
어떻게 만들어지는가?
김태정 지음 | 376쪽 | 값 18,000원

 교육에 대한 오해
우문영 지음 | 224쪽 | 값 15,000원

 선생님, 특성화고 자기소개서
어떻게 써요?
이지영 지음 | 322쪽 | 값 17,000원

 혁신교육지구 현장을 가다
이용운 외 4인 지음 | 344쪽 | 값 18,000원

 학생과 교사, 수업을 묻다
전용진 지음 | 344쪽 | 값 18,000원

 배움의 독립선언, 평생학습
정민승 지음 | 240쪽 | 값 15,000원

 혁신학교의 꽃, 교육과정 다시 그리기
안재일 지음 | 344쪽 | 값 18,000원

 교육혁신의 시대
배움의 공간을 상상하다
함영기 외 지음 | 264쪽 | 값 17,000원

 학습격차 해소를 위한 새로운 도전
보편적 학습설계 수업
조윤정 외 지음 | 225쪽 | 값 15,000원

 서울의 마을교육
이용운 외 지음 | 352쪽 | 값 18,000원

 물질과의 새로운 만남
베로니카 파치니-케처바우 지음 | 240쪽 | 값 15,000원

 평화와 인성을 키우는 자기우정
따돌림사회연구모임 우정팀 지음 | 240쪽 | 값 15,000원

 미래교육을 열어가는
배움중심 원격수업
이윤서 외 지음 | 332쪽 | 값 17,000원

● 살림터 참교육 문예 시리즈 영혼이 있는 삶을 가르치는 온 선생님을 만나다!

 꽃보다 귀한 우리 아이는
조재도 지음 | 244쪽 | 값 12,000원

 선생님이 먼저 때렸는데요
강병철 지음 | 248쪽 | 값 12,000원

 성깔 있는 나무들
최은숙 지음 | 244쪽 | 값 12,000원

 서울 여자, 시골 선생님 되다
조경선 지음 | 252쪽 | 값 12,000원

 아이들에게 세상을 배웠네
명혜정 지음 | 240쪽 | 값 12,000원

 행복한 창의 교육
최창의 지음 | 328쪽 | 값 15,000원

 밥상에서 세상으로
김흥숙 지음 | 280쪽 | 값 13,000원

 북유럽 교육 기행
정애경 외 14인 지음 | 288쪽 | 값 14,000원

 우물쭈물하다 끝난 교사 이야기
유기창 지음 | 380쪽 | 값 17,000원

 시험 시간에 웃은 건 처음이에요
조규선 지음 | 252쪽 | 값 15,000원

 오천년을 사는 여지
염경미 지음 | 272쪽 | 값 16,000원

 다정한 교실에서 20,000시간
강정희 지음 | 296쪽 | 값 16,000원

● 더불어 사는 정의로운 세상을 여는 인문사회과학 사람의 존엄과 평등의 가치를 배운다

밥상혁명
강양구·강이현 지음 | 298쪽 | 값 13,800원

좌우지간 인권이다
안경환 지음 | 288쪽 | 값 13,000원

도덕 교과서 무엇이 문제인가?
김대용 지음 | 272쪽 | 값 14,000원

민주시민교육
심성보 지음 | 544쪽 | 값 25,000원

자율주의와 진보교육
조엘 스프링 지음 | 심성보 옮김 | 320쪽 | 값 15,000원

민주시민을 위한 도덕교육
심성보 지음 | 500쪽 | 값 25,000원
2015 세종도서 학술부문

민주화 이후의 공동체 교육
심성보 지음 | 392쪽 | 값 15,000원
2009 문화체육관광부 우수학술도서

교과서 밖에서 배우는 인문학 공부
정은교 지음 | 280쪽 | 값 13,000원

동양사상과 마음교육
정재걸 외 지음 | 356쪽 | 값 16,000원
2015 세종도서 학술부문

오래된 미래교육
정재걸 지음 | 392쪽 | 값 18,000원

교과서 밖에서 배우는 철학 공부
정은교 지음 | 280쪽 | 값 14,000원

대한민국 의료혁명
전국보건의료산업노동조합 엮음 | 548쪽 | 값 25,000원

교과서 밖에서 배우는 사회 공부
정은교 지음 | 304쪽 | 값 15,000원

전체 안의 전체 사고 속의 사고
김우창의 인문학을 읽다
현광일 지음 | 320쪽 | 값 15,000원

교과서 밖에서 배우는 윤리 공부
정은교 지음 | 292쪽 | 값 15,000원

카스트로, 종교를 말하다
피델 카스트로·프레이 베토 대담 | 조세종 옮김
420쪽 | 값 21,000원

한글 혁명
김슬옹 지음 | 388쪽 | 값 18,000원

일제강점기 한국철학
이태우 지음 | 448쪽 | 값 25,000원

우리 안의 미래교육
정재걸 지음 | 484쪽 | 값 25,000원

한국 교육 제4의 길을 찾다
이길상 지음 | 400쪽 | 값 21,000원
2019 세종도서 학술부문

왜 그는 한국으로 돌아왔는가?
황선준 지음 | 364쪽 | 값 17,000원
2019 세종도서 교양부문

마을교육공동체 생태적 의미와 실천
김용련 지음 | 256쪽 | 값 15,000원

공간, 문화, 정치의 생태학
현광일 지음 | 232쪽 | 값 15,000원

교육과정에서 왜 지식이 중요한가
심성보 지음 | 440쪽 | 값 23,000원

인공지능 시대의 사회학적 상상력
홍승표 지음 | 260쪽 | 값 15,000원

식물에게서 교육을 배우다
이차영 지음 | 260쪽 | 값 15,000원

동양사상과 인간 그리고 사회
이현지 지음 | 418쪽 | 값 21,000원

왜 전태일인가
송필경 지음 | 236쪽 | 값 17,000원

장자와 탈현대
정재걸 외 지음 | 424쪽 | 값 21,000원

한국 세계시민교육이 나아갈 길을 묻다
유네스코태평양 국제이해교육원 지음 | 260쪽 | 값 18,000원

놀자선생의 놀이인문학
진용근 지음 | 380쪽 | 값 185,000원

코로나 시대,
마을교육공동체 운동과 생태적 교육학
심성보 지음 | 280쪽 | 값 17,000원

포스트 코로나 시대, 예술과 정치
현광일 지음 | 288쪽 | 값 16,000원

포스트 코로나 시대의 교육
성열관 외 지음 | 224쪽 | 값 15,000원

서울대 10개 만들기
김종영 지음 | 348쪽 | 값 18,000원

학교의 미래,
전문적 학습 공동체로 열다
새로운학교네트워크·오윤주 외 지음 | 276쪽 | 값 16,000원

● 평화샘 프로젝트 매뉴얼 시리즈 학교폭력에 대한 근본적인 예방과 대책을 찾는다

학교폭력 어떻게 만들어지는가
문재현 외 지음 | 300쪽 | 값 14,000원

아이들을 살리는 동네
문재현·신동명·김수동 지음 | 204쪽 | 값 10,000원

학교폭력, 멈춰!
문재현 외 지음 | 348쪽 | 값 15,000원

평화! 행복한 학교의 시작
문재현 외 지음 | 252쪽 | 값 12,000원

왕따, 이렇게 해결할 수 있다
문재현 외 지음 | 236쪽 | 값 12,000원

마을에 배움의 길이 있다
문재현 지음 | 208쪽 | 값 10,000원

젊은 부모를 위한 백만 년의 육아 슬기
문재현 지음 | 248쪽 | 값 13,000원

별자리, 인류의 이야기 주머니
문재현·문한뫼 지음 | 444쪽 | 값 20,000원

우리는 마을에 산다
유양우·신동명·김수동·문재현 지음
312쪽 | 값 15,000원

동생아, 우리 뭐 하고 놀까?
문재현 외 지음 | 280쪽 | 값 15,000원

누가, 학교폭력 해결을 가로막는가?
문재현 외 지음 | 312쪽 | 값 15,000원

**코로나 19가 앞당긴 미래,
마을에서 찾는 배움길**
문재현 외 지음 | 308쪽 | 값 16,000원

● 남북이 하나 되는 두물머리 평화교육 분단 극복을 위한 치열한 배움과 실천을 만나다

10년 후 통일
정동영·지승호 지음 | 328쪽 | 값 15,000원

선생님, 통일이 뭐예요?
정경호 지음 | 252쪽 | 값 13,000원

분단시대의 통일교육
성래운 지음 | 428쪽 | 값 18,000원

김창환 교수의 DMZ 지리 이야기
김창환 지음 | 264쪽 | 값 15,000원

한반도 평화교육 어떻게 할 것인가
이기범 외 지음 | 252쪽 | 값 15,000원

포괄적 평화교육
베티 리어든 지음 | 강순원 옮김 | 252쪽 | 값 17,000원

● 창의적인 협력 수업을 지향하는 삶이 있는 국어 교실 우리말 글을 배우며 세상을 배운다

**중학교 국어 수업
어떻게 할 것인가?**
김미경 지음 | 340쪽 | 값 15,000원

토론의 숲에서 나를 만나다
명혜정 엮음 | 312쪽 | 값 15,000원

토닥토닥 토론해요
명혜정·이명선·조선미 엮음 | 288쪽 | 값 15,000원

인문학의 숲을 거니는 토론 수업
순천국어교사모임 엮음 | 308쪽 | 값 15,000원

어린이와 시
오인태 지음 | 192쪽 | 값 12,000원

수업, 슬로리딩과 함께
박경숙 외 지음 | 268쪽 | 값 15,000원

언어던
정은균 지음 | 268쪽 | 값 15,000원
2019 세종도서 교양부문

민촌 이기영 평전
이성렬 지음 | 508쪽 | 값 20,000원

감각의 갱신, 화장하는 인민
남북문학예술연구회 | 380쪽 | 값 19,000원

참된 삶과 교육에 관한
생각 줍기